# 價值投資
# 完全自學手冊

李誠洙·著
陳慧瑜·譯

## 穩固財富　抗經濟巨浪

 enlighten & fish 亮光文化

# 機智股票投資者的
# 智慧價值投資指南

2020年熱烈的東學螞蟻運動被評價為改變韓國股票市場體質的原動力，人們對於個人投資者只能輸給機關組織或外人的刻板印象消失了。但問題是，東學螞蟻們的資金並不是只流進低價買進績優股而已。3月以大型股、績優股為主買進嚐到收益後氣氛急轉，轉至打賭股價指數下跌的2倍反向ETF、原油槓桿ETN等，人們正進行危險的投資。

NH投資證券的調查結果顯示，2020年1～11月20幾歲的人開設新帳戶的周轉率達到5,248%。這些帳戶的平均餘額是583萬韓元，周轉率達到5248%，代表11個月期間會交易3億韓元以上的股票。30幾歲的新顧客戶周轉率也有到4,472%。你知道這些人過度的短打跟負債投資會有什麼問題嗎？

所謂的周轉率100%，是指將投資金額全部買進，再全部賣出的意思。售出股票時，會產生0.23%的稅金。此外，買進、賣出時也會各自產生買賣手續費（MTS為基準約0.015%）。即是說，周轉率每到100%時，就會產生0.26%的費用。那如果周轉率是5,200%，光是費用就有13.52%了。即使是短時間買賣，還是會花上投資金額13%的費用。

沒有投資者會不知道華倫‧巴菲特。名字總進入世界前5大富豪的他，年平均收益率是20%。一般個人投資者要達到跟華倫‧巴菲特一樣的收益率，從機率上來看很困難。畢竟如果真有這麼簡單，大家都會是富翁了。以短打為主投資的人，要在因周轉率產生的買賣費用超過13%後才能產生收益。如果考慮到物價上漲率（約1%），就需要創造更多收益，才能保有實質的價值。如果你拿了6%的貸款，就也必須再產出相對的收益。若把這些都加起來，就等於必須產出20%（=13+1+6）的收益，才算拿回本金。短打跟負債投資之所以會成為問題，就是因為這個。即使你像人稱最強的投資者華倫‧巴菲特創造出收益，也沒什麼剩下的。當然，如果是像2020年這樣的好市場，就有可能創造在那之上的收益。但你每年都能這樣嗎？

　　許多投資新手會將「投資」跟「投機」混淆。我認為區分這兩者的標準在於「期望收益率」。一周樂透銷售量大約是500億韓元，其中40%會由彩券基金拿走。如果我把這周發行的彩券全部買下來，就會花上500億韓元。但是如果從頭獎到所有等級的獎都中，拿到的獎金就會是300億韓元。也就是說，彩券投資的期望收益率是負的40%。拿賽馬來說的話，馬管理局的占比是25%，表示這是個期望收益率負25%的遊戲。像這樣，期望收益率是負值時若把錢放進去，就會是「投機」。而所謂的「投資」，期望收益率必須要是正值。但負債

投資跟短打的期望收益率很難是正值。即是說，2020年開始股票投資的大部分20、30多歲的人，不是在投資，而是在投機。

證券公司帳戶中的買賣介於「投資」跟「投機」之間。持續創造好佳績的優良企業，若在因新冠肺炎之類的外部突發狀況，使股價比內在價值便宜許多時買進，就可稱之為不錯的「投資」。但若盲目依靠打賭股價下跌的2倍反向，或希望原油價格遽升而將錢放在原油ETN，則可能會成為「投機」。這本書的作者是這樣說的。

當泡沫愈大，產生的代表性心理狀態即為「現在不追的話，就會被其他人甩在後頭！」這種類似剝奪感的心理。沒有什麼比被人甩在後頭的心理更令人焦急的了。進入2020年代後，出現了FOMO（fear of missing out）這個新詞，來表達這種心理現象。該說這是獲得收益的投資對象無法體驗的恐怖嗎？

作者做了超過20年的股票投資，雖然在2000年因IT泡沫破裂損失投資金的1/10，卻也在痛定思痛後於2008年的金融危機順利過關。我也在2008年的金融危機中親身體驗了股價下跌的情形，那是個讓人感到頭昏腦脹的體驗。大家通常都會看著損失說「我繳了學費給市場」。如果是繳學費的程度還好，但也有不計其數的人是遭受到無法復原的損失。如果能在品嘗到致命損失之前，先學習適當的投資方法，應該會好很多吧？

價值投資是前面提到的華倫・巴菲特跟他曾稱之為老師的班傑明・葛拉漢等眾多投資大師追尋的股票投資方法。這本書是一本親切介紹股票投資跟價值投資的指南。跟作者之前的書比起來，是完全以初學者為中心而作的，且處處充滿了盡最大努力仔細並親切說明的痕跡。作者是這樣說的。

「試著想像，人們忽視價值投資是『人們不去的後巷有條花徑』。追尋價值投資並實踐的投資者是少數，這也代表會有龐大的收益在等著你。」

我對作者的話非常有共鳴。我引用一下由我擔任翻譯的威廉・伯恩斯坦（William Bernstein）《智慧型資產配置》的一段。

「最近⋯⋯說明為什麼大部分投資者會是「凸向（convex）」的交易者。這個用語是學者威廉・夏普（William Sharpe）跟安德烈・佩羅德（Andre Perold）為了說明「投資組合保險」策略時創造出來的。

該策略表示應該在價格上漲期間購買股票，並在下跌期間售出。而「凹向（concave）」策略則相反。在價格下跌期間買股票，並在價格上漲時賣出股票。每個人受吸引的策略都不盡相同，而夏普跟佩羅德則做出了更深奧的主張。在凹向交易者生活的世界中，凸向的交易者較有利，反之亦然。實際上金融的歷史

都來自近代，因此股票投資者中凸向交易者占壓倒性多數。當價格上漲時，投資者的收益率估計值會很不合理地上漲，並且會據此買更多股票。如果實際上大部分的投資者顯示出這樣凸向的行為時，合理的投資者就應該成為凹向的交易者。」

股票市場，特別是處於牛市的投資者，大部分都會有「凸向」的性質。通常「凸向」投資者多的市場，「凹向」投資者會較為有利。價值投資則接近「凹向」投資法。如果是投資新手，不管是凸向投資法還是凹向投資法都應該學習，相信這本書會親切地跟各位介紹被稱作價值投資的凹向投資法。

**《魔法般的年金滾雪球》作者**，Kim Sungil

有句話叫「開始就是成功的一半」，這句話是亞里斯多德說的，原文是「Well begun is half done！」。也就是說，如果開始做得好的話，就等於做了一半了。這本書將許多剛開始股票投資者必讀的內容整理得簡單明瞭，相信對想朝價值投資方向邁進的人來說，會是很好的開始。因此從這本書開始學習投資的人，也可以說是已經成功了一半了。

Naver café價值投資研究所管理員，
南山酒僧Kim Taeseok

作者李誠洙是數十年間為傳達正確投資理念而努力的專家，也是金融投資教育者。作為其努力的一環，他寫了多本著作，特別是這次的書非常有益，也堪稱為模範，各種充實的內容就算稱為「金融投資教科書」也不為過。《價值投資完全自學手冊》將幫助各位培養面對市場任何狀況，都能冷靜看待的視角及能力。

幾乎沒有OECD國家會在國民教育的過程中漏掉金融投資，而大韓民國作為那罕見的例外，希望在此生長的個人投資者，都能接觸到這本基礎投資書。

未來金融研究所代表，
Cho Junghee　獎學會代表，Oh Sunghyun

我的天啊，這竟然是一本在FAANG時代用價值投資正面對決的書！請讓我為這個自我跟他人都公認的股票道長lovefund的挑戰，獻上熱烈掌聲。

這本書將成為深陷成長股的而備感孤寂的價值投資者，那撫慰人心的燈塔，自認需要學習股票的投資新手更是推薦。當你從基礎到實戰都行行畫線閱讀，就會愈來愈了解股票，並在不知不覺間成為高水準的投資者。此外，也希望被冷落超過10年的價值股的真正價值能盡快被重新重視，從歷史的角度來看也是時候了。但願各位都能成為掌握先機的投資者。

**Money Today部長，**
**《現在馬上去投資中小型股》作者，Yoo Ilhan**

我雖總是苦苦找尋新的投資方法，卻總在最後透過投資大師們領悟到，所謂投資的正道其實很簡單。儘管如此我仍時常嘆息，對剛開始投資的人，或雖然經驗豐富，卻因沒有標準而容易受影響的投資者來說，若有個能夠輕易上手的指南書該有多好。《價值投資完全自學手冊》非常忠於基礎，親切的內容介紹讓一般人也能輕鬆踏入投資的世界。除了初次接觸股票的人之外，也是能讓既有投資者穩固基本能力的指南書。

**NH投資證券部長，Yoon Jongsoo**

# 價值投資！
# 剛開始股票投資的個人，
# 應該要有的超強工具

　　我們國家數十年間對於股票投資的印象極為冷漠，甚至可說是忌諱。1962年證券劇烈波動、1990年空頭帳戶整頓事件、1997年IMF、2000年IT泡沫破裂、2008年金融危機等，每當韓國證券市場迎來危機時，就會有許多投資者遭受接近破產的巨大損失，每個家庭也至少都會有一個因為股票投資而家破人亡的例子。

　　儘管氛圍如此，但立志朝價值投資方向邁進的投資者，會將證券市場的曲折當作是機會，而開採出金礦。就像2021年初「藝人全元珠原來是股票投資高手」這條新聞一樣，默默開採金礦的投資者其實很多。

雖然股票投資有很多像這樣成功的例子，但為何大部分的個人投資者都在數十年間歷經失敗呢？這是因為他們其實是用了錯誤的投資方法在參與股票市場。他們會全數投資熱門話題上的股票，或是只聽朋友說的「小道」就買賣，或是相信某人的文章或話語，連事前調查都不做就投資。

　　2020年東學螞蟻運動可說是投資跟理財文化的大變革。在此之前毫無先例，因此更顯得個人參與突出。光是個人投資者的資金流入，在2020年一年就超過了100兆韓元。在欣喜這種變化的同時，卻也感覺到一些讓人覺得不舒服的地方。

　　至少在2020年上半年，個人投資者將外國人跟機關組織拋售的商品以低價橫掃，還算做了有智慧的投資。就跟電影《分秒幣爭》中，尹正學（劉亞仁）果斷買進低估的股票，並創造了龐大收益一樣。不過在2020年下半年到2021年初，我們看到的個人投資者的樣貌，就跟過去失敗的個人投資者行為幾乎一模一樣。不問就投資、負債投資、靈拉[1]買進等，對自己投資的股票毫無分析，也缺乏有系統的策略，只是赤手空拳地一躍而進。

1　意指連靈魂也一起拉進來。

2020年3月以後，幾乎任何人都能在持續的牛市中創造收益，甚至還有人把這個當作英勇事蹟侃侃而談。但股票市場除了充滿用巨額資金跟情報能力武裝的外國人與機關組織之外，還有各個機智的個人投資者，著實不是什麼簡單的地方。在毫無準備狀態下起步的螞蟻，有可能持續創出收益並在股票市場生存嗎？他們大多只能像過去的前輩螞蟻一樣，以失敗跟滿身瘡痍的狀態告終。

你至少要有一種武器才能在市場生存，也才能長期創出你想要的績效。筆者之所以會寫書就是為了這個。作為投資的前輩，我想讓才剛開始的個人投資者都能握有一把堅固的武器。

為讓各位能從頭開始一步一腳印地學習價值投資，本書《價值投資完全自學手冊》包含了實戰理論跟概念、具體投資策略。股價在經濟跟景氣走勢下形成的原理、區分好公司跟壞公司的企業分析方法、解讀價值投資必備的財務報表的方法、價值投資的核心－估值計算方法等等，我都盡量透過實際案例跟舉例，讓各位可以輕鬆理解。此外也提供了給企業價值帶來變化的領先產業分析方法、投資組合分散投資及資產配置策略、避險方法等各種有系統的武器，讓各位能夠在艱險的股票市場中一戰。此外，我也介紹了價值投資大師們的原則，其故事也將會是你長期遵循價值投資原則的重要基石。

我在編寫書的過程中，為了盡可能簡單介紹諸多內容煞費苦心。期望這本書能夠成為各位在研讀投資時，每當遇到困難會最先拿來參考的書籍。

　　編寫《價值投資完全自學手冊》的10多個月是非常需要耐心的期間。我想向長時間成為我力量的所有家人表達感謝跟愛。以及在出版書的過程中一起努力的出版社夥伴們，非常感謝你們。

　　我確信，選擇這本書的各位讀者會寫下成功的投資歷史。書裡內含的價值投資知識與智慧，將成為各位在下投資決定跟判斷時的重要標準，也會成為創造長期投資績效的基石。

lovefund Lee Sungsoo

**目錄**

CHAPTER

①

# 徹底了解價值投資再開始吧！
# 價值投資的定義

CHAPTER

2

# 股價是如何形成的？
# 股價形成原理

CHAPTER
3

# 什麼樣的地方是好的公司？
# 看透企業的本質

CHAPTER
4

# 價值投資的大師們都是怎麼投資的？
# 大師們的投資原則

CHAPTER

5

# 數字裡有答案
# 財務報表的理解與基礎

CHAPTER

6

# 用好的價格投資的核心
# 正式價值評估

CHAPTER

7

# 現在開始價值投資吧！
# 價值投資深入學習

CHAPTER

8

# 動搖企業價值的因素是？
# 必須確認的外部因素

# CHAPTER 9

# 風險管理的基礎
# 價值投資系統化工具

CHAPTER

10

## 實踐價值投資的
## 最後建議

附錄

## 中級價值投資
可以更正確評估企業價值的三種方法

# Chapter 1

# 徹底了解價值投資
# 再開始吧！

# 價值投資的定義

# 股票投資
# 與價值投資

VALUE INVESTMENT

## ① 到底股票投資是什麼？

在想價值投資為何之前，應該先針對股票投資進行思考。你必須先對股票投資建立概念，才能掌握價值投資的概念。

一般來說，人們會認為股票投資是在股價上漲後產生收益，並進而實現利益。所以很多人會說「股票就是一擊定生死」。也因此，大部分人會以在一擊、快速的時間內創造大筆財富的心態進行股票投資。實際上，韓國的投資者大多會忘記投資股票的根本理由，甚至只將股票投資認定為追尋股價跟收益的方式。

抱著錯誤認知進行投資，就跟閉著眼睛全力奔跑沒有兩樣。若你只看股價就想致富，一開始可能還會獲得幾次令人振奮的收益，但卻可能從某個瞬間開始就陷入了無法爬出的虧損泥淖。因為這些眾多的不良記錄，才導致人們被「股票投資就

是傾家蕩產的捷徑」的普世認知所支配。

不過幸好，最近有愈來愈多人會在開始投資股票前先徹底研究，並從根本了解股票投資為何後再投資。也因為有這些投資者，才讓價值投資開始受到關注。大部分的人開始股票投資，會自然對價值投資感到好奇。那麼我現在就來仔細說明，價值投資到底是什麼東西。

20多年前，筆者剛開始投資時也跟其他投資者一樣，只看股價就投資。結果朋友問我「股票是什麼？」的時候，我也說不出個所以然。到底股票跟股票投資是什麼呢？我們從其根本開始探討吧。

股票從根本來看，是「企業的持股」之意。因此在英語圈中比起stock這個單字，更常使用stakeholder這個用語。代表在公司的整體股票中，自己擁有的持股比例是多少，對公司就擁有多少權利。當股東之間權利有衝突時，就會稱作持股競爭，並產生股東間的糾葛或爭執。電視連續劇裡經常會將個別家族間的持股競爭當作素材，並讓連續劇的發展更具趣味。這也代表持有股票，即持有股份的各位股東，擁有極大的權利。不過大多數投資股票者會忽視這份權利，並只看價錢就進行買賣。

如果想自己擁有股東權利的話，應該就能做更仔細的投資了。買賣股票時，如果可以應用以公司的資產現況作為基礎的資產價值、以利潤為基礎的利潤價值、考慮成長的成長價值等各種標準來推斷合理價格的話，就可以衡量自己買賣的價格是便宜還是貴了。

了解這些標準再投資的方法就叫做價值投資。我認為，價值投資是有股票投資根本原理的投資方法，因為我們可以用來建立標準，確認自己是否當冤大頭買貴了，或是否用合理的價格買進了名牌股。而這些，都是基於企業本身的價值而來。

## ② 不斷變化的企業價值

你可以把企業的價值想成一個固定的數值。不過企業就如同活著的生命體（有機體）。如同生命體為了生存，會傳播遺傳因子，持續增值擴大，股份公司也會為了生存，並為了擴張公司規模與勢力，而像有機體一樣盡全力擴張事業、增加銷售，並提高利潤。人們在職場上全力提高銷售、使各種計畫成功，這一個個的努力都會反映在公司朝氣蓬勃的模樣上。

而這過程中，企業的價值也會持續改變。如果是持續創造利潤、成長的企業，就會在公司累積賺來的錢，並增加資產，或為了新事業開設新工廠，或是收購擁有技術能力的新創公司。保留並累積利潤，淨資產就會自然增加，也就能創造企業的利潤也隨之持續成長的走勢。

從宏觀的角度來看，企業的資產價值或利潤，有受到一定部分的經濟指標影響的傾向。最具代表性的就是貨幣價值，它給企業價值帶來許多影響。

假設有國家名為「通貨膨脹國」，這個國家有個持有100億韓元建築的A企業。假定這個國家每年物價會增加10%，若發生通貨膨脹，錢的價值就會急遽下跌。即是說，同樣的物品

或財貨，隨著時間經過，名目上的價值會持續提升。若名目上的價格上漲，財務報表上的公司資產價格也會增加。而前面提到的位在這個假定國家的A企業，若持有建築的價格也如物價上漲率提升，帳面上的價格1年後就會從100億韓元增為110億韓元。到了第2年，就會大幅漲為121億韓元了，對吧？

因此物價上漲導致貨幣價值下跌，企業價值就會提升，長期來看股價也會隨之改變。最近由於超高齡社會，即使物價上漲率低，全世界的量化寬鬆等貨幣緩和政策也會使貨幣價值降低，並潛在地提高企業價值。

雖然這是從資產價值的角度來探討的，但若從利潤價值的角度來看也是一樣。從利潤價值來看，貨幣價值愈下跌，物價就愈高，而物價變高就意味著產品或財貨、勞動與服務等價格也會提升。我們穿的衣服或吃的東西、飲料的價格會持續上漲，也是因為貨幣價值變低而產生的現象。如果讓產品或財貨的價格上漲，自然公司的銷售額就會增加，利潤也會變大。利潤變大會成為企業的利潤價值提高並提升股價的原動力；而銷售增加則代表提高對成長的期待，並增加成長價值，來加強提高股價的原動力。

不過根據不同產業，也常常會有需面對產品價格下跌的通貨緊縮情形。被稱作舊經濟產業的行業，會因為全球價格競爭而偏離貨幣價值，進而產生價格下跌的狀況。當經濟成長率良好時，會呈現價格維持且銷售穩定的樣貌，但若經濟成長率速度稍微減低，庫存就會堆積，產品價格就跟著下跌，使銷售減少。利潤急遽降低的同時，最終導致股價雪崩式下跌。

因為有這些複合性的因素從各方面產生影響，各位可能會覺得價值投資比圖表分析或勢力股分析，或是供需分析等其他投資方法困難。不過也有那種不用探討太深入，每個人都可以輕鬆跟上的價值投資方法。這本書將會一個個介紹每個人都能輕鬆理解的價值投資方法。若在沒有任何負擔下讀這本書，你或許就能從某個瞬間搖身一變價值投資的達人，並享受成功投資的成果。

# 2 開始價值投資的<br>熱身運動

VALUE INVESTMENT

## ① 價值投資真的很難嗎？

價值投資雖然有充分創造最終投資成果的邏輯根據，但現實中卻不太受到重視。它會被貶低太老套，也有很多投資者還沒開始就已經先覺得難了。畢竟視覺上一目瞭然的圖表看起來分析較容易，也好像可以比較快創造收益。剛開始投資、所謂的投資新手，多半會將企業的價值放到最後面，並全力投入圖表分析，硬是去配合所謂「所有的資料都融入到股價了」的效率市場假說邏輯。

筆者長久以來一直在苦惱，個人投資者遠離價值投資的理由究竟為何。過去這段期間，我見了很多個人投資者，並將其濃縮整理為下列幾種案例。

第一種，因為覺得要讀的東西太多，所以感到害怕就先放棄了。

圖表分析是用眼睛看到的形形色色股價圖表，來分析判斷買進、賣出的訊號，但價值投資需要研究企業的會計、財務分析、經濟、投資理論等等。因此只要講到價值投資，人們就會產生抗拒心理，或因為恐懼而遠離。不過其實很多人不知道，不管是技術性的分析或是勢力分析，要想徹底練就投資技巧，就一定需要深入的研究。個人投資者偏好的投資技巧會以短期投資為重心，但是用大家都已經知道的技巧，其實是不好創造收益的。技術分析（Technical Analysis）也經常淪為應對失敗時拋出的藉口。若從一開始就追求價值投資，即使研究量少，也能創造更高的成功投資比率。此外，價值投資研究其實沒有想像中困難，不妨試著拋開困難的成見，一個一個來看吧。

第二種，只追尋眼前看到的猛烈收益。

個人投資者中，有相當多數的人會將股票投資當作單雙數遊戲。如果跟朋友聊股票投資，經常會出現以下字句。

「你跟我說一下明天馬上可以吃到的股票！」

因為有很多投資者會希望在短時間獲得巨大收益，筆者想要推薦好的價值股給周遭人，卻反而時常被冷嘲熱諷。

「我知道那檔股票不錯，但是圖表長這樣，有可能上漲嗎？」

不管是怎樣有力的企業，只要圖表看起來不漂亮，或是股價沒有猛烈上漲的話，大部分的人都只會視作「無路用」的企業。就是因為這種短期投資傾向，才讓價值投資受到輕視排到後頭，使得人們只知追尋勢力或設計哄抬、有良好時機的傳聞、漂亮圖表等短期投資的股票。

由於這種投資文化從很久以前就開始持續到現在，人們對價值投資只留下困難、要讀很多東西、很花時間、收益不多等印象。

不過，不妨改變一下觀點吧？試著想像，人們忽視價值投資，其實是「人們不去的後巷有條花徑」。追尋價值投資並實踐的投資者是少數，這也代表會有龐大的收益在等著你。

## ② 存在各種風格的價值投資

雖然個人投資者會像這樣遠離價值投資，但也有一群藉由價值投資獲得巨大財富的投資者開闢了道路。我們透過他們留下的腳印，學習各式各樣的價值投資風格，並在其中找到符合自己風格的價值投資方法。

價值投資根據測定價值的標準不同，而有各種不同的風格。有像華倫‧巴菲特的老師班傑明‧葛拉漢一樣，以資產價值跟結算價值為中心的淨價值投資；也有像華倫‧巴菲特一樣，即使長期成長的企業很貴，卻仍會買進的成長價值投資。而成長價值投資中，還有追求超高速成長的超高速成長價值投資。此外，也有只追尋殖利率的股息風格價值投資等。價值投資有各式各樣的方法。

只不過，隨著價值投資的風格不同，期待收益跟風險也會有很大的差異，因此必須找到符合個人傾向的方式。

我們用淨價值投資跟成長價值投資來比較看看差異吧。

成長價值注重企業成長，因此期望報酬率會偏高。若追求超高速成長價值，期望報酬率就會更高，對吧？不過，期望報酬率高就也意味著股價波動性會非常高。如果你有意識到這點，並做好覺悟的話，就能充分發揮成長價值投資的優點。

淨價值投資跟成長價值比起來，股價波動較低，但期待收益也相對較低。也因此，追求淨價值投資時，若其他成長價值股價創造超高收益率時，就可能會相對有剝奪感。

舉例來說，假設投資者A在2015年末從淨價值的角度買進下跌至BPS（每股帳面價值）附近的三星電子，而相同時間，投資者B追求超高速成長價值，而買進了賽特瑞恩。2015年末到2018年2月底，2年2個月的時間，三星電子上漲了86%，而賽特瑞恩則呈現了350%的華麗上漲。但人性使然，兩個公司都獲得了高成長率，但從追求淨價值並買進三星電子的投資者的立場來看，看到賽特瑞恩，還是會有相對的剝奪感。

**每股帳面價值**
**(BPS, Books**
**Value Per Share)**

公司總財產減掉負債後的淨資產去除以股票數，代表每股的淨資產。

現在來看一下2018年2月以後到2019年末的價格走勢。同樣時期，三星電子股價上漲了11%，而賽特瑞恩則掉了一半。在這種情況下，追求超高速成長的投資者，自然也會羨慕淨價值投資者。

[資料1-1] 2015年末～2019年末間三星電子跟賽特瑞恩的股價走勢

　　不過隨著投資者性格不同，考慮股價波動性的程度也是天差地遠。若是追尋不符合資產的價值投資方式，這邊也要一點、那邊也要一點，就可能會變成不上不下的投資。因此請一定要先記住，隨著價值投資風格不同，特性也不一樣後，再決定投資的方法。

## ③ 被誤會跟成見遮蓋的價值投資的價值

　　如果你研究價值投資，就可以深切體悟到，我們對於價值投資其實是帶有眾多誤會跟成見的。最具代表性的就是「價值投資一定要進行每幾年的長期投資」這種刻板印象。長期持有的這個刻板印象，也是許多人會遠離價值投資的原因之一。當然，長期持有好的股票、長期成長股票的長期投資策略，其實也是價值投資的主要策略。

但價值投資中，也會使用最近每3個月或6個月或1年的週期性交替股票風格投資策略，並使用合理股價模型來設定目標價格，就能比預期更快實現利益。即是説，價值投資比個人投資者想的還要更多元、更有趣。

特別是將低估的股票編進投資組合後，該股票若編入主題概念股，就可能得到超乎想像以上的收益率。原本預計幾年後達成的目標，在僅僅幾個月或幾周內就可以達成，但也可能出現合理股價水準調整過度的情形。筆者也會在1年之內遇到一兩次這種情況，這時就可以體驗到小小的投資樂趣。

不過價值投資有個刻板印象，會使人們遠離它，即「價值投資收益率不怎麼樣」。人們做了價值投資覺得不好玩，是因為最終看不到收益，或是沒從周遭聽到透過價值投資獲得收益的案例。

為什麼很難找到用價值投資成功的案例呢？筆者分析朝價值投資邁進卻中途放棄的個人投資者案例，只集中投資一兩檔股票的情形[1]在占整體接近60%。

即使是價值投資，若如此集中在一兩檔股票投資，隨著股價變化，結果就可能得靠運氣了。問題是股價上漲時，你並不會在可充分實現收益下賣出，而是即使只有10%收益也會馬上賣出。若使用「先賣出，再低價買進」這樣的短打策略，當股價持續上漲時，就會變成看得到吃不著的窘境。你只能一直看著，到股價都上漲完後再開始追趕。到最後，即使你有心想要進行價值投資，卻不斷重複不好的結果，導致大多數人都認為價值投資的收益率不好。這是進行價值投資後卻中途放棄的個人投資者，最常見的第一個案例。

[1]　韓國預托結算院報導資料2019年12月結算上市法人股票投資者（持有者）現況
https://www.ksd.or.kr/ko/about-ksd/ksd-news/press-release/35822

# 風格投資策略

所謂的風格投資策略，就是按照價值投資的標準（風格），定期透過股票建立跟交替來投資的方式，最近也會使用價值投資量化等用語來指稱。你可能會對風格投資這樣的話感到生疏，但只要在腦裡簡單浮現出時尚用語的風格，就可以輕鬆理解了。20幾歲的風格、中年風格等各式不同的風格，都融入共同的時尚。同理，隨著發掘股票的方式的不同，也會形成特有的風格。

代表性的有資產價值對比低估或高估股票來建立投資組合的PBR標準投資策略。此外還有PER、PSR、PCR及殖利率等各種價值投資標準，可以創造出風格投資策略。以股價動能作為基礎來選擇股票時，就可以稱作是動能風格投資策略。

不過如果都用同樣的標準來篩選出投資組合，並持續投資的話，就會創造出遵循該風格的投資表現。就宛如時尚風格一樣，會顯示出特有的性格。

好比說，動能風格的話會有在牛市中將收益率最大化的爽快個性，相反的，在橫向市場則會呈現出因障眼法的訊號而導致買賣混亂，進而使收益率下跌的特性。以價值投資為基礎的風格投資策略，雖然似乎會跟市場以類似的走勢移動，但實際上卻會創造出比市場更強悍的收益率，並累積長期績效。只不過，一般來說若發生以大型股為中心的差異化行情，價值風格投資組合收益率就可能會呈現相對停滯的面貌。

將這種標準定量化並體制化的投資者，就稱為量化投資者。他們一般會應用excel VBA或Python來讓自己專屬的風格策略體制化，並在挑選出投資組合後應用為價值投資策略。

第二個，透過價值投資產生收益的投資者，大部分的性格都比較冷靜沉著，不太有向他人誇耀的傾向。當其透過價值投資獲得巨大收益時，不會大肆宣揚，所以周圍的人也不太會知道。這些人只會在跟有相同投資理念的人聊天時，才會提到有關收益的事情。另一方面，用短期投資獲得巨大收益的人，很常透過社群媒體展示自己的帳目。如果是價值投資傾向的投資者，不會刻意去炫耀。由於短期投資傾向的投資者有很強的炫耀傾向，因此大眾的眼裡才會看不太到透過價值投資成功的投資者。

## ④ 價值投資時重要的三件事

　　如果你已經讀到這裡，應該已經做好心理準備了。現在最重要的，就是實踐了。筆者在這本書中介紹了剛開始研究價值投資時必讀的內容，雖然有一些地方比較晦澀，但我會盡量用簡單的方式說明，希望你可以在沒有負擔的情況下跟上，並透過每個章節說明的內容，明確抓到價值投資的標準。

　　在開始之前，為了研究跟實踐價值投資，先請各位做幾個心理準備。

　　第一個，請你暫時遠離圖表分析、勢力股分析、供需分析、主題分析等投資技巧。因為這些技巧只會讓價值投資的概念變得更混亂。雖然在整理好有關價值投資的相關概念後，去接觸這些投資技巧，有時可能可以創造加乘的效果，但個人投資者若在沒有價值投資的概念下，去追尋以上自己偏好的策

略，投資標準就會像在沙堆上蓋城堡一樣，瞬間就垮掉。這是筆者長久以來的經驗，以及見過眾多投資者後的誠心建議。

第二個，請不要對數字有抗拒感，只要有國小的算術程度就可以了。如果你會做國小低年級子女或外甥做的那種算數，那價值投資必備的所有基本計算就都會了。不需要複雜的excel函數，也不需要使用工程計算機去做一些困難的計算。大部分的價值投資公式，只要一般可在文具店找到的那種計算機即可。只要會四則運算，大部分的價值投資相關的計算都可以輕易解決。因此不需要在事前就對數字感到抗拒，或是帶有成見。

第三個，價值投資是挖掘企業本質的過程。你挖得愈深，就愈能進入深奧且奧妙的投資世界。同時，你也會感覺到自己看待世界的眼光漸漸變廣了。

研究企業的本質時，你會了解到企業跟經濟系統是如何運作，也會找到公司老闆為什麼總是説公司陷入危機，任命新CEO時、該年度的業績為什麼會變差等，日常生活中感到好奇部分的原因。

只要用基本的計算機，就可以計算價值投資

價值投資做愈久，就愈會為自己在不知不覺中拓寬的知識與智慧感到訝異。此外，那些令你訝異的知識跟智慧，也會成為各位提高收益率的力量泉源。

那麼，已經做好準備了嗎？我想你已經好了。

現在就跟筆者一起，正式向價值投資邁出第一步吧。

# 人生要注重的不是速度，
# 而是方向，投資也是一樣！

　　筆者是在1999年開始股票投資。從那時開始到現在超過20年的時間，每天都在做有關股票投資的深度研究。一開始有很多波折，由於圖表分析是常見的方法，所以我就只挖掘圖表，也研究過主題概念股分析、勢力股分析、抓漲停價的買賣分析等眾多投資技巧。

　　不過這些一開始挖掘的方法，都跟股票的基本原理相去甚遠，因此盼不到想要的投資結果，再不然就是隨時在更動標準。而在各式各樣的方法中，能夠用邏輯的合理性明確抓到投資標準的方法，正是價值投資。

　　關於前面筆者研究的個人投資者喜歡的投資方法，已經在股票市場長久生存的人都說，若有100個人投資，只會有10個人創造收益，並且只會有1人獲得巨大成果，但價值投資跟這些投資技巧比起來，獲得成功投資的機率更高。我個人評估，如果有100個人做價值投資，就會有50個人創造收益，並會有10個人產出極高的收益率。即使是遭受損失的50名價值投資者，若在中途放棄，則確定蒙受損失，但若持續遵守價值投資方法，長期來看也可能產出績效。

這個長期的成果從正面來看，是許多人尋求財富自然必備的要素。財富自由是指人不會被賺錢這件事綁住，而能過想過的生活。以前人大多將在老年前實現財富自由當作目標，但進入2020年代後，人們都希望能盡早累積資產，並在40歲以前完成財務獨立，以追求退休的生活，這樣的FIRE Financial Independence Retire Early 族正在增加。.

　　不過若要成為40歲以前退休的FIRE族，或是想早日獲得財富自由，只是單純存錢是沒辦法的。在累積財產的過程中，必須尋求透過投資來加快致富速度的方法。即使是年薪高，只靠存錢就能更財富自由的人，若在退休後不持續將存的財產增值的投資過程，憑1%都不到、實質上接近0%的銀行利率，隨著年齡增長，老年生活會愈來愈岌岌可危。

　　因此，即使只是財產中的一部分，也有必要透過價值投資來創造正面的長期成果。你可以透過價值投資來追求高殖利率，也可追求買進低估的股票，再以高價賣出的資本利得等等。

　　我認為，能夠更快速達到正面的財富自由、財務獨立、FIRE族等時機的重要投資方法，就是價值投資。

　　筆者有時會這樣想。

　　「走了股票投資的路，我的命運是否改變了？」

　　「選擇了價值投資，我創造了什麼結果？」

如果要回答第一個問題，我覺得我在20多年前比同輩人早一步開始投資的這件事，

　　真的可說是神來之筆。因為那超過20年的期間，所達成的股票投資期望報酬率，比銀行利率還要高，而因此獲得的複利效果也超乎想像。

　　作為參考，年度7%收益率若維持10年，投資資產就會增為2倍，20年則會增為4倍。若年度收益率是14～15%，資產就會呈現10年4倍、20年16倍的等比級數增長。這就是為什麼我們必須投資股票。即使股票投資多少有一點起伏，但長期來看卻是能將財富自由變成現實的重要工具。

　　而針對第二個問題的答案，我認為我在股票投資中選擇價值投資，對我來說是很正確的方向。我雖然有在2000年經歷IT泡沫化、從骨子裡感到後悔的慘痛經驗，但若之後對各類消息不聞不問，只是重複投資的話，大概會成為一個失敗的投資者。不過，若在投資初期就以價值投資為基礎，就能創造兼具穩定性跟收益性的投資成果，並且能持續累積股票投資所帶來的理想績效。

　　我在過去選擇的路是價值投資，也因此才能在過去20年以上的時間，以及往後的數十年期間於動盪的股票市場中，穩如泰山地結下投資果實，並繼續培養該果實。希望各位讀者也能跟我有同樣的經驗。

# Chapter 2

# 股價是如何形成的？

# 股價形成原理

# 股價會
# 事先知道經濟狀況

VALUE INVESTMENT

2020年3月新冠肺炎大流行，與此同時，股價大幅下跌。股價因對經濟不景氣的擔憂而急遽下滑，但儘管新冠肺炎沒有解決，不過幾個月後，股價就急速回升，並在5月止跌回穩。全世界經濟都因為新冠肺炎停滯，甚至到了崩潰的境界，為什麼股價卻呈現出上漲的趨勢呢，人們不禁議論紛紛。「實體經濟這麼艱難，股價會什麼會上漲？」有許多報導質疑股價未能反映經濟狀況。

大多數人都很好奇，經濟已跌到最糟的狀況，股價怎麼還會上漲。其實2008年金融危機後，也曾發生跟這次類似的現象。2008年10月暴跌後，2009年一開始，全世界的證券市場就強勢回升，當時的市場參與者跟新聞也都在議論股價呈現的上漲趨勢。

而證券市場之所以會呈現與經濟狀況不同的走勢，正是因為股票市場是「領先」於經濟之前的。真是矛盾對吧？那就一起來看股價是如何移動的吧！

各位透過調查跟研究，會知道哪些企業的產品因為太過受到歡迎而缺貨，導致無法購買。那麼各位就會對該企業的業績抱有改善的期待，並進而購買該股票對吧？這邊所提到的期待，並非只有單純的直觀感覺，還有依據分析得來的期待感。不過這個公司的業績不會馬上公開，而得在該季結束的45天後才能知道。

這就是股價形成的其中一個重要原理，證券市場會依照「對於業績的期待感」來流動。就像前面提到的企業一樣，雖然賣了很多產品會形成期待，但經濟整體滿溢的流動性將使經濟復甦的期待感，也會為證券市場帶來正面的效果。此外，期待感會比經濟或企業實際創造的業績更快反應在股價上，因此股價會先移動。

特別是2020年新冠肺炎疫情之後或2008年金融危機之後，美國聯準會的無限量化寬鬆政策，以及美國行政部如天文數字般的財政政策，加上全世界同時多管齊下，推出流動性供給政策跟財政政策，創造了世界金融市場的流動性。像這樣豐沛的流動性，讓經營不善的企業下跌的股價劇烈回升，投資資金也流入經濟恢復時將受惠的企業群體，並以項目、產業為單位，建立穩固的牛市。而在到達實際最差的經濟指標後，財政政策跟金融政策會發揮其效果，原先跑到最差狀態的經濟指標會慢慢脫離最差數值，而事先觀察到這部分的聰明投資者，就會比一般大眾更快將資金投入股票市場。

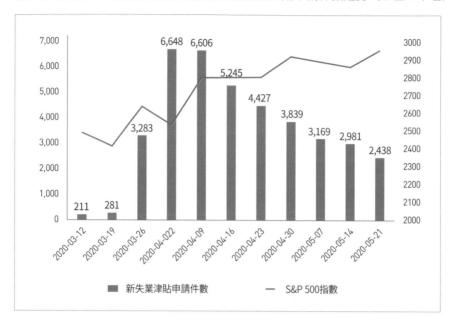

上方資料為2020年新冠肺炎疫情後，美國經濟因為封城停工停滯，新失業津貼申請件數急遽增加的美國狀況，以及美國代表股價指數S&P 500指數走勢。如果只看新失業津貼申請件數，在4月2日跟4月9日來到超過660萬名，可說是狀況嚴峻，但該時期的證券市場卻持續上漲。美國政府如天文數字般的財政政策及聯準會的金融政策稍微發揮效果的同時，新失業津貼申請件數也慢慢減少，而這期間，證券市場漲得更高。從這裡可以看到，股票市場會比實際經濟狀況更先移動的直接證據。

若將這種狀況跟經濟指標和股價指數放在一起，就更明確了。以下圖表是景氣同時指標循環變動值[1]，與股價指數跟前一

---

1　景氣同時指標循環變動值：https://ecos.bok.or.kr/

年對比的資料。景氣同時指標是透過與目前的景氣狀況同行的項目，來反映目前經濟狀況的指標。因此景氣同時指標可以在掌握景氣局面與轉換點時拿來作應用。不過如果透過圖表來看這個景氣同時指標循環變動值，以及股價指數跟前一年對比的走勢，可以看出股價指數會比景氣同時指標循環變動值早3個月到6個月移動。

[資料2-2] 景氣同時指標循環變動值與股價指數跟前一年對比分析

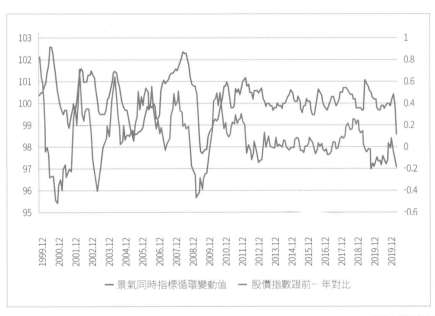

出處：韓國銀行

　　就像這樣，股票市場會比景氣早3～6個月移動。在筆者開始研究股票跟經濟的2000年代初期，書中曾提到股票市場會快6～12個月，但隨著時間經過，股票市場反應經濟的速度愈來

愈快，最近甚至有先跑3～6個月（第1～2季）的傾向。

如果考慮到這點，2020年3～5月間的新冠肺炎前後股價驟跌跟驟升，就可能是先反映了3～6個月後對於經濟的憂慮和期待。

由於股票市場有這樣走在經濟前面的傾向，領先經濟指標綜合指數也會將KOSPI包含在內。現在你應該了解到，為什麼股票市場會跟目前的經濟狀況呈現不同的移動趨勢了。不過人心真的很奇妙，因此很多人即使再怎麼說明也無法接受。筆者雖然親自用一對一的方式跟朋友說明，他們卻都是頭腦理解，感情上無法接受。

不知道是不是這種理性跟感性分離的關係，投資者對於股票市場的反應也是天差地遠。有些人因了解證券市場會領先經濟，因此會比其他人更快進到股票市場。而有些人理性上了解證券市場領先經濟的這件事情，感情上卻無法認同，導致猶豫不決，一直到證券市場上漲後才開始動作。而大部分的人會比這些人再更晚，要到經濟指標超越所有已確認的水準，然後自己的經濟狀況改善後，才開始關注股票市場。

那麼，在這種狀況下，各位希望成為什麼樣的投資者呢？目前大概感情上無法認同的人仍占大多數。為了讓你更仔細了解證券市場會領先經濟的原因，我認為有必要先理解「證券市場的四季」原理。

[資料2-3] 景氣領先指標中KOSPI指數占有的重要項目[2]

■ 各國家（機關）領先指數組成指標

| 韓國7大指標 | 美國TCB（10大指標） | 日本11大指標 |
|---|---|---|
| · 庫存循環指標<br>· 經濟心理指數<br>· 機械類內需出貨指數<br>· 建設訂單量<br>· KOSPI<br>· 進出口物價比率<br>· 長短期利息差 | · 交貨延遲擴散指數<br>· 消費者期望指數<br>· 資本財新訂單<br>· 消費財及原料新訂單<br>· 個人住宅許可件數<br>· 製造業平均勞動時間<br>· 新失業津貼申請件數<br>· 股價指數<br>· 總通貨（M2）<br>· 長短期利息差 | · 生產者產品庫存率指數<br>（最終需求材、反系列）<br>· 礦工業生產庫存率指數（反）<br>· 新招聘率（排除新畢業）<br>· 機械訂單量（製造業、實質）<br>· 新設住宅開工面積<br>· 消費者態度指數<br>· 日經商品價格指數（42種）<br>· 東證股價指數<br>· 投資環境指數（製造業）<br>· 中小企業銷售預測擴散指數<br>· 廣義通貨量（M2、前一年同月比） |

| OECD | | 台灣7大指標 |
|---|---|---|
| 韓國6大指標 | 美國7大指標 | |
| · 庫存循環指標<br>· 製造業景氣展望BSI<br>· 資本財庫存指數（反系列）<br>· 進出口物價比率<br>· KOSPI<br>· 長短期利息差額 | · 消費者期望指數<br>· 耐久財新訂單量<br>· 住宅建設開工件數<br>· 製造業每股勞動時間<br>· 購買負責人判斷指數（PM）<br>· 股價指數<br>· 長短期利息差額 | 生產者產品庫存指數（製造業）<br>SEMI訂單出貨比率<br>建築許可面積<br>出口訂單量<br>股價指數<br>通貨量（M1）<br>每月平均超額勞動時間<br>（產業及服務業） |

出處：統計廳

2　統計廳使用者用統計資訊報告書_景氣綜合指數2020.pdf https://meta.narastat.kr/metasvc/index/do?orgId=101&confmNo=101021&kosisYn=Y

# 景氣領先指標（CLI）
# 創造了股價指數買賣系統？

就像前面提到的那樣，股票市場是代表性的景氣領先指標。雖然各個國家有各自的景氣領先指標，但OECD的景氣領先指標 **CLI, Composite leading indicators** 在各個國家都被共同當作領先指標的標準。此外，OECD景氣領先指標的曲線雜音少，線條柔軟，因此可以當作買賣訊號的參考資料來應用。

不過，景氣領先指標含有綜合股價指數，所以很難說它本身擁有股價的預測能力，只能說是以追隨趨勢的策略作為概念。

買賣訊號整體來說抓得較簡單。OECD景氣領先指數下降後會回升，我們會在回升轉為U字型的時間點買進，並於減弱為∩字型的時間點結算（售出）。我試著抓住這樣的買賣概念進行了模擬。

數據應用1990年初到2020年10月的每月數據來計算，收益則用收益率來計算所有的買賣，並將其以複利累積。即是說，我們假設中間沒有存提款，而是照原樣持續買賣。另外由於OECD景氣領先指數發表會晚兩個月才發表，因此會考慮到這點反映出實際的數據來追蹤。

（參考：OECD景氣領先指數https://data.oecd.org/leadind/composite-leading-indicator-cli.htm）

大約31年多的結果會如何？趨勢追隨系統的特性產出了有意義的結果。

景氣領先指數應用系統在共18次的買賣中，於13次產生收益，命中率為72%，31年期間總收益率達到3,660%。從CAGR（年均複合成長率）來看為12%，可說是非常高的成果。同樣期間

的綜合股價指數則上升了306%。這成果比想像良好。作為參考，這個買賣系統並沒有考慮殖利率，也沒有考慮結算後進入無風險資產時的利息收益。

■ 運用景氣領先指數的買賣訊號創造出長期的績效

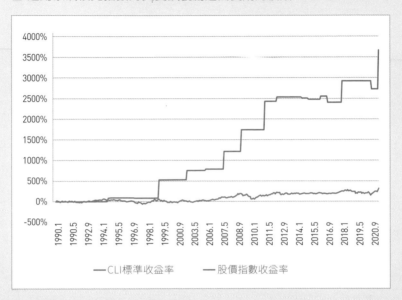

如果連利息或殖利率也加入考量，則CAGR會再高個1～2%p。

不過活用這個CLI的買賣系統，很難用於現實中。景氣領先指數數據可在OECD或統計廳、韓國銀行等輕鬆找到，綜合股價指數則只要應用ETF即可，沒什麼問題。但在實際面上跟投資心理的角度上是有問題的。

第一個是買賣週期。31年期間總共有18次的買賣。這代表2年會有一次左右的買賣。持有後要等待1年以上，也可能需要不持有部位等待1年以上。究竟會有多少投資者可以忍受呢？此外，假設有此類的基金管理人，公司應該會覺得這個基金管理人1～2年只工作一次，根本遊手好閒吧？甚至還可能壓迫他減短買賣週期。

如果發生上漲的情形，投資者應該會感到心焦如焚。

第三個則是現實中可能會有OECD景氣領先指數數據的問題。有時OECD領先指數可能會在事後進行修正。如果發生這樣的狀況，就會發生買進訊號產生卻又在事後消失的現實性問題。

應用CLI的買賣系統擁有跟趨勢追蹤型的買賣系統（MACD、TRIX、移平線等）類似的性質。命中率高、損益比高，但另一方面買賣週期也長，因此這個過程中會產生很多心理上的矛盾。但若從能應用景氣指標來運用資產配置策略，或將景氣狀況當作實質投資參考資料的觀點來看，利用CLI的投資研究將會給各位帶來多元的點子。

# 利率跟流動性
# 帶給股價的影響

VALUE INVESTMENT

前面說明到股票市場會領先經濟狀況移動,而最大的原因正是因為流動性的變化。流動性在擴展到實體經濟之前,會先進入股票市場。有一些理論用簡單的模型,說明了市場中的資金流動性創造的證券市場現象。

代表性的有浦上邦雄的股票市場四季[3]跟安德烈·科斯托蘭尼的雞蛋[4]。特別是股票市場四季模型在金融投資相關的資格證照題目中會出現,可說是教科書籍的概念。

兩個模型,都是以循環的概念說明市場流動性對股票市場跟實體經濟(或企業業績)造成何種影響。

3　浦上邦雄著(韓國經濟新聞):《解讀股票市場走勢的方法》
4　安德烈·科斯托蘭尼著(未來之窗):《錢,需狂熱喜愛、冷靜處理》

### ① 股票市場的四季模型

　　首先是浦上邦雄的股票市場的四季。股票市場四季模型中將市場行情分為金融行情、業績行情、反金融行情、反業績行情等四種形勢。比想像中還要好區分吧？只要將金融、業績用反金融、反業績去區分即可。

　　股票市場四季的第一個形勢為「金融行情」，這是指當利率急遽下跌時，流動性供給就會在市場呈現滿溢的狀態。美國聯準會透過下調利率或量化寬鬆，將市場的貨幣放出。人們會因為低利率而拿出存款增加投資活動等依據低利率的複合原因，使市場充滿流動性。

　　不過這個時期，企業的業績仍會呈現下跌的局勢。這是因為之前反業績行情的衝擊尚未完全結束。不過跟反業績行情比起來，企業業績的惡化速度減緩了。不過儘管企業的業績減少，股價仍會呈現遽升的趨勢，這個狀態即為金融行情形勢。

　　由於之前在金融行情區間中，證券股或金融股會先產生爆發性的行情並遽升，因此在這樣充滿流動性且證券市場上漲的時機，就稱作金融行情。最近的金融股雖然不像過去會爆發性地上漲，但大部分的金融股在金融行情初期，都會呈現上漲的趨勢。此外，股票市場上漲後，投資者的資產價值會提高，「財富效果（Wealth Effect）」變大，實體景氣就會開始吹起暖風。

初學用語 **財富效果 (Wealth Effect)**

是指股票或不動產等個人投資財產的評估金額增加時，消費也會受到影響而增加的現象。也稱作「資產效果」。

像這樣，市場呈現流動性，財富效果漸漸加速時，實體經濟就會變得活躍，企業的業績也會開始改善。這時就會進入到第二個形勢「業績行情」。由於實體經濟有恢復的預兆，各國中央銀行會停止下調利率，或逐漸提升利率。不過由於在金融行情時，急遽下調利率的關係，即使將利率稍微上調，仍不會有實際的感覺。反而即使中央銀行將利率調高，企業的成長性跟業績改善仍會將所有事物蓋掉。這個時期，在對於企業業績的信任及日後走勢會持續的期待下，有成長性的企業股價會爆發性地上漲。

　　不過就如同月滿則虧，當經濟跟企業業績開始熱烈活躍時，中央銀行會急遽調高利率，使緊縮速度加快。這是由於對於通貨膨脹的擔憂增加的緣故。金融行情－業績行情會交疊，隨著資產市場價格遽升，人們會擔心泡沫化，生活必需品的價格也會急遽上漲，整體氛圍會憂慮通貨膨脹，而各國的中央銀行就會急遽地上調利率。利率上調後，市場資金會重新進入期望報酬率變高的銀行存款，並開始降低資金流動速度。

　　只不過，在這之前持續的企業業績增加慣性會存留，因此業績雖然會增加，但股價會先開始走低。市場走低的同時，投資者的財富效果也減少，而這將成為經濟的負擔，也是跨越到反業績行情的決定性因素。

　　市場流動性降低，財富效果逆轉，經濟會同時萎縮，企業業績也會急遽下滑。而據此在反金融行情發生的證券市場下降趨勢，也同樣會在反業績行情中持續。各國的中央銀行為了復

甦經濟跟證券市場，會重新開始實施放寬政策。階段性上調利率的同時，確認經濟與市場動向，但在反業績行情中，要突然拉起經濟是有限度的。如果經濟指標跟企業業績持續呈現糟糕的狀況，最終中央銀行會大幅調低利率，或執行量化寬鬆，重新回歸金融行情的週期。

這即是股票市場的四季。我將股票市場的四季整理如下表。

[資料2-4] 股票市場的四季概念圖

| 類別 | 利率<br>（寬鬆金融政策） | 業績<br>（或實體景氣） | 股價 |
|---|---|---|---|
| 金融行情 | 超低利息 / 量化寬鬆 | 下降趨勢持續 | 異常驟升現象 |
| 業績行情 | 利息開始調升 /<br>寬鬆政策結束 | 恢復 / 強勢 | 持續上漲 |
| 反金融行情 | 超高利息 / 量化緊縮 | 緩慢上漲 | 異常暴跌現象 |
| 反業績行情 | 利息開始調降 /<br>寬鬆政策開始 | 急遽萎縮 | 持續弱勢局面 |

相信這會讓你對於前面說明的股票市場四季概念一目瞭然。不過四季概念在實際的股票市場中會如何出現呢？一起來看看過去的韓國證券市場及美國聯準會的標準利率走勢吧。

[資料2-5] 聯準會的標準利率走勢跟韓國的KOSPI綜合股價指數走勢

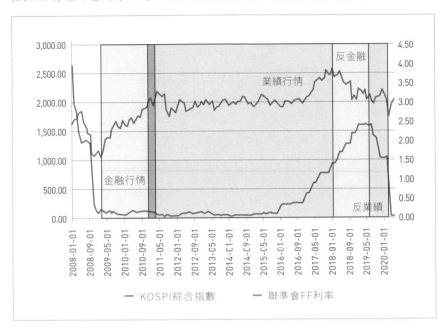

上面的資料是2008年金融危機之後的金融行情－業績行情－反金融行情－反業績行情圖表，標示了聯準會的標準利率及KOSPI綜合股價指數。2008年金融危機當時，急遽的金融系統崩壞中，即使大幅下調利率，金融市場的崩壞仍持續，最後不得不掏出量化寬鬆這張王牌，強制供給流動性給金融市場。當市場開始趨穩，2009年開始，在超低利率及量化寬鬆之下，全世界的證券市場開始吹起暖風。初期會展現金融行情的典型樣貌。雖然經濟停滯與業績不振仍會持續，但股票市場會上漲。之後在2010年左右開始，已經看得出來業績改善，並轉化為業績行情。很遺憾的是，韓國證券市場在2011年以後到2016年呈現停滯的局面，美國證券市場卻長驅直入。在這個業

績行情中，美國標準利率持續維持在0%的水準，但2013年底開始了階段性縮減量化寬鬆的退場策略。也由於確信會經濟復甦，美國階段性地調高利率，企業的業績也在此過程中上漲。而韓國的證券市場則可在2018年初看到上漲到2500p的業績行情。

不過之後對於利率調高的疲勞感，加上實施量化緊縮，開始進入反金融行情，雖然在2019年顯示經濟停滯徵兆後降低了利率，卻無可避免地持續進入反業績行情。最終2020年3月新冠肺炎疫情的關係，利率又回到超低利率，量化寬鬆也重新實施，回到了12年前2008年的年底狀況。

一起來看看基欽週期、朱格拉週期、庫茲涅茨週期、康德拉季耶夫週期等代表的短期－長期－超長期等景氣週期的概念吧。

量化寬鬆

所謂的量化寬鬆是中央銀行在市場中透過買入國債或抵押債券等，來供給市場中流動性的政策。雖從以前就在世界金融歷史中存在，但在2008年金融危機後成為舉世皆知的金融政策。因此過去中央銀行的利息決定會是重要的金融政策，但現在則是量化政策的施行、中斷與否擁有過去利息調降、調升程度的影響力。

② **雞蛋模型**

　　科斯托蘭尼的雞蛋模型跟四季模型有類似的概念，是很適合拿來參考了解市場局面的標準。安德烈‧科斯托蘭尼（1906～1999年）被稱為歐洲的「華倫‧巴菲特」，是20世紀的投資大師。科斯托蘭尼的雞蛋模型跟前面提過的股票市場的四季一樣，會根據利率狀況來呈現股票市場的對應。

　　為了理解科斯托蘭尼的雞蛋模型，我們必須先了解債券價格跟利率的關係。債券價格跟利率相互呈現負相關。即是說，當利率上漲時，債券就會變便宜，相反的，當利率下跌時，債券就會變貴。若利率提高，則為了填平該收益率，價格就必須變低，收益率才會提高；相反的，若債券價格變貴，則從債券投資者的立場來看，收益率就會降低。

[資料2-6] 安德烈‧科斯托蘭尼的投資策略模型

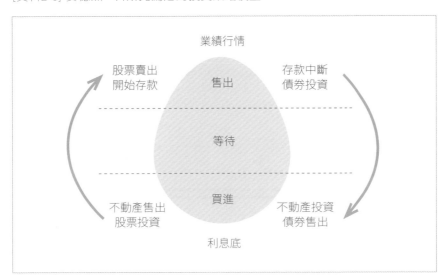

# 債券價格與債券利率的關係

雖然我們認為債券會像存款一樣，到期後會一次支付本息，但債券在到期前，可以任意在市場進行交易。不過若想交易，就必須形成所謂的價格對吧？只要記住債券利率跟債券價格是呈現相反關係，就比較容易理解了。債券價格跟債券利率的關係如同蹺蹺板一樣，若一邊下降，則另一邊就會上升。因此在債券利率下跌的趨勢中，位在另一邊的債券價格會如同蹺蹺板上升，所以可期待其帶來的資本利得。相反的，在債券利率上升的情況下，位在另一邊的債券價格則會下跌。

因此安德烈．科斯托蘭尼就在雞蛋模型中說明，當利率到達高點時開始債券投資，在利率進入底端時賣出債券，就能夠透過債券買賣來實現資本利得。

為了再說明得實際一點，我將用不動產租賃收益跟建築價格來說明。比起前面的說明，不動產的比喻說明應該比較容易理解。例如說，假設有一個1年租賃收益為1千萬韓元的建築。假定折現率（這裡是利率）是10%，合理建築價格就是1千萬韓元除以10%之後的1億韓元。不過若折現率（利率）降到5%，則建築會是1千萬韓元除以5%後的2億韓元。這跟利率與債券價格呈現相反移動的原理一樣。

如果還是覺得很困難的話，我可以告訴你一個忠於本能的方法。這是我在一開始研究債券時，為了理解價格的結構使用的方法。

——買進債券後，利率驟升時，不知道為什麼心情會不好對吧？
　債券價格下跌
——買進債券後，利率驟降時，我收到高利息，心情很好對吧？
　債券價格上漲

　　如果理解這個關係，就可以馬上理解上述科斯托蘭尼的雞蛋模型。

雞蛋的最大的優點在於利率有最高值，因此投資者可以在賣出股票後轉往存款。然後股票市場會越過該局面開始下跌，經濟也預計會下滑，這時就可以從給予固定利率的存款中抽出資金投資債券。如果證券市場暴跌，經濟不佳時，中央銀行就會下調利率對吧？之後市場利率下跌，債券價格也充分上漲後，就可透過債券實現利率跟資本利得，得到一石二鳥的效果。

　　賣出債券來實現收益後投資不動產，當利率超過低點時賣出不動產並投資股票。之後就像股票市場的四季一樣，經濟會突然活躍起來，利率也會上漲。當利率接近高點時，就賣出股票來實現收益再換成存款。這就是科斯托蘭尼的雞蛋模型。

這兩個模型有個共通點。

你必須根據利率狀況來判斷證券市場，這跟市場流動性有密切的關係。利率降低時，市場的流動性活躍，因為市場利率低，即使考慮風險，期望報酬率高的股票投資價值仍會提高。相反的，利率到高點時，股票市場已充分上漲，利率本身也高，考慮風險的股票投資期望報酬率，跟市場利率或銀行利息比起來，價值會大幅減少。

　　如果你理解這個原理，就會知道股票市場是透過何種機制在發揮影響了。不過2008年金融危機之後，全世界的流動性陷入危機，即使利率降低，也很難供給更多的流動性，因此就以量化寬鬆來代替。相反的，量化寬鬆結束或緊縮，則變為帶有利率高點的意義。

# 3 經濟週期
# 是什麼意思？

VALUE INVESTMENT

若觀察依據流動性增減的股票市場與實體市場的循環，就可以感受到經濟的循環。像這樣景氣按照週期呈現，就稱為景氣循環週期。景氣循環週期[5]會跟股票市場的四季類似，分成四種局面。

> 景氣從低點上漲，開始恢復期
> 景氣越過恢復水準，進入擴張的活躍期
> 景氣來到高點，進入收縮局面的後退期
> 景氣遭遇嚴重停滯的停滯期

---

5　韓國銀行「輕鬆了解的經濟指標解說（2019年版）」：
　　https://www.bok.or.kr/portal/bbs/P0000605/list.do?menuNo=200462

[資料2-7] 景氣循環週期概念圖

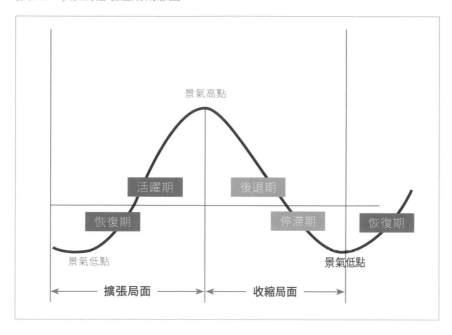

## ① 經濟週期的四種局面

有四種局面的景氣循環週期跟股票市場四季或科斯托蘭尼的雞蛋模型有很多類似的地方。只不過，股票市場不同的地方在於，會比景氣週期還要再領先一步。事實上，景氣週期會比股票市場四季模型更仔細呈現經濟狀況。如果可以將景氣循環週期跟股票市場四季模型一起進行了解，就能建立能更有系統地估算證券市場的重要標準。

第一個局面是景氣恢復期，這個時期景氣會從低谷提升，同時資金需求也會增加。企業會抱持最糟的狀況已結束的期待感，開始設備投資，企業的生產量也會開始增加。經濟會漸漸回暖。股票市場會在景氣恢復期前形成金融行情。

第二個局面則是景氣活躍期，企業投資跟生產量會增加，失業率也會顯著減少，被雇用者的收入（月薪）也會增加，同時消費也會提高。如同景氣活躍字面上的意思一樣，國民所得也會提升，在這回暖的情況中，資金換匯率也會上漲，貨幣量增加，進而發生通貨膨脹。儘管股票市場躍升為業績行情，中央銀行在另一方面會進行下調利率等緊縮政策，開始出現反金融行情的預兆。

第三個局面則是後退期，因為過度投資所引起的庫存增加會開始造成負擔。庫存增加後，R&D與設備投資會自然減少，失業率也會開始增加。景氣停滯預兆一點點浮現時，股票市場會先移動，反金融行情會開始實際顯現。而在已經學習過這些景氣週期的投資者拋售中，反金融行情會移轉到反業績行情。

第四個局面為停滯期，所有的經濟主體都會大幅緊縮。企業會將生產量最小化，失業者遽增，商店消費也會驟降。因此就會產生企業利潤減少，以及赤字企業增加的狀況。庫存也會成為負擔，導致物價呈現下降的趨勢。中央銀行為了復甦景氣，會開始實施下調利率等貨幣寬鬆政策。市場的流動性會開始活躍，該資金會先進入到股票市場，並可開始觀察到金融行情早期的模樣。

## ② 各種經濟週期

　　景氣雖然分成4種局面，但經濟週期隨著視角不同，則可能分成更多不同的週期。

　　如果用短的時間序列來看，有大約以40個月形成景氣週期的基欽週期（2年～6年），如果是較長的週期，則有以10年為週期觀察的朱格拉週期，其他也有比這更長的週期，例如20年週期的庫茲涅茨週期，以及大約以50年的超長週期形成的康德拉季耶夫週期等。

[資料2-8] 各理論景氣週期波動

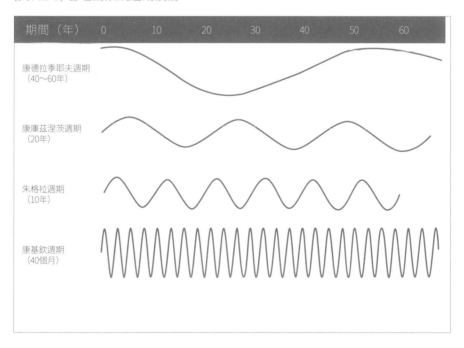

## （1） 基欽週期

　　約瑟夫·基欽在1890～1922年期間分析英國跟美國的票據交換額、批發價格及利率的變動，並發現除了長期週期的朱格拉週期與康德拉季耶夫週期之外，還有大約40個月週期的短期波動。在差不多的時期也有一個叫克拉姆的人發現類似的短期經濟週期，因此有一段時間稱為基欽－克拉姆週期。不過因為基欽的證明更優秀，故後來就稱為基欽週期了。由於基欽週期是短期週期，因此也被稱為短週期（Minor Cycle）。依據基欽週期的短週期，可以說明為何庫存投資的循環變動會產生景氣變動。

　　這裡可以讓我們重新回想一下，雖然因為利率跟流動性的影響會產生經濟週期，企業投資、創造就業機會等卻會受到庫存循環週期的影響。

## （2） 朱格拉週期

　　朱格拉週期[6]是比基欽週期還長的中期波動理論。朱格拉週期是由法國經濟學家朱格拉（Joseph clement Juglar）所發現，是8～10年週期的中期經濟週期。他在分析1803～1882年間的價格、利率、黃金價格、中央銀行餘額等後，

　　發現會有一定的週期重複活躍－停滯－破產的現象。這個理論反映出投資的設備經過10年老化，進而形成景氣週期的概念。韓國金融市場中經常有10年危機論，其中一個依據就是朱格拉週期。

---

6　[時事金融用語3分解說]朱格拉週期與基欽週期（2006年8月22日聯合Infomax）
　　https://news.naver.com/main/read.nhn？mode=LSD&mid=sec&sid1=101&oid=013&aid=0000149030

### （3）庫茲涅茨週期

比朱格拉10年週期再更長的長期週期，會開始導入比利率或庫存資產概念更廣的景氣週期概念。庫茲涅茨[7]將人口增加及建築壽命考慮進來，設定了變化的建築循環週期，並發現配合此建築循環週期的20年週期，實為經濟循環的週期。這個20年週期的長期經濟週期，就被稱為庫茲涅茨週期。

### （4）康德拉季耶夫週期

康德拉季耶夫週期[8]是比庫茲涅茨週期還長的超長期景氣週期理論。康德拉季耶夫如其名所感覺到的，是俄羅斯的經濟學者。他的景氣週期理論是40～60年的超長期週期。他以產業與技術的革命作為經濟週期的原因，而非利率、不動產、庫存、設備等等。康德拉季耶夫主張在1780～1830年形成了第一次的週期。那時正是蒸汽革命的時期。經濟學家們則評估之後的第2次週期是在1830年到1880年，因鐵道、鋼鐵革命等迎來上升期。第3次週期則是從1880年到1930年的電氣、化學產業革命，之後第4次週期則為1930～1970年代，汽車與石油化學革命，第5次週期則為1970～2010年的IT與通訊技術革命。2010年代開始的康德拉季耶夫週期，則被分析為由生技、醫療保健、人工智慧等技術革命所形成。

匯率也是跟股票市場密切相關的指標中很重要的一員。匯率會根據各式各樣的因素變動。雖然教科書上是寫會根據國家間利率差或國家間通貨膨脹差異來決定匯率，但實際上匯率變動的原因更加複雜多樣。匯率是全球金融市場資金移動時形成

---

7 ［用經濟歷史看的人物］庫茲涅茨（2010年9月29日，每日經濟）：https://www.mk.co.kr/news/economy/view/2010/09/524633

8 ［康德拉季耶夫周期週期，hankyung.com經濟用語字典：https://dic.hankyung.com/apps/economy.view?seq=2365

### ③ 經濟週期理論的矛盾點

由於長期週期隨著時間經過，會有點拼湊式的分析之感，所以也有人評價其邏輯性的根據薄弱。康德拉季耶夫週期雖然稱40年到60年的期間為「週期」的長循環，但最低值跟最大值的差距卻有20年。此外，庫茲涅茨週期也同樣會隨著解析的不同，可能出現比20年還短的週期。

因此經濟週期可以當作解讀經濟的其中一個工具，但不能把它當作絕對的公式。當你陷在特定週期理論時，有可能會無法解讀實際的股票市場。

如果再補充一點筆者的意見，我認為基欽週期或朱格拉週期可以拿來當作投資參考資料，來解析經濟週期。不過20年、50年，可說幾乎是人生長度的庫茲涅茨週期跟康德拉季耶夫週期，可能就比較不適合用在股票投資上。你可以應用跟股票市場的四季類似的基欽週期，以及將這些結合起來的朱格拉週期，當作投資的參考資料。

# 4

# 匯率跟股價
# 是什麼關係？

VALUE INVESTMENT

　　匯率也是跟股票市場密切相關的指標中很重要的一員。匯率會根據各式各樣的因素變動。雖然教科書上是寫會根據國家間利率差或國家間通貨膨脹差異來決定匯率，但實際上匯率變動的原因更加複雜多樣。匯率是全球金融市場資金移動時形成的現象，只要理解這點，就可以知道匯率為什麼會變動，以及據此的股票市場會受到何種影響。

　　我們回到2008年金融危機來看。當時全球金融公司因為次貸危機開始空前的金融系統崩壞，急需美金現金。新興市場與海外投資的資金，一律不問損益盡速回收，以期獲得資金，可說是緊要關頭。當時光是韓國市場就有超過33兆韓元的外國人淨銷售，並欲將這些賣出的資金快速帶回本國。由於短時間內有眾多資金必須換成美金，美金對韓元匯率就自然飆升。

　　2008年初在900韓元初附近一帶的美金對韓元匯率，在2008年危機最糟的時間點來到1,500韓元，顯示出美金對韓元匯率急遽增加的程度。2008年危急狀況中，韓國的標準利率比美國的標準利率高，但外國人的資金撤出換成美金，因此無法擋住匯率飛漲。

另一方面，當時也有人認為，美金對韓元匯率飛漲（韓元價值下跌）是政府為擴大出口而擱置的，但至少在2008年當時，是因為外國人急需美金資金，所以匯率才會急速上漲。

　　不過進入2009年後，狀況就變得截然不同。原本因為2008年金融危機似乎崩壞的美國金融系統，因為量化寬鬆等政策，很快就找回穩定局勢，之後外國投資者又重新開始將資金引進韓國。2009年一整年KOSPI市場中，外國人的淨銷售為32兆韓元，該流量在2010年也持續，使得2010年外國投資者創造了21兆韓元的大規模買進熱潮。

　　因美國聯準會的量化寬鬆而從金融系統崩壞中脫離的全球金融公司，又重新開啟投資，使韓國金融市場引進美金，自然讓美金下跌，呈現穩定的趨勢。同時，引進韓國的國際資金也使韓國證券市場產生上漲的效果。

　　比起用文字說明，透過圖表來看應該可以更明瞭外國人資金創造的美金對韓元匯率趨勢，以及股票市場的走向。

　　我們來看外國人買賣跟美金對韓元匯率走勢。

[資料2-9] 外國人KOPSI累積淨買賣走勢及美金對韓元匯率走勢（單位：億韓元）

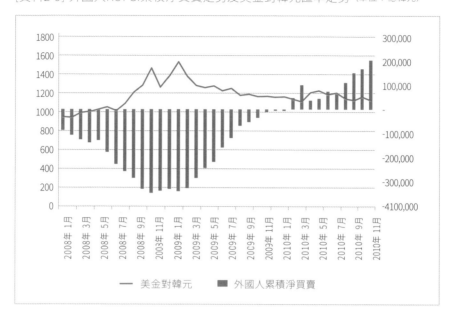

上圖中外國人的KOSPI累積淨買賣走勢跟美金對韓元匯率走勢，可以看出2008年初開始到2008年秋天之間，外國人的賣出熱潮一致時，美金驟升，但從2008年底開始，外國人的賣出熱潮停止，並反出現買進的趨勢，累積淨銷售規模減少後，美金對韓元的匯率就開始急速下跌（美金對韓元匯率下跌＝韓元價值上升）。

在這樣的外國人買進趨勢中，美金對韓元匯率到了2010年代，也還是呈現出穩定下降的走勢。

到目前為止介紹的是外國人累積淨買賣跟美金對韓元匯率的樣貌。不過看下列的資料，就可以發現美金對韓元匯率與股價指數間有趣的現象。

有很多人不熟悉美金匯率跟美金價值及韓元價值的概念。你可以簡單地想一下去海外旅行，如果美金對韓元的匯率上升，在把韓元換成美金的時候，可以收到的金額就會減少。因為美金的價值提高，但韓元的價值降低了。相反的，美金對韓元匯率下跌時，就可以獲得更多美金，心情應該會很不錯吧？這是因為美金價值降低，而韓元價值提高的緣故。

我們試著從外國投資者的角度來看美金對韓元匯率吧。在韓國投資的外國投資者，會以美金為基準來評估在韓國投資的資產。因此當美金對韓元匯率上升時，可以用美金換到的金額一定會減少。從美金的基準來看時，自己投資的金額實際上是減少了。如果再用有趣的方法來比喻，即當你投資4美金（！），就會因為美金對韓元匯率上升，而只拿到3美金（！），這在外國投資者的角度是損失的。

因此預期美金對韓元匯率上升（韓元弱、美金強）趨勢持續時，外國投資者如果什麼都不做，就只能遭受匯兌損失，故會降低韓國股票比重，換成美金，意圖將資金重新轉回本國。

相反的，假設美金對韓元匯率下跌。若美金對韓元匯率下降，韓元資產換成美金時，就可以獲得更高金額的美金。投資了4美金（！），就會產生評估為可得到5美金的狀況。這樣的美金對韓元匯率下跌，即是說，韓元強勢預計持續維持的話，外國投資者買進韓國股票的動機就會變大。因為即使只是放著不管，也可以獲得美金基準的匯兌收益。

如果你理解了這些機制，就可以輕鬆了解外國人的韓國證券市場買賣跟美金對韓元匯率的關係了。

[資料2-10] 美金對韓元匯率走勢跟綜合股價指數（2008年初～2010年底）

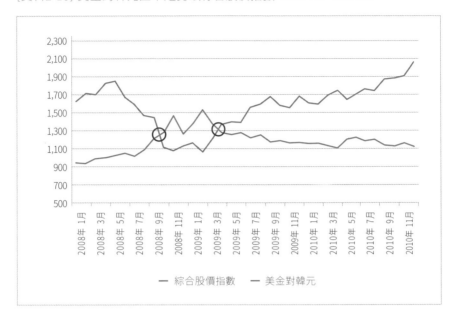

旁邊的資料是標示美金對韓元匯率走勢跟綜合股價指數的圖表。從2008年初到2010年底間，美金對韓元匯率跟綜合股價指數間發生了有趣的現象。2008年秋天外國人賣出時綜合股價指數暴跌中，美金對韓元匯率驟升，去掉指數、美金單位的數值上，有產生相交的地方。由於是在股票市場下降時發生，可以說是帶有憂鬱的死亡交叉。

那之後金融市場趨於穩定，2009年春天外國人買進熱潮中，綜合股價

初學用語　死亡交叉跟黃金交叉

是判斷股價上漲趨勢跟下跌趨勢的分析指標。在一定期間的股價平均內畫點，並延續該點呈現出來的線就稱為「移動平均線」，5日線稱為短期移動平均線，20日、60日線稱為中期移動平均線，120日以上則稱為長期移動平均線。黃金交叉（golden cross）是短期移平線從中期、長期移平線下往上穿過，並可確認到股價轉為上升趨勢的訊號。相反的，死亡交叉（dead cross）則是短期移動平均線從中期、長期移平線上方往下穿過的現象，代表進入下降趨勢的訊號。即是說，一般會將黃金交叉視為上漲訊號、死亡交叉視為下跌訊號。在這個頁面並非用在移動平均線的概念，而是在比喻綜合股價指數跟美金對韓元上使用。

指數呈現上漲趨勢時，美金對韓元匯率呈現下跌趨勢，相互產生數值上的相交現象。由於是在股票市場上漲時發生，可說是讓人心情好的黃金交叉。

不到1年的期間就發生了死亡交叉跟黃金交叉。這裡我們就可以直觀地認知到，股票市場跟美金對韓元匯率的重要關係。即，股票市場跟美金對韓元匯率其實是呈現「負相關」。實際在2008年初之後到2020年5月底為止，美金對韓元匯率與KOSPI綜合股價指數的每月漲跌率的相關係數為-0.52，顯現出非常強烈的負相關。

特別是在2008年金融危機、2000年IT泡沫破裂、IMF事件，最近則是2020年3月的新冠肺炎疫情，當發生重大的全球金融不安時，國內市場的外國人資金就會大規模撤出，壓制證券市場，成為美金對韓元匯率驟升的原因，因此，在某種避險的層次上，漸漸有愈來愈多投資者，會將美國公債作為無風險資產放到投資組合中。

透過前面說明的2008年案例，我們可以知道，美金對韓元匯率跟股價指數相互是呈現相反移動的負相關。我們再深入探討一下這個觀點，從外國投資者的立場來看看。

假設美金對韓元匯率上升。美金對韓元匯率上升，代表美金的價值上漲。而從韓元的觀點來看，則代表韓元資產（股票）的價值降低。若從美金的基準來看，美金對韓元的匯率上升，代表從外國投資者的角度來探討，會發生美金基準的評估損失。

因此，這無關本國金融公司的資金是否有問題，而是若美金對韓元匯率呈現上升（韓元價值下跌）趨勢時，則外國投資者的韓國股票銷售動機就會提高。即使股價指數不動，還是會因為匯兌損失而累積虧損。

　　相反的，我們來想一想美金對韓元匯率下降的情況。這代表韓元的價值會提高。即是說，美金對韓元匯率有下跌趨勢時，即使只是持有韓元資產（股票），從美金基準來看，就會產生匯兌收益，收益率會自然提升。韓國股票的投資價值會自然提升，也會呈現買進增加的趨勢。

　　你有想像過這兩種假定的情況嗎？

　　假設美國人投資者Stupid用4美金，在美金對韓元匯率是1千韓元時，買進韓國股票。既然匯率是1千韓元，4美金的話就會買進4千韓元價值的股票對吧？

　　但是全球金融危機發生，美金對韓元匯率變成每美金2千韓元，那麼即使韓國股票沒有變動，從美金的基準來看，評估金額仍會損失一半的2美金。珍貴的4美金變成2美金，他一定會因為傷心而想賣出韓國股票離開。最終外國人賣出後，離開股票市場，美金對韓元匯率又再次上升，重複其他外國人的美金需求（韓元賣出）增加的惡性循環。

　　現在來試著想看看相反的情況吧。假設Smart用美金對韓元匯率1千韓元買了同樣4美金。但是韓國經濟貿易良好，出口企業努力賺取外幣，使美金對韓元匯率變為每美金500韓元。在這種狀況下，外幣價值對照美金就貴了兩倍對吧？原本是要用

1美金交換1千韓元，但現在只要有500韓元，就可以拿到1美金了。Smart就算不去管他的韓國股票，從美金的基準來看，4美金就變成了8美金。也就是說，變成了美國貨幣基準兩倍的資產。在美金對韓元匯率自然下跌的趨勢中，追加外國人買進優勢提高，正面的良性循環會有持續的趨勢。

不過這種狀況是有臨界值的，所以不會無限持續，但美金對韓元匯率變化會形成外國人買賣趨勢的原因，而外國人買賣走勢會在證券市場形成動能。

[資料2-11] 換算美金對韓元匯率後的股價指數

有一些功能可以估計，當外國人以美金匯率為基準來看時，韓國股票市場的呈現。有些證券公司會提供「美金圖表功能」的選項。使用這個選項時，就可以看到股票指數考慮到美金對韓元匯率後計算的圖表。觀察上方圖表就可以一眼確認

到，2008年美金對韓元驟升時，美金基準的股價指數暴跌，2009～2010年美金對韓元下跌時期，美金基準的韓國股票指數驟升。

但話説回來，匯率並不只影響外國人的收益，也會同時直接、間接對國內上市公司的業績造成影響。2008年金融危機之後到2010年初，韓國隱約引導成高匯率政策（美金強勢）。因此美金對韓元匯率就停留在1,100韓元一帶。

這對國內出口企業是非常好的時期。由於韓元弱勢，韓國產品在海外就有價格競爭力。雖然2007年900韓元要賣1美金，2009年卻要用1,200韓元才能賣到1美金。因此在當時對出口增加的期待中，汽車企業的股價暴漲，化學、煉油產業也有很高的受惠期待，成為2009～2011年車化煉（譯註：汽車、化學、煉油）接力的原動力。

這麼説來，韓元弱勢無條件是好的嗎？並不是的。因為進口物價價格驟升時，會給內需造成負擔。而內需中心的項目，也會成為許多中小型產業的負擔。

相反的，2005～2007年間，美金對韓元匯率下跌時，進口物價下跌，進口原料價格也下降，成本負擔減少，使內需跟中小型股呈現相對強勢的狀態。

海外負債多的企業，對美金對韓元上升可能會感到有負擔。負債比率高的大企業中，在美金對韓元匯率下跌時，海外負債負擔減輕，因此股價會上漲；相反的，匯率驟升時，海外負債負擔會急遽增加，造成企業生存危機。

這樣看來可以知道，匯率對股票市場的影響，並不只是單純外國投資者的供需問題，而是從產業及個別企業單位，各種角度上造成影響的極大變數。

我將這些狀況簡單地整理成圖表，請看下一頁。

[資料2-12] 依據美金對韓元匯率走勢的證券市場效果

美金對韓元上升
外國人賣出增加
出口企業正面
　（出口競爭力／匯兌收益）
海外債務企業負擔增加

美金對韓元下跌
外國人買進增加
內需股正面
　（成本負擔減少）
海外債務負擔減少

# ⑤ 超越價格泡沫的心理泡沫

VALUE INVESTMENT

　　《慾望鬱金香》是一部以17世紀荷蘭的鬱金香熱潮為背景的電影。如果對鬱金香的歷史感興趣，可以作為參考看一下。當時荷蘭人在鬱金香價格遽增下，不分男女老少、貧窮貴賤，紛紛都陷入鬱金香狂熱的泡沫之中。

　　作為人類投資歷史上代表性的泡沫事件，鬱金香狂熱後，投資的世界也經常發生泡沫事件。不過在說明這個泡沫時，筆者經常會用兩種概念來說明。正是「心理泡沫」跟「估值泡沫」。

### ①心理泡沫

　　首先，先來了解一下心理泡沫的概念。

　　在投資跟投機的世界中，經常存在著泡沫。也有人主張，泡沫必須存在，才會有新的產業產生。而位於泡沫中心的投資

者，在泡沫生成及破滅的過程中，會經歷興奮與憤怒、瘋狂與貪欲等心理狀態的變化。我們可以以這時發生的投資心理為基礎，推估心理泡沫狀態。

當泡沫愈大，產生的代表性心理狀態即為「現在不追的話，就會被其他人甩在後頭！」，這種類似剝奪感的心理。沒有什麼比被人甩在後頭的心理更令人焦急的了。進入2020年代後，出現了FOMO（fear of missing out）這個新詞，來表達這種心理現象。該說這是獲得收益的投資對象無法體驗的恐怖嗎？

由於人類是社會性的動物，會本能地跟他人比較。我的財產比其他人少，或沒其他人賺得多，或是子女的成績比朋友家的還差，都會讓人產生相對強烈的剝奪感，甚至睡不著覺。

在投資的世界也是一樣。一想到自己的投資或理財被他人甩在後頭，就會感到有些忌妒。而進入心理泡沫階段的投資對象，大部分都會被「現在不追進去的話就晚了」這樣的恐慌心理所支配。

雖然現在很難相信，但1999年IT泡沫當時，如果不投資那斯達克、新創等企業就會被當成笨蛋，2007年為了加入中國基金，我甚至在證券公司排長長的隊伍，全心投入投資。不過畢竟是很久以前的事情了，應該也有人不清楚或不記得這些狀況。如果舉最近的例子來看，就是2017年底跟2018年年初，全國掀起的虛擬貨幣熱潮。

我不需要額外說明，你也可以馬上理解什麼是心理泡沫狀態。當時全國人民都拚命投資虛擬貨幣，在地鐵也會看虛擬貨

幣的價格，只要有人聚集的地方，就會聽到在聊虛擬貨幣等等。

相信各位之中也有人參與了當時的泡沫。當時國家控制該泡沫後，投資者即大為反彈。要有更大的陷進泡沫心理的笨蛋進來，我才能賺到錢，卻因為國家開始控制，讓我自己變成最後的大笨蛋了。

1999年正值IT泡沫的12月，金融當局關係人士發表要大家小心那斯達克泡沫，就發生了遭人圍毆的事件。2018年初，政府打算比其他國家早開始控制虛擬貨幣泡沫後，就有虛擬貨幣投資者反彈，喊說要推翻政府。這些都可以說是在心理泡沫狀態的投資者的典型樣貌。（處在心理泡沫狀態的投資者經常會突然變為自由主義經濟學者，說要將經濟交給看不到的手。）

不過如果國家不控制泡沫，陷入心理泡沫狀態的投資對象，會不知道價格將升到哪裡。即使投資者清楚所謂的泡沫，也還是會因為覺得如果現在不投資自己會變成笨蛋，而焦急地買進，之後價格就會無止盡地上漲。好比1999年Serome Technology在人們不管三七二十一的買進熱潮中，不到1年就上漲了100倍。

不過就像電影《慾望鬱金香》裡看到的心理泡沫，泡沫會在讓人們跳進後開始消失，然後像什麼事都沒發生過一樣改變，泡沫也會在人們之間被靜靜遺忘。在這個過程中，價格會不斷上漲，再出現下跌的狀況。當這所有的過程結束後，經濟將會歷經長久的後遺症。

## ②估值泡沫

我們來看看價格高出一般價值的估值泡沫（價格泡沫）吧。

大部分的投資對象都有所謂的價格標準。股票有PER、PBR、PCR、EV/EBITDA、現金折現模型等各種股價推測模型。債券則幾乎有完美的債券價格公式，期權市場則有像布萊克-休斯模型（Black-Scholes Model，簡稱BS）模型等各自的投資公式。即使是模稜兩可的投資對象，也有所謂的標準。黃金則是以特定時期的同一物品的交換價值為基準。

不過當心理泡沫發生時，估值泡沫可能會發生，也可能不會發生。若價格沒有跑出合理價格範圍，當心理泡沫發生時，就不會有太大衝擊，彷如茶壺中的暴風雨結束，也不會給投資者留下嚴重的後遺症。反而在心理泡沫氣氛沉靜過後，會形成更強勢的價格。

不過當心理泡沫發生，估值泡沫也發生時，就會形成嚴重的暴漲、暴跌。在這個過程當中，為了說明超過估值標準的價格，會重新呈現出各式各樣的標準，並陷入「沒有標準的估值」狀況中。來回想一下1999年IT泡沫當時的情況。

股價在泡沫中上漲的原因，無法用PER說明，所以就用PSR、PEG等標準代入，卻怎麼樣也無法說清。甚至會有將網站會員數增加速度，或網站會員數與市值連接在一起的離譜標準出現。

心理泡沫跟估值泡沫同時出現時，結果一定是暴漲後再暴跌。雖然上漲時看起來好像沒有盡頭，但當下跌時，也會因為沒有價格標準而不斷下跌。IT泡沫破裂的那年，那斯達克指數下跌了1/6，下跌90%以上的企業隨處可見，就可以當作是一例。

[資料2-13] 估值泡沫跟心理泡沫同時發生的代表案例－IT泡沫時圖表

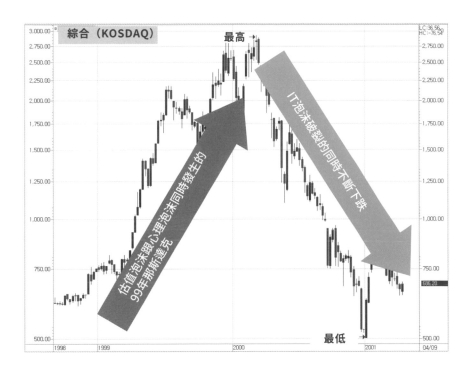

為了舉熟悉的例子，我們再來看一下虛擬貨幣。

虛擬貨幣本身沒有估值標準，心理泡沫形成時，價格會不斷上漲。人們會覺得如果自己現在不投入，就會被甩在後頭，當時警告虛擬貨幣的時事紀錄片節目反被解釋是「良機」，人們喊著「衝吧！」。不過結果就是泡沫破裂。

如果你已經能分辨心理泡沫跟估值泡沫的概念，應該就可以推估股票市場現在群眾心理湧上，是一時發生的心理泡沫，還是心理泡沫跟估值泡沫交疊的複雜泡沫。

如果跟人們談論股票市場，偶爾會有人認為韓國證券市場是泡沫。但韓國證券市場真的是泡沫嗎？如果從前面提到的心理泡沫跟估值泡沫的標準來看，應該可推估目前的這個時間點，韓國證券市場是否有某種程度的泡沫，或者根本沒有泡沫。

第一個，在分析是否有心理泡沫時，可以從各位的周遭觀察出端倪。這裡可以活用的代表性理論就是彼得‧林區的「雞尾酒會理論」。在沒有心理泡沫的停滯期去派對現場，人們對身為基金管理人的彼得‧林區沒興趣，反而認為股票投資很危險，或是叫他小心。不過當證券市場活躍，每個人都爭先恐後進入股票市場時，如果去派對現場，就會有許多人湧到基金管理人身邊，詢問股票投資，甚至會有想要指點基金管理人的個人投資者出現。

各位若在必須馬上購買股票的急迫氣氛中觀察周圍，可能就會發現心理泡沫十分嚴重。2010年代，沒有人會覺得現在不投資股票的話，人生就會被甩在後頭。

反而會說投資就是家破人亡的捷徑，也會被綜藝節目拿來製造笑點。但是進入2020年代，這種氣氛已經截然不同。

第二個，在看是否有估值泡沫時，可以用市場PBR值來看。市場PBR就是目前市場股票的資產價值對現在上市企業的市場價值（市值）的比率。愈低就表示低估，愈高則表示高估。雖然有各種估值指標，但我經常會簡單使用市場PBR值來推估目前股票市場的估值泡沫、停滯有無。觀察用市場PBR看到的KOSPI綜合股價指數，可以推斷過去韓國證券市場的泡沫時期，以及沒有泡沫的相反時期。1999年跟2007年當時可以在PBR波段上端看到，2008年底則可在PBR波段的下端看到。從2010年代中期到2020年代初期，韓國證券市場並沒有超過PBR波段下端線後下行的估值泡沫。

[資料2-14] 用市場PBR波段觀察到的KOSPI綜合股價指數

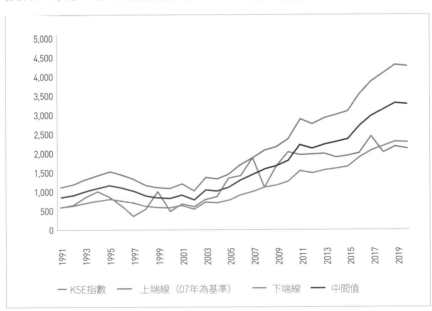

那麼之後的證券市場會如何呢？雖然必須觀察的變數有很多，但可以確定的是，2010年中期以後到2020年初期，韓國證券市場並沒有所謂的心理泡沫跟價格泡沫。

最後講一下我自己有關心理泡沫的經歷，來結束這個段落。2017年開始，不動產價格驟升，心理泡沫形成，人們心急如焚，產生現在不跳進去的話就會落後一大截的想法。雖然價格的泡沫有無會根據標準而有所不同，因此可能不是估值泡沫，但確實有所謂的心理泡沫。

2018年夏天，筆者經常從朋友那裡接到電話。

大概都是類似「朋友，現在在首爾買房子如何？價格漲很多。」的內容。2016年開始漸漸上漲，到2018年急遽上漲的房價，讓朋友們當時都焦急不已，紛紛向我嘆氣。說喊價一直提高，現在都不知道要貸款幾億才可以買到房子了。

我用很強烈的語氣對這些朋友說。

「5年前我拚命叫你買，你為什麼不買？那個時候貸款1億5千萬韓元就説很有負擔，看來現在貸個3億韓元一點都沒負擔吧。」

當時心理泡沫的氛圍強烈，不知道會延續到哪裡，也不知道什麼時候結束。泡沫在2020年以前持續擴張上漲。大部分人都期望有更大的笨蛋跳進來，並對泡沫的警告和國家的控制不屑一顧。然後高喊把市場交給看不見的手，反對控管，就跟以前的所有的泡沫一樣。

沒有人知道抓住泡沫高價股票的更大笨蛋會是誰，也沒人知道價格會跑到哪裡去。不過希望日後當各位在投資期間，在股票市場體驗心理泡沫跟估值泡沫的日子來臨時，可以把這些內容記起來，並將書拿出來重新閱讀。

# 不管有沒有效率，
# 市場投資者必備的態度

VALUE INVESTMENT

　　閱讀投資書時，經常會接觸到「因為股票市場是有效率的，若走在市場前面，會無法創造收益」之類的內容。也會有股票投資資訊已經先反映了股價的説法。

　　在投資理論中，會根據資訊反映了多少股票市場，分成弱式效率市場、半強式效率市場、強式效率市場等。

　　弱式效率市場代表過去所有的資訊會全部反映在股價上。因此像股價圖表分析之類的過去數據，對投資來説沒有意義，或是過去出現的投資資訊是無意義的。

　　半強式效率市場代表目前這時間點的所有資訊已先反映在股價上，用官方數據等資訊為基礎，將無法創造超額收益率。

　　強式效率市場則代表股價反映了所有未來的數據，即使以未來的數據為基礎投資，也仍能創造超額收益率。

　　許多研究資料認為股票市場介於半強式效率市場跟強式效

率市場之間。即是說，股價已經先反映了目前的數據。

[資料2-15] 效率市場假說的概念圖

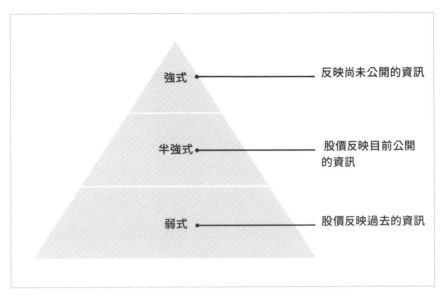

市場效率性的主張是來自以尤金‧法馬教授為中心的現代投資論學派的內容。價格會即刻反映市場的所有資訊，而依據合理判斷的理性人類所形成的股票市場，自己會尋求均衡。

對像這樣的現代投資論中呈現的資訊效率性持反對意見的人也不少。市場效率性的先決條件，是「依據合理判斷的理性人類所形成的股票市場」，但若想到一般的個人投資者，先決條件本身就有矛盾。

因為大多數都會對股價抱持敏感反應，並陷入瘋狂或恐慌，感情用事的狀況不可勝數。

代表性的有勞勃・席勒教授，他主張人是非理性的，所以會有投機的傾向，而這些人參與的市場是非效率的，因此會因為泡沫的形成與破滅，導致市場毀壞。像這樣考慮到根據投資者的型態，市場價格會非合理移動來研究的學問，即為型態投資論。

互相矛盾的現代投資論大師尤金・法馬教授、型態投資論的大師勞勃・席勒教授，卻很諷刺地在2013年共同獲得諾貝爾經濟學獎。[9]

股票市場是有效率的，還是沒有效率的呢？最近各種研究顯示的結論為，市場不能用二分法區分，而是「市場整體雖然有效率，但也有很多非效率的部分」。

實際觀察股票市場，就可以經常看到這種傾向。先來看看市場有效率的部分吧。在市場沒有大變動的平緩股價區間，若是大型股，則有股價先反映資料的傾向。例如說，某個公司簽到大規模訂單，在將其公告的時間點，股價反而出現下跌的狀況。一般來說，大規模訂單代表好時機，股價應該會大幅上漲，但股價已經先反映了，所以公告反而在叫喊著要實現收益的情況下，造成讓股價下跌的諷刺情形。

9 [啊哈！經濟新聞]市場是合理的⋯⋯為什麼會有股票–不動產泡沫？
（2013年10月28日，東亞日報）：https://www.donga.com/news/Economy/article/all/20131027/58498605/1

要理解這種現象發生的原理，1967年哈佛大學心理學教授史丹利‧米爾格蘭的六度分隔理論的實現會是很好的例子。六度分隔理論指出，只要經過六個人，全世界的每個人都會相互認識。米爾格蘭實驗結果為平均5.5人，2011年Facebook根據米蘭大學研究團隊的研究結果，縮短到4.7個階段。[10]

如果應用這個概念，就可以知道資訊的傳播速度有多快。假設各位知道了某個公司簽下訂單，並分享給朋友，各位即使只分享給十個人，經過3～4個階段後，這個情報最少會變成有1千人到1萬人知道。如果再走到5～6個階段，這個資訊就會變成所有投資者都知道。在所有投資者都知道前的3～4個階段中，股價會因為執行投資的人而先行反映，而反映資訊的股價就會漲到水準之上。

像這樣資訊快速傳開，投資者合理反映的層次上，可說市場是有效率的市場。

在這裡呈現一下個人投資者針對這個原理在投資上會思考的問題。一般個人投資者會渴求「資訊」，所以就會跟朋友開玩笑式地要「好的股票或投資情報」。但這樣獲得的資訊是否對投資有用呢？如果想到前面提到的效率市場概念跟史丹利‧米爾格蘭的六度分隔理論，這樣獲得的資訊很可能是大家已經知道的無意義投資情報。用這樣獲得的資訊投資，大多數只會換來損失。

---

10 Facebook真的減少「六度分隔」了嗎？（2011年11月23日，inews24）：
http://www.inews24.com/view/620092

利用內線情報的股票投資，會妨礙市場的健全，因此可能會據禁內線交易法被處以罰則。即使是經過幾個階段才得到的情報，只要是知道內線情報後用在投資上，就屬於禁內線交易法的範疇。前面提到的簽訂訂單案例，只是為了說明的假想例子。

這種禁止使用的內線情報，除了像該企業的經營者狀態變好的良機資訊之外，經營者狀態變糟的不利情報也算在內。即是說，良機情報公開前，買進低價的股票後，當資訊公開（新聞、公告等）時，利用股價上漲來賣出，或是倒閉等不利情報透過新聞或公告公開前，為了避免因股價下跌產生的損失賣出，這些買賣都屬於禁內線交易法。

特別是主要股東、主管及與公司有一定關係的人禁止利用主要資訊進行買賣。如果違反規定，最高可處無期徒刑，或處以迴避損失金額的5倍罰金。

不管是個人還是機關組織投資者，很多人會在無意識中將內線交易當成正當交易。但如果將利用內線情報的惡質買賣比喻成不動產，就可以馬上理解了。如果有人事先知道某個地區會開發成新都市的資訊，並先取得了該地區，獲得了龐大收益，大眾在知道了這個事實之後會怎樣呢？大概全國人民都會陷入憤怒之中吧。

股票投資的內線交易也是一樣。這並不是投資的實力，而是會破壞證券市場的行為。

　　但是市場也有很多非效率的一面。市場參與者在分析資訊行動前，會為「感情」所動搖。儘管知道有大規模訂單簽訂，但是否能像2020年3月一樣，先行果斷地在暴跌的市場中買進呢？大概做不到的可能性要高一點。

由於像這樣在股票市場受到感情左右的傾向很強，所以也有很多非效率的一面。

　　每年創造穩定的銷售跟利益、給予好的殖利率、財務結構穩定的股票，以一年不到利益的5倍的價格，以及不到公司淨資產價值的50%的價格形成股票價格，投資者仍常會因為各種理由而忽略與迴避這樣的股票，擱置不合理的股價。

　　2020年3月19日市場中，以前一年股息為基準，殖利率超過3%的股票，在2000多檔股票中占了601個。但很多人卻因為股價下跌這樣的理由而拋售。因為出現這樣的拋售，使股價再跌得更多。

　　這種非效率的股價到目前也仍持續很長的時間。只因為股價有下跌的趨勢，或是因為其他恐慌心理占據了投資心理，就用不合理的價格丟棄股票，這種事情四處可見。機械式的買賣甚至加速了不合理的市場。

　　例如說，信用貸款如果未到擔保價值，則根據RMS（風險管理系統），一般來說會在市場被賣出，這種狀況會讓個別股票的股價下跌成不合理的價格。或是以非效率市場跟現代投資論為基礎誕生的被動策略，這種情況下，投資者的資金外流或單方面集中資金時，會產生只購買符合被動指數標的的現象，只有指數相關的標的會下跌或上漲，形成非效率的價格。

　　效率市場跟非效率市場共存的這點，對價值投資來說是非常有利的條件。

KPX統計頁面中，可以在特定日期查詢股票的PER、PBR、殖利率等。可參考30009頁面PER、PBR、殖利率（個別項目）

[資料2-16] 2020年3月新冠肺炎衝擊當時市場低估的股票充斥

股票市場看似是會反映所有情報，且投資者下合理判斷的理性、合理且有效率的市場，但根據時機或股票群的不同，也可能產生非效率性的股價。

這可能是因為人類的情感因素，但也是因為人類的判斷不會100%合理，而上市企業跟股票市場也是活躍的有機體，因此會持續改變。

故針對效率市場跟非效率市場的特徵，我會這樣說明。如果找到市場非效率的時機，就會成為讓投資收益率最大化、超越Alpha收益率的市場，這之後回到效率市場時，就可以實現該收益率。

如果你理解這些股價形成原理，作為價值投資者，應該就可以知道讓收益率最大化的方法是什麼。如果我們訂下合理的投資標準，就可以將非合理的股價形成時機，或是處於非正常價格帶的股票轉為機會。當然，跟過去比起來，頻率或期待收益率會變低，但至少看著2020年3月新冠肺炎衝擊前後的證券市場，可以實際感受到市場一邊裝著有效率的樣子，一邊又呈現很不合理的樣貌。

在這裡提句華倫·巴菲特與此有關的名言，作為此章節的結尾。

「如果市場總是有效率，我就會變成街友了。」[11]

---

11　[Stock&Book] 價值投資者是厭惡損失症患者（2013年5月3日，亞洲經濟）：
　　https://www.asiae.co.kr/article/2013032302541194648

## SUMMARY

■ 股票市場會領先於景氣。

■ 浦上邦雄的股票市場四季跟安德烈・科斯托蘭尼的雞蛋模型，各自說明了利率跟經濟狀況以四季的循環跟雞蛋的模型循環的過程。

■ 流動性會在金融市場先流動，並創造金融行情後，移動到實體景氣，使景氣回溫，並創造業績行情。

■ 景氣循環週期分為恢復期、活躍期、後退期、停滯期等。

■ 說明經濟週期的理論有40個月的基欽週期、10年週期的朱格拉週期、20年週期的庫茲涅茨週期、40～60年的康德拉季耶夫週期。

■ 匯率，特別是美金對韓元匯率，會直接給韓國股票市場的外國人供需造成影響。

■ 美金強勢時，會產生外國人資金流出、韓國證券市場弱勢的現象；美金弱勢（韓元強勢）時，會產生外國人資金引入及韓國證券市場強勢的現象。

■ 投資市場的泡沫有價格泡沫跟心理泡沫兩種，最可怕的則是價格泡沫跟心理泡沫同時發生的時機（ex. 1999年IT泡沫、2018年初虛擬貨幣）。

■ 市場整體雖是有效率的市場，但同時也有非理性跟非效率的面貌。非理性的狀況對價值投資者來說是很大的機會。

# 體驗股票市場泡沫跟破滅
# 而從骨子裡學到的教訓

　　股票市場活躍期若持續，就會讓人忘卻股票市場的變化，並會有持續上漲的錯覺。特別是當股票市場越過牛市進入泡沫領域後，就會陷入確信該泡沫會不斷變大的泥淖之中。在這種情況下，實際上你已經倒在市場的某個角落了。

　　筆者在開始股票投資後，於1999年IT泡沫跟2000年IT泡沫破裂時親身體驗了這些過程。1999年IT泡沫是非常強的牛市。當時那斯達克市場甚至是範圍無法測定的泡沫。身為投資新手的筆者，以為當時的領頭羊持續上漲，忽略了市場狀況，之後泡沫就破了。就跟大多數的個人投資者一樣，筆者也隨著泡沫破裂，經歷到重大的投資損失。那斯達克市場在1999年上漲了240%，當時領頭羊們連日更新上限價格，股價呈現出IT技術革命的夢想跟希望。個別股票中上漲10倍、100倍的情況不計勝數。股票市場參與者醉心於泡沫，期待2000年該泡沫也能繼續擴大。

　　但是沒有業績，只帶著夢想跟希望上漲的IT泡沫跟網際網路泡沫，虛無地崩塌了。在連續的暴跌中來不及反應，證券市場就崩潰了。

在千禧年的夢想不會破滅的傲慢與固執己見中，2000年股價發生了大暴跌。筆者在1999年底受到了對比1/10大半的致命損失。那斯達克指數幾乎掉到-80%。

在泡沫破裂時遭到嚴重損失後，筆者才開始應用這章跟各位說明的方式，來看待市場。也多虧此，我才能在2008年金融危機時，透過資產配置策略跟穩定股票投資，產出對比市場下跌率相對好的績效，並安穩地度過金融危機。

2000年IT泡沫破裂當時的慘痛經驗，為我在往後超過20年的投資期間，留下了沉痛的教訓。而這份教訓也成了珍貴的基礎，讓我持續創造出成果。

NOTE

# Chapter 3

# 什麼樣的地方
# 是好的公司？

# 看透企業的本質

# 要怎麼
# 找到好的公司？

VALUE INVESTMENT

　　投資股票時，好的公司會是什麼樣的公司呢？我針對這個部分跟人們進行了對話。許多人都說，價格上漲的股票就是好公司。的確，股票投資的積極目的就是為了收益，這個收益必須要股價上漲才能得到。不過股價若持續上漲，就會是好的公司嗎？

　　股價最終會隨著企業的價值而長期移動。不過若某個企業沒有任何運作，股價卻上漲的話，該股價應該很難持續下去吧？沒有進行企業運作，股價卻持續上漲的企業，如果只是因為股價上漲就認為是好公司，就會掉入邏輯的矛盾當中，因為股價最終會找回自己的價值而移動。如果沒有企業價值做靠山，股價就會在一夕之間下滑。

　　1999年IT泡沫當時，人們追尋著股價上漲的企業，盲目進行投資。結果導致一開始以稍微貴一點的科技股價格，無視企

業價值驟升形成泡沫後，最終在隔年空虛地暴跌。

此外，也有很多投資者會在持續赤字的企業股價稍微上漲後，盲目期待公司起死回生而投資，但結果也只能體驗到身處地下室之下的地下二樓、地下三樓等滋味。

因此，我們不能只單純用「股價上漲的公司」來定義好的公司，而必須帶著標準跟證據來判定。

筆者對於好的公司的標準為「是否是未來也會持續成長，並帶來收益的企業」。持續的成長跟收益標準的概念有點模糊，也許就是因為這份模糊，才讓網際網路技術創造巨大財富，並形成IT泡沫。在這樣的意義之下，就有必要同時考慮到未來趨勢變化，以及目前時間點的現實收益。

即，如果說未來會持續成長及創造利潤的公司是好公司，那麼該公司的企業就必須在未來的典範或趨勢的觀點當中具備成長性，並且也需具備在目前時間點當中有可說明目前股價水準的收益性。

公司如果產生收益，就會用該收益支付股息，讓投資者擁有股息收益，或是保留給公司，為了新的成長而投資。如果這份收益不原地踏步，而是持續增加的話，企業就可以持續成長，同時也能維持收益性。擁有成長性跟收益性的企業價值，會持續向右上成長，因此股價也自然會描繪成長期右上的曲線。

為了找到擁有收益性跟成長性的理想好企業，請記住以下幾個項，並設立標準。

> 第一點，公司的事業是未來也有成長性的趨勢或典範嗎？
> 第二點，目前這個公司的收益性良好嗎？還是是嚴重的赤字企業呢？
> 第三點，財務結構脆弱，企業本身存亡也存在著危機？
> 第四點，有持續投資跟R&D以應對未來？

## ① 未來也可能成長的趨勢或典範

　　「事業是未來也有成長性的趨勢或典範嗎」這個標準多少有點抽象。因此如果只用這個標準來找好的企業，就可能會變成只是用夢想跟希望在找投資的企業。世界金融歷史上，每當泡沫形成時，光是有關未來成長的故事就會讓股價暴漲，這正是因為有對於未來的期待才進行了投資。

　　只不過，如果將這個標準跟其他標準綜合應用，就可以找到有長期成長產業趨勢的好企業了。企業成長雖然在於企業自己的努力，但正面的產業趨勢或典範，也可以創造成長的巨大洪流。

　　我舉遊戲產業的代表股NCsoft，以及核心產業的代表股韓國電力為例子。請想看看兩個企業經營的產業。哪個公司的產業成長性更強呢？直觀來說，應該可以預期NCsoft所屬的遊戲產業會比電力產業還有更快速的成長性。特別是考慮到新冠肺炎後，非接觸（untact）變成趨勢，任何人應該都會預想遊戲

產業的成長，而實際上2020年上半年NCsoft的銷售額也的確比前一年同時期增加65%，淨利潤則增加了85%，成長率十分驚人。

這章會使用很多上市公司的事業報告書跟季度、半年報告書作為例子。上市公司的業績報告書可以用下面介紹的三種方法來查詢。

第一個是金融監督院電子公告系統（DART，dart.fss.or.kr）。有一定規模以上的企業跟上市公司，有義務透過金融監督院的電子公告，公告符合規定的事業報告書、季度、半年報告書等。在該網站輸入項目名稱或代碼，就可以輕鬆確認到公告資料。養成有感到好奇的公司時，就立刻透過金融監督院的電子公告系統查詢的習慣，研究起來更有幫助。

第二個是證券公司HTS中的「電子公告」選單。

證券公司的HTS選單中的電子公告選單，是將前面提到的DART選單化，並連動代碼的選單。你可以查詢項目並輕鬆確認電子公告。

第三個則是入口網站的證券相關選單。

若在入口網站的證券選單中查詢項目，會發現在各種選單會有[電子公告]。

就跟前面在HTS的一樣，將金融監督院電子公告系統（DART）選單化了，所以當你讀書到一半對項目感到好奇時，就可以立刻搜尋確認。

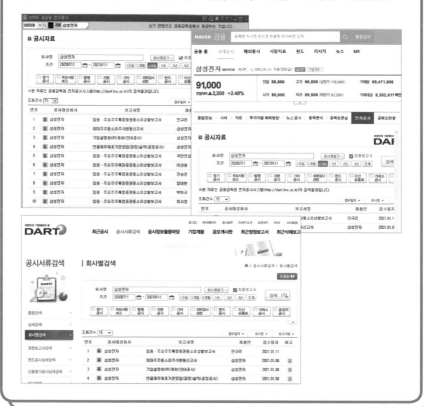

[資料3-0] DART首頁、入口網站、證券公司HTS選單的電子公告畫面

　　相反的，韓國電力則是政府控制電力費用，即使電子使用量增加，也不太可能會戲劇化地上漲，所以銷售增加會有一定的限制，甚至經常發生逆生長的情況。2020年上半年，韓國電子的銷售減少-0.5%，2018年跟2019年2年連續赤字後，才在2020年上半年轉為順差。

　　就像這樣，三歲小孩也可以解讀得出有未來成長性的產業。各位也不妨試著思考看看，認為是未來成長產業的有哪些？

你應該會想到人工智慧、半導體、IT、遊戲、製藥、醫學等等。除了這些之外，如果再加上各自的情報跟想像力，腦子裡應該會浮現出更多的產業。

## ② 可避免暴跌的公司收益性

　　第二個在判斷是否為好企業時，必須確認公司的收益性程度。再怎麼有未來成長性的產業，如果公司收益持續下跌，甚至形成嚴重赤字，那麼該公司的股價一定是所謂的泡沫。當人們回過神來時，股價就已經空虛地隨著破掉的泡沫一起下跌了。股價上漲時評價為「傑出企業」，但在泡沫破滅時，就會被責備為「邪惡軸心」。

　　在經營有未來成長性的事業典範跟趨勢，並因而獲評估為高股價的狀況下，若還有收益性做靠山的話，即使整體證券市場震盪，下滑也會有一定的限度，但若是沒有業績或嚴重赤字的企業，就會呈現超越股價下跌的暴跌水準。

　　製藥、醫藥產業因為超高齡社會的國際人口結構，而被分類為成長產業。看看身邊超過中年的家人、朋友，應該每個都在吃藥或健康食品吧？愈是超高齡社會，會攝取的藥或營養劑就愈多。不過最近製藥企業中，有很多漲到股價過高的企業，甚至已被評估為「泡沫」了。即使泡沫嚴重，若有收益性做靠山，則企業就算發生跌幅，也會有一定的限度，並且反而在下降之後強勢回升。但沒有收益性或赤字嚴重的企業，在股價下跌時會形成嚴重的跌幅，並產生無法恢復的狀況。

[資料3-1] Samsung Biologics跟Helixmith的股價走勢

Samsung Biologics　　　　　　　　　　　　　　Helixmith

　　我們來觀察一下2018年到2020年6月的Samsung Biologics
跟Helixmith的股價走勢。兩檔股票在2017～2018年都因為
持續的製藥、生技泡沫而有股價高估的爭議。不過Samsung
Biologics創造銷售，並從2018年開始都實現了高的淨利潤。
相反的，Helixmith則持續維持赤字。也因此，在2018～2019
年製藥、生技泡沫破裂時，兩個公司的最大跌幅呈現出很大
的差異。Samsung Biologics下跌了約-50%，Helixmith則產生
了-75%的重大跌幅。之後當製藥、生技產業開始回升之後，
Samsung Biologics超過了前高點，Helixmith卻沒能出現回升的
情形。

　　像這樣，即使是期待未來成長產業的股票，還是要有收益
性，才能控制住股價下跌的衝擊，並具備在回升時重新衝高的
力量。未來成長產業的夢想跟希望，必須透過所謂收益性的數
字來確認才能持續。如果無法創造收益性，而是持續赤字，投
資者的夢想跟希望就會從某個瞬間開始變為「失望」，沙灘上
的城堡終將崩塌。

## ③ 穩定的財務結構

　　第三個在選好企業時的標準，就是必須確認財務結構、財務穩定度。再怎麼預期有未來成長性，且目前擁有收益性的公司，如果有負債比率過高、流動比率過低等企業財務結構薄弱等情形，就可能因為小小的財務管理失誤，而產生企業倒閉或無法生存的情況。

　　特別是財務結構薄弱時，能夠投入到事業的資金就會減少。因為光是維持現有的事業就已經很困難了，根本就沒有餘力擴張事業或開啟新事業。在這樣的情況下，就算是屬於成長產業的公司，最後都會慢慢被競爭公司所淘汰。

　　財務結構的問題並不是只到這裡。公司為了改善薄弱的財務結構，可能會斷然進行有償增資，或發行BW（附認股權公司債）或可轉換公司債，來籌措資金。這種資金的籌措方式，最終會在增加股票數後，毀損既有股東的價值。

　　因此在選好企業的過程中，請一定要確認財務結構。詳細的財務穩定確認方法，我會在接下來的內容中詳細地介紹。

更上一層樓 LEVEL UP

評估財務穩定度時，可應用負債比率、流動比率、速動比率等財務比率。

負債比率是將總負債除以權益資本（淨資產）後的數值變成百分比，一般來說在100%以下時視為穩定。

1997年IMF事件之前，在政府干預的金融中，企業的負債比率時常超過500%、1000%。負債比率高的企業有利用該負債來活躍成長的優點，但必須承擔可能會因為小衝擊遭致倒閉的風險。1997年IMF事件若說是那些曾身處險境的企業財務風險所造成的結果，可一點也不為過。

IMF之後，政府將上市公司的負債比率準則強勢抓在200%，之後企業的負債比率就大幅降低了。最近上市公司的負債比率會在100%左右。或許也可以說是IMF時期經歷苦難的上市公司，為了生存而自行提高財務穩定度的結果。

負債比率是可以評估權益資本對比負債到何種程度的財務比率。不過債務（負債）中有必須立刻歸還的債務，也有可以慢慢還的債務。會造成財務風險的負債就是必須要趕快還的負債。而測定這部分的財務比率就是流動比率跟速動比率。

流動比率跟速動比率是為了評估負債比率中不太凸顯的公司流動性（現金狀況）的財務比率。

流動比率是將流動資產除以流動負債的數值，速動比率則是將速動資產除以流動負債的數值變成百分比的比率。流動比率又稱為銀行業者比率，是銀行評估企業的財務結構時經常使用的財務比率。流動比率達200%以上時，可視為穩定，而流動比率達200%以上的數值，代表跟1年以內要還的流動負債比起來，1年內可現金化的流動資產有2倍以上之多。

# ④ 持續的投資與研究開發

第四個在挑選好企業的過程中要確認的，就是企業的投資跟研究開發（R&D）是否持續。特別是研究開發是最重要的。再怎麼樣有成長性的產業，當R&D萎縮時，技術能力就會惡化，導致成長受阻。

三星電子能佇立為世界性的企業，正是因為R&D投資規模是世界最大。以2018年為基準，三星電子的R&D投資規模是世界第2名。[1]

[資料3-2] 三星電子的2020年半年報告書內研究開發費比重

| [ 研究開發費用 ] | | 第52期半年 | 第51期 | （單位:百萬韓元，%）第50期 |
|---|---|---|---|---|
| 項目 | | 第52期半年 | 第51期 | 第50期 |
| 研究開發費用總計 | | 10,585,084 | 20,207,612 | 18,662,029 |
| （政府補助金） | | △7,448 | △14,677 | △11,645 |
| 研究開發費用計 | | 10,577,636 | 20,192,935 | 18,650,384 |
| 會計處理 | 開發費用資產化(無形資產) | – | △285,699 | △296,304 |
| | 研究開發費(費用) | 10,577,636 | 19,907,236 | 18,354,080 |
| 研究開發費/銷售額比率 [研究開發費用總計 ÷ 當期銷售額 X 100] | | 9.8% | 8.8% | 7.7% |

※以合併為基準並根據韓國採擇國際會計基準（K-IFRS）所製成。　　［△ 為負 (–) 的數值 ］
※比率是用扣掉政府補助金（國庫補助金）前的研究開發費用支出總額為基準計算。

R&D相關資料可以在企業的季度、半年與事業報告書中「事業內容」項目中找到。若觀察三星電子的2020年上半年報告書資料，可以看出三星電子研究開發費在2020年上半期使用了10兆5,850億韓元，2019年研究開發費用總共是20兆

---

1　[全球R&D 1000大企業中韓國占24個……三星電子投資世界第2名（2020年2月5日，Herald Corporation）http://news.heraldcorp.com/view.php?ud=20200205000654

207億韓元。研究開發費用愈高,創造新技術、用有追尋新典範的事業能力的可能性就會愈高。相反的,成長性再怎麼高的產業,如果幾乎沒有投資研究開發費,該公司應該很難擁有新技術。

我們來比較看看被期待為超高齡社會的成長產業－醫藥產業中兩個企業的研究開發費用。我找了一下銷售額類似的丸仁製藥跟SCD的2019年綜合損益表中銷售額跟研究開發費用。比較銷售額跟研究開發費時,哪個企業預期會有更高的成長率呢?

丸仁製藥2019年的銷售額是1,592億韓元,研究開發費用是10億韓元,占不到銷售額的1%。SCD 2019年的銷售額則是1,866億韓元,研究開發費是179億韓元,約占銷售額的10%。

近一兩年還不知道,但R&D費用投資更多的企業,日後開發出新技術,讓業績更上一層樓的可能性應該比較大吧?這就是透過研究開發跟投資創造的長期成長。

如果像這樣,將事業所屬的產業成長可能性、目前收益性、財務結構,以及R&D投資等全部考慮進去,就可以找到好的股票了。為了培養找到好股票的能力,我們來看看有哪些具體必備的資訊。

## ② 是有順利賺錢的 公司嗎？

VALUE INVESTMENT

好的公司標準最終是為了看出企業是否有順利賺錢的條件。這代表需探討延續未來成長性的產業，是否公司在未來也能持續銷售，而公司的收益性方面，是否能創造銷售並產生利潤等等。財務結構的薄弱性與否，除了負債的利率費用問題之外，也是過去累積的企業成長跟收益性呈現出的結果，而持續的R&D與企業投資，則是企業為了最終創造未來銷售所做的努力。

這所有的條件都顯示出企業是否有順利賺錢，並創造利潤。為了瞭解企業是否有順利賺錢，我們必須了解公司創造利潤的過程。

假設有個製作並銷售麵包的A糕餅店。2020年A糕餅店每個月銷售了1億韓元、共12億韓元的麵包，創造了12億韓元的銷售額。那麼A糕餅店是賺了12億韓元嗎？不是對吧，我們還必須減掉投入的費用。

首先，會有材料費。我們必須扣掉麵粉、糖、水費、電氣費用等材料費。假設在2020年大約使用了8億韓元，那麼扣掉銷售成本就可以算出銷售總利潤是4億韓元。哇！這個公司的利潤是4億韓元？不對吧。像人事費用跟行銷費用等銷售跟賣場管理的銷售管理費用也要扣掉。假設賣場工讀生、麵包師傅、社長的月薪及行銷費用、宣傳費用、賣場租賃費等，使用了3億韓元的銷售管理費，再將這些費用從銷售利潤中扣除。銷售總利潤4億韓元扣掉銷售管理費用3億韓元，會剩下1億韓元。像這樣從銷售總利潤扣除銷售管理費後剩下的利潤，就稱為營業總利潤。

A糕餅店扣除了營業活動需要的所有費用後，在2020年的營業利潤為1億韓元。那麼我們可以說，A糕餅店完完整整地賺了一億韓元嗎？

再深入研究才發現，為了建立賣場在銀行借的借款，在2020年產生了5千萬韓元的利息費用。由於這也是經營公司上使用的費用，因此必須扣除。這樣的話，A糕餅店的淨利潤就會剩下5千萬韓元。為了方便，稅金計算會另外進行。

一般來說，人們會有看到銷售額後，就認為該數字是公司利潤的傾向。無線TV出現的美食店月銷售寫著多少億多少億，總讓人瞪大眼睛。不過若從企業的立場來看，這都不能當作有賺到錢的證明。當然，銷售要高，才有創造利潤的餘地，但也有很多公司銷售額高，卻沒有創造實際的利潤。

假設TV裡出現的某個美食店，每個月創造了幾千萬韓元的銷售，但原料費用跟銷售管理費卻等同於銷售額的數字，那麼該商店別說是利潤了，應該只會一直累積赤字而已。

像這樣，如果要判斷企業是否有實際創造利潤，除了銷售額之外，也應該將各種費用因素一起考慮進來。

為此，我們重新想一下，好的公司應該是什麼樣的公司。

第一點，公司的事業是未來也有成長性的趨勢或典範嗎？
第二點，目前這個公司的收益性良好嗎？還是是嚴重的赤字企業呢？
第三點，財務結構脆弱，企業本身存亡也存在著危機？
第四點，有持續投資跟R&D以應對未來？

我們搭配這些基準，再來深入探討一下吧。

公司是否有好好賺到錢，其實不是說一年內是否賺到錢，而是指每年銷售跟利潤成長的走勢，這也是我們在職場中努力工作的原因。如果公司沒辦法在目前的事業中自給自足，並且發展銷售結構，競爭力就會從某個瞬間開始落後其他人一大截，銷售也會慢慢下滑。因此公司為了順利賺到錢，必須苦惱跟努力提高銷售跟利潤。為此，必須持續掌握新的趨勢，並透過研究開發擁有跟其他企業差別化的技術能力。

A糕餅店即使將特定麵包專業化，讓其受到歡迎，但大眾對麵包的喜好跟趨勢會持續改變。因此A糕餅店的經營人必須為了新麵包的趨勢，以及創造符合顧客喜好的高品質麵包，而

持續研究開發與需求調查，對吧？如果像這樣，產出客人喜愛的新麵包，該麵包除了帶來新的銷售之外，也能在跟其他麵包店的競爭中，取得好幾步的領先位置，這樣就可以創造持續增加銷售，並自然提高利潤的良性循環。

但為了公司成長的努力，可不能在這裡就停下。再怎麼開發高品質、好的麵包來提高銷售，如果製作過程中的非效率性導致費用增加，銷售雖會提升，卻可能使利潤減少。因此必須在適當的範圍內，努力減少費用，才能在銷售額中提高或維持代表營業利潤產生多少的相關指標－銷售額營業利益率。如果只培養外部，銷售會增加，但卻可能導致損失持續累積，事業進而收攤。

利潤產生後，在還債的同時，必須使財務結構穩定化，這樣才可以建立能夠長期持續賺錢的事業結構，並增加生存可能性。雖然會賺錢，卻因為還不起債而倒閉，這種哭笑不得的狀況也經常發生。

不過公司會不會賺錢，跟一般的概念多少有點差別。一般人如果說公司會賺錢，只會考慮到現金流量。人們都有個既有的觀念，認為企業就像上班族的月薪或年薪一樣，帳戶有現金就代表有利潤。當然這種現金流量也是在評估企業價值時的重要標準，但在實際的企業經營上，只看現金去判斷，是有可能產生錯誤的。

公司賺錢並不是只在營業活動發生。公司處理的各種資產的複合性影響，會創造最終的利潤。舉個例子，出口企業是用美金產生銷售額。這可能根據美金的匯率變動，給該年度公司

的利潤造成重大影響。出口企業在美金對韓元匯率上升時（韓元弱勢），韓元換算美金銷售高，對韓元為基準的利潤也有正面效果。相反的，美金對韓元匯率下跌時（韓元強勢），對韓元為基準的利潤有不利影響，就可能造成利潤減少。

此外，投資金融商品或股票、有價證券，或各種公司資產的買賣形成的損益，會給營業外的損益造成影響，因此也會對該年的整體利潤造成變動。如果有某個公司用200億韓元賣出帳面價格100億韓元土地，該年度就會一時產生比帳面價格高的利潤。或者有良好營業利潤的公司，投資的金融商品卻發生嚴重損失，這將使淨利潤惡化，甚至可能造成公司的存亡危機。過去KIKO事件即是這種代表性的案例。

2007年美金對韓元匯率呈下滑趨勢的當時，金融公司向中堅企業販賣名為KIKO的衍生商品。這個商品在約定好的範圍內提供一定的收益，但當美金對韓元匯率驟升時，公司反而需償還幾倍的匯兌損失給銀行。儘管商品結構對企業不利，但還是很多中堅企業加入了該金融商品。

之後2008年金融危機到來，美金對韓元匯率驟升到1,500韓元一帶之後，中堅企業就遭受到數兆韓元的損失。持續產出營業利潤的核心企業，也因為KIKO事件發生黑字倒閉的狀況，造成社會問題，Taesanlcd等上市股票中，也有上市終止等委屈的情形發生。

像這樣，就算企業原本的經營做得好，卻不能只靠這個就說它是會賺錢的公司。

**LEVEL UP**

你知道KIKO **Knock In Knock Out** 事件嗎？KIKO是2007年金融公司銷售給企業的衍生金融商品。當時金融公司預計美金對韓元匯率會掉到900韓元以下，並從匯率避險的角度大規模地販賣KIKO商品。這個商品在美金對韓元匯率下滑時，會支付相對的小額固定收入，但相反的，當美金對韓元匯率呈上升趨勢時，就有可能造成接近無限大的損失。

這跟銷售買權的收益結構類似。選擇權市場中可在中間將選擇權買回整理，但KIKO卻不行。仔細想想，匯率下跌時收益有限，匯率上升時損失卻是無限的KIKO，為什麼會有這麼多的企業加入並投資，實在令人費解。雖然當時美金對韓元匯率下跌預期強烈，但企業或許是在不了解KIKO商品結構的情況下，就一股腦地加入了。

最終隔年2008年金融危機爆發，美金對韓元匯率遽升後，原是買權販賣結構的KIKO帶來巨大的損失，成為除了中小企業之外，中堅企業也接連倒閉的原因。

　　當正業以外的營業損益也穩定時，就可以說公司是穩定並持續地在創造績效。

　　如果能將目前為止的內容應用在找尋「會賺錢的公司」上，那麼你就也能利用接下來的價值投資主題，畫出選定股票的大藍圖。有關這部分，我們會在第5章財務報表的內容中仔細探討。

[資料3-3] 2008年Taesanlcd因為KIKO事件，一瞬間就掉進資本完全被蠶食的狀態

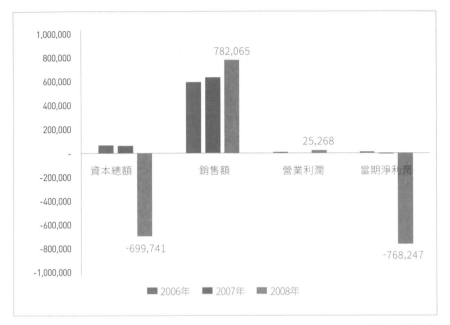

（單位：百萬韓元）

# 3 賣什麼東西給什麼人？

VALUE INVESTMENT

　　公司的事業有很多是像前面提到的虛構A糕餅店，以個人為對象進行的B2C（Business to Consumer），但也有很多是公司對公司交易的B2B（Business to Business）型態。像這樣，公司銷售會根據銷售財貨、服務或內容等的地方是哪裡，即，個人還是企業，而出現獨特的特徵。

　　首先，先來看跟我們生活密切的B2C事業結構的公司吧。B2C的每人銷售規模雖然小，但顧客人數卻接近無上限，因此在事業風險或利潤率上，比B2B企業有利。

　　因為顧客很多，所以即使一部分客人離開，對銷售也不會造成巨大影響。此外，當顧客忠誠度高時，利潤率就會戲劇化地增長。

　　可以拿娛樂公司當作明顯的例子。就娛樂公司來說，公司所屬的唱片、演唱會、廣告等偶像活動，以及其他的周邊商品販賣會是主要的銷售內容。

這些除了有粉絲的喜愛，即粉絲的存在之外，粉絲的忠誠度愈高，偶像跟娛樂公司的銷售就愈會自然增加。最近粉絲之間「要購買偶像周邊才是真正的粉絲」的文化很驚人。粉絲的購買力會延續公司的銷售，而粉絲群體愈壯大，即使有一兩個粉絲離開，對整體的銷售也不會造成影響。

　　個人帶著一點私心，來探討一下女團TWICE的所屬公司JYP娛樂吧。TWICE出道前銷售額不到500億韓元的JYP娛樂，在2015年TWICE出道後，銷售額急邃增加。TWICE出道本身就轟動，因此馬上就有強力的粉絲群體形成，每次發表專輯時都造成旋風。甚至有人開玩笑說，TWICE就算是唱軍歌也會拿第1名，顯示出TWICE的人氣。他們也藉由粉絲堅定的支持，在2019年的銷售額達到1,554億韓元。跟TWICE出道的2015年相比，銷售額足足增加了3倍。

[資料3-4] JYP娛樂在2013～2019年的銷售額與營業利益率走勢（單位：億韓元）

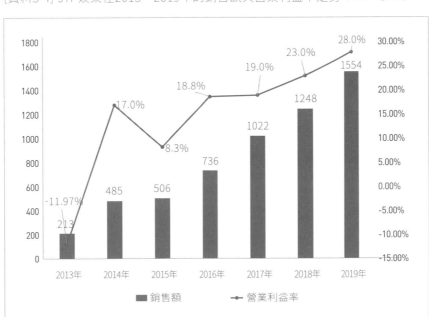

粉絲群體在這裡形成強力的靠山，使對比銷售額的營業利潤比率－營業利益率持續上升，2015年為8.3%的營業利益率，在2019年提高到28%。也就是説，有忠誠度的粉絲可以增加企業的業績。

　　不過B2C有個致命的缺點，雖然顧客走了一兩個不會是問題，但當名聲變糟時，可能會導致銷售下滑，甚至造成企業生存困難。因此決定投資時，名聲變差的股票必須慎重地將各種因素納入考慮。

　　跟過往不同，國民的意識層次已經普遍提高，如果還用以前的方式對待顧客，公司的形象會變差，名聲也會惡化，甚至可能造成顧客拒買。如果到了這步境地，公司再怎麼降低產品單價，人們仍然不會購買該產品。

　　南陽乳業耍大牌就是代表性的例子。當時業務無理的言詞為大眾所傳播，引起消費者的眾怒，且實際上將販賣數量轉嫁到代理店主身上的事情也被揭露，在2013年人民眾怒中發起了拒買活動。大部分企業到了這種程度，都會努力不再引發爭端，怎料之後南陽乳業內的雇用惡習、創辦人家人的醜聞等事情接連發生，讓消費者對南陽乳業的印象跌落谷底。

結果南陽乳業2012年的銷售為1兆3,650韓元，卻在2019年急速下滑到1兆308億韓元，7年期間跌了24%。而同時期的競爭公司Maeil Holdings Co在2012年的銷售額是1兆723億韓元，2019年則上漲到1兆5,908億韓元，足足增加了48%。這樣比較起來，就可以認知到名聲惡化是造成公司業績重大負面影響的關鍵因素。

[資料3-5] 失去消費者信賴後南陽乳業的銷售額走勢（單位：億韓元）

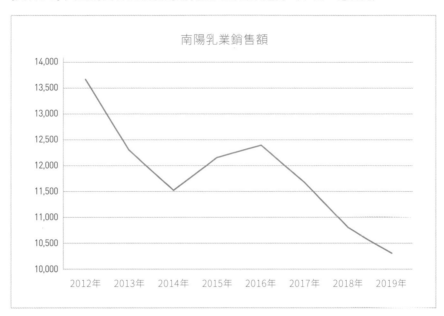

　　因此在分析要投資的公司時，若公司的事業是B2C，則需慎重將該公司產品的粉絲群體或名聲納入考慮。這些並非只適用於娛樂公司或乳製品公司。汽車、通訊、內容、遊戲、餅乾、飲料、化妝品等多數以顧客為對象進行B2C事業的所有企業都適用。

相反的，B2B事業大部分會以少數的客人作為對象。因此跟經營B2C事業的企業比起來，要管理的客人數較少，畢竟只要管理企業顧客即可。這點是優點，不過也可能是缺點。

如果從優點來看，如果挖到一次客戶，銷售就很有可能一直持續下去。如果看以前的連續劇，可以看到有很多外國買家來到韓國時，會有很多應酬招待或過度取悅對方的場面。會這樣做的原因，就是因為一旦開始交易，該交易就可以持續很久，此外也不需要接觸一般客人，因此公司的名聲或粉絲群體不太會受到影響。

不過跟B2C比起來，少數的企業顧客會占銷售的絕大部分，若該客戶離開就會給公司帶來致命的影響。更嚴重者，如果只跟特定公司交貨，若在中途解除契約就會落入銷售對象全無的窘境。依靠大企業的中小企業多是這樣的狀況。

代表性的B2B企業有汽車零件、電子零件、鋼鐵公司、化學公司等。特別是汽車零件跟電子零件，主要企業有現代汽車、起亞汽車、雙龍汽車、韓國GM、三星電子車、LG電子車等極少數。而大部分上市的零件公司都是這些主要公司的第1銷售商（第1零件供應商）。

畢竟是提供零件給主要企業，因此除了銷售會持續之外，也很常進行零件開發與R&D的合作，因此公司的技術能力也會自然提高，這是一個優點。不過零件公司的業績，也會跟著主要企業的經營狀況而有所不同。主要企業要事業順利，才能有

下滲經濟學效果的事業結構。或是可能會有主要企業施加下調零件單價的壓力，這時就需要考量到損失。

因此在分析B2B業者時，必須一邊觀察事業報告書或季度、半年報告書內的「事業內容」，並確認主要銷售客戶是哪些地方。

[資料3-6] SEOYON E-HWA的2020年半年報告書內主要銷售客戶

三、主要各銷售客戶銷售現況

報告對象期間合併公司的各客戶銷售現況如下。

（單位：千韓元，%）

| 主要客戶 | 第7期半年（下半年）比重 | 第7期半年（下半年）金額 | 第6期（前期）比重 | 第6期（前期）金額 | 第5期（前前期）比重 | 第5期（前前期）金額 |
|---|---|---|---|---|---|---|
| 現代汽車（股） | 395,839,397 | 49.5% | 1,001,035,604 | 50.9% | 945,032,922 | 51.1% |
| 起亞汽車（股） | 276,156,305 | 34.5% | 690,450,205 | 35.1% | 643,514,263 | 34.7% |
| 其他 | 128,326,432 | 16.0% | 274,796,058 | 14.0% | 262,207,562 | 14.2% |
| 總計 | 800,322,134 | 100.0% | 1,966,281,867 | 100.0% | 1,850,754,747 | 100.0% |

上面的資料是汽車零件公司SEOYON E-HWA的2020年上半年報告書內的「事業內容」中，所摘要的主要銷售客戶現況。只看一眼也知道，這個公司提供現代汽車的銷售量接近整體的50%，提供給起亞汽車的銷售則達到35%。其他銷售額也有14～16%，但絕對的比重還是在現代、起亞汽車集團上，這就是典型的B2B事業結構。

由於是提供零件給主要企業的中間公司，因此不得已會有與特定主要企業的業績連動的限制。當該主要企業經營良好時，該公司也會一同成長。

但雖説是B2B，也並不是無條件就只有少數的客戶。也有很多公司像B2C一樣，保有許多客戶。這種公司有那些呢？這時我的腦裡會浮現化學公司。製作化學產品的公司會提供化學產品給大部分國內外的製造業者。

我在樂天化學的2020年第1季季度報告書的「事業內容」中找了該公司的客戶。他們跟SEOYON E-HWA不同，並沒有特定的主要顧客，而是記錄為「國內製造業者與國外製造業者」。

[資料3-7] 樂天化學的2020年第1季季度報告書的「事業內容」

| ③ 公告對象事業部門的區分 本公司與從屬公司的各事業部門現況摘要如下。 | | | |
|---|---|---|---|
| 類別 | 對象公司 | 主要生產品項 | 主要顧客 |
| 基礎油分 | 樂天化學(股)、(馬來西亞)、(美國) | 乙烯、丙烯、苯、甲苯、對二甲苯、鄰二甲苯等 | 國內製造業者及國外製造業者 |
| 單體 | 樂天化學(股)、樂天GS化學(股)、(馬來西亞)、(中國)、(巴基斯坦)、(美國) | 苯乙烯、丁二烯、環氧乙烷加成物、環氧乙二醇、純間苯二甲酸、純對苯二甲酸、甲基丙烯酸甲酯、雙酚A等 | 國內製造業者及國外製造業者 |
|  | 樂天化學(股)、Kpchemtech(股)、(馬來西亞)、Sambarklft(股)、DACC航空(股)、(中國)、(中國)、(中國) | 高密度聚乙烯、聚丙烯、低密度聚乙烯、聚對苯二甲酸乙二酯、線性低密度聚乙烯、聚碳酸酯、ABS、EPS、LFT、EPP等 | 國內製造業者及國外製造業者 |

我們從這邊可以確認到樂天化學有各式各樣的公司客戶。雖然是B2B，卻也有B2C的傾向。由於公司客戶也很多，即使一兩個離開，銷售也不會發生致命下滑。如果有產品品質跟價格競爭力，就能維持持續的需求。

只不過，若產品的品質跟價格競爭力開始下跌，就算是企業客戶，也可能會離開。因此若是在B2B企業中保有眾多公司

客戶的話，就必須努力透過R&D取得價格競爭力跟技術能力，來領先其他競爭公司。如果用學生時期來比喻，有多數顧客的B2B公司，做的應該就是所謂的自主式學習吧。

我在這邊整理了依據賣什麼東西給誰，需要看重哪些東西的內容。請各位一定要實際去讀投資公司的事業報告書，以及季度、半年報告書內的「事業內容」。親自確認公司是何種銷售結構，顧客又有哪些特徵，這樣一定可以提高你價值投資的技巧。

# 用什麼方式
# 賺錢？

VALUE INVESTMENT

前面說明了公司依據不同的事業對象，會有不同的銷售特徵。但每個公司對銷售的認列不盡相同，因此在分析企業時，必須了解每個公司銷售認列的差異。

一般來說我們會將賣東西時的金額認列為銷售額。這種概念可以用TV裡出現的美食店的銷售結構說明。賣出後馬上有現金進來，即使用卡片結帳，也可以在幾天內就取得現金。不過如果給這種銷售結構加上一個條件，我們一般概念上所想的銷售跟公司實際銷售就會有所差異。

好比說，客戶A為了使用線上內容業者B的訂閱商品12個月，先結帳了12萬韓元。一般來說我們會認為，銷售產生了12萬韓元，現場也會收到12萬韓元的現金，所以也可能會炫耀說有了12萬韓元的銷售。不過這其實跟實際的銷售有很大差異。如果半年後顧客A要退錢，就必須歸還接近一半的金額，這時銷售就可能呈現負的數字，對吧？或者，在收到訂閱費用的當

月認列為銷售，並已作為公司資金時使用時，也有可能連退款的錢都沒有。

像這樣提供有限定期間的財貨或服務來產生銷售額時，必須分期間來認列銷售。既然1年是12萬韓元，那就必須將銷售認列為一個月是1萬韓元。

有些公司會像這樣根據銷售的認列差異做現金交易，也有的事業結構是根據期間收錢或認列為銷售。隨著這種賺錢的方式、事業方式不同，公司的銷售也可能隱約有巨大差異，分析企業時要考慮的事項也會變多。

沒有約定期間的銷售事業，如果收到財貨、服務的代價時，就會馬上認列為銷售。如果汽車公司將汽車賣給了客人，就很可能直接視為銷售。不過像造船訂單就不一樣了。造船到移交會花上許多時間，工程也很複雜。在這樣的事業結構中，什麼時候才會認列為銷售呢？在船隻完成後轉交，並收到費用後，就能認列為費用了嗎？如果是汽車的話，這是有可能的，但像船隻一樣花數個月至數年製造時，就會將繁複的工程過程及製造期間納入考慮，來認列銷售。簡單來講，當工程進行到10%時，就可以將合約金的10%認列為銷售。

造船或建設等會花很長期間、資金也大的行業，必須根據締結契約後工程的進行來認列銷售[2]，因此實際上記在供應契約上的金額並不是當期的銷售額，而必須按照工程的進度來認列銷售才行。這些部分在分析企業時都必須要進行確認。

[2]　Kim Sooheon、Lee Jaehong著（Aboutabook）：《這就是實戰會計》

在檢視事業報告書或季度、半年報告書時,如果我要投資或已經投資的公司屬於按接單生產的產業,為了考量到日後大量的銷售額,必須掌握訂單契約的現況跟積欠訂單。一般來說,這個明細可以在企業的事業、季度、半年報告書內的「III財務的相關事項」內,合併財務報表注釋或財務報表注釋中確認到。

[資料3-8] 現代Mipo Dockyard 2020年第1季報告書的積欠訂單現況

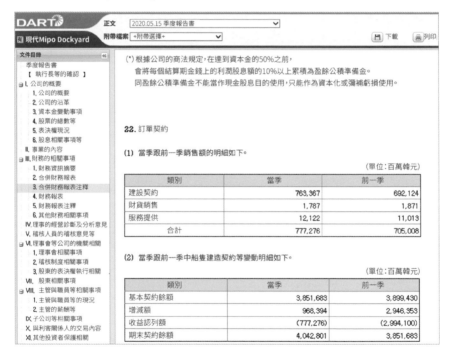

不過現代Mipo Dockyard是按接單生產的產業,因此必須要跟第二個「當季跟前一季中船隻建造契約等變動明細」一起看。

現代Mipo Dockyard在2020年初的基礎契約積欠訂單是3兆8,516億韓元，在第1季因為新契約、額外契約、變動等關係增加了9,683億韓元，並在認列銷售7,772億韓元後，第1季末的契約積欠訂單為4兆428億韓元。以此基礎可以預期日後收益認列會如何展開，但繼續觀察會發現，額外按年度認列收益額也都親切地記錄了下來。

　　觀看以下資料，可以預期2020年收益認列約會是2兆159億韓元。

　　以這個資料為基礎，就可以評估日後公司的銷售。不過若公司增加了新契約，則銷售會稍微再增加一點。即使簽到大規模的訂單，依據契約條件的期間跟工程過程，收益認列可能會分割，因此當期業績不會劇烈增加。

[資料3-9] 現代Mipo Dockyard公告的各年度收益認列推估值

(3) 當季未契約積欠訂單預期會認列為收益的時機同下。

（單位：百萬韓元）

| 類別 | 2020年 | 2021年 | 2022年以後 | 合計 |
|---|---|---|---|---|
| 收益認列 | 2,015,980 | 1,259,054 | 767,767 | 4,042,801 |

　　相反的，也有很多行業跟汽車產業一樣，會將販賣直接認列為銷售。這些公司不會另外公布積欠訂單，不過會定期將汽車銷售台數以暫定業績報告的型態公布，讓投資者可以推估公司的收益。

[資料3-10] 起亞汽車的2020年5月汽車銷售業績公允表達

| DART | 正文 | 2020.06.01 營業 (暫定) ▼ |
| 起亞汽車 | 附帶檔案 | +附帶選擇+ ▼ |

| 類別(單位:台、%) | 當季業績 ('20.5月) | 前一季業績 ('20.4月) | 前一季對比 增減率(%) | 前一年 同季業績 ('19.5月) | 前一年同季 對比增減率(%) |
|---|---|---|---|---|---|
| 銷售台數(內需) | 51,181 | 50,361 | +1.6% | 43,000 | +19.0% |
| 銷售台數(海外) | 109,732 | 89,901 | +22.1% | 195,943 | -44.0% |
| 計 | 160,913 | 140,262 | +14.7% | 238,943 | -32.7% |
| 類別(單位:台、%) | 當季業績 ('20.5月) | 前一季業績 ('20.4月) | 前一季對比 增減率(%) | 前一年 同季業績 ('19.5月) | 前一年同季 對比增減率(%) |
| 銷售台數(內需) | 218,281 | – | – | 200,465 | +8.9% |
| 銷售台數(海外) | 731,579 | – | – | 916,317 | -20.2% |
| 計 | 949,860 | – | – | 1,116,782 | -14.9% |

| 資訊提供明細 | 資訊提供者 | 宣傳室 |
|---|---|---|
| | 資訊提供對象 | 媒體等 |
| | 資訊提供(預定)日時 | 2020年6月1日15:30報導資料發布及 之後隨時提供 |
| | 活動名稱(場所) | 報導資料發布等 |

　　這個資料是2020年6月初發表的2020年5月營業（暫定）業績（公允表達）資料。觀察內容可以發現，5月內需、海外汽車販賣合計，比去年同時期減少了-32.7%。我們可以實際感覺到，5月汽車販賣因新冠肺炎疫情嚴重減少。雖然只看這些會覺得很嚴重，但比起前期4月增加了14.7%。就像這樣，觀察資料時必須將之前的資料綜合一起來看。觀察5月初發表的營業（暫定）業績（公允表達）資料，可以看到4月跟去年同時期比起來，內需、海外汽車販賣減少了-41.1%。

　　我們在分析企業時，比起只看眼前的數字，有必要去觀察其走勢。而新冠肺炎前後的狀況，就是代表性的例子。4月跟前一年比減少了-41.1%，但5月卻減少了-32.7%，這樣我們可以分析為，目前已經脫離最壞的狀況了。

如果考量到股價會領先在業績之前，這些分析方式就可以在日後業績推估跟預期股價走勢時成為參考資料。

看接單生產產業的項目會親切地將積欠訂單記錄下來，所以可以大概推估銷售，但大部分的產業其實並沒有親切地提供這種資料。像現代汽車跟起亞汽車這種大企業雖然會公告，但大部分的公司不會刻意公開資訊，因此可能經常得一一尋找可幫助推估的資料。

提供一定期間的服務後先收到費用，或像公寓分割一樣先收大錢再進行工程時，收到的錢會根據期間或工程認列為銷售，但其他超過的金額就必須認列為負債。因為有必須履行工程的義務。

例如說，線上內容業者B在從客戶A收到年度服務費用12萬韓元的狀態下過了半年，12萬韓元的一半，約6萬韓元就會成為契約負債。如果是突然簽到大筆訂單契約，並收到工程進行狀況以上的合約金或初始金額的企業，就有可能會因為這種企業負債的關係導致負債比率突然增加，因此必須在判斷投資時考慮進去。

分析企業時，最好的公司就是用現金交易的公司。若是快速引入現金的事業結構，則在大企業中可以擔任養活集團子公司的搖錢樹，即使公司本身負債多，因為現金流量好，所以財務風險非常低。代表性的案例有遊戲產業，遊戲產業會透過個人或網咖使用券及道具販賣等各種管道的線上結帳，創造銷售。

線上銷售以會計基準來說，幾乎可以說是即時的，會非常快速地進入公司的戶頭。這種事業結構大部分都比長期契約還快結帳，因此流入的大部分現金會認列為公司銷售。如果遊戲成大熱門，或是事業達到穩定範圍時，公司的財務結構即使不動，也會變得更穩定，只要不要把觸角伸到奇怪的事業，就可以最大發揮現金交易的優點。

[資料3-11] NCsoft當期淨利跟營業活動形成的現金流量幾乎類似

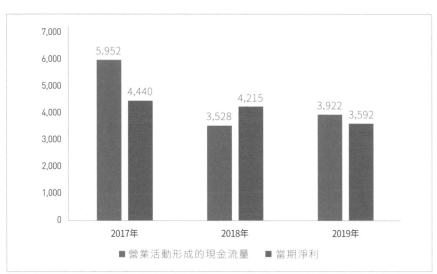

可說是遊戲股的代名詞NCsoft，當期淨利跟營業活動形成的現金流量幾乎差不多，呈現穩定的現金流量。如果在低估狀態下發現有進入穩定圈的事業，並持續流入現金的事業結構的公司時，就可能成為創造穩定績效的好投資候選股票。

# 5 有什麼樣的競爭力？

VALUE INVESTMENT

　　所有企業都會競爭，而其中占有優勢的企業才能持續成長，而該企業也可能會領導著該產業。在市場中具備絕對競爭力的企業，能最大地利用該支配力的好處，來主導事業，因此公司的利潤一定會比其他競爭公司還高。

　　擁有強勢競爭力的企業，如果為大眾所熟知，則自然會提高品牌價值，顧客忠誠度也會比競爭公司高，進而創造穩定收益跟高利潤率。既然利潤提高，R&D就自然會提升，技術差異間隔就會愈來愈大。

　　相反的，身處劣勢的企業比起領先的企業，品牌價值較低，必須投入廣告與其他營業的高額費用，才能創造營業成果。結果使利潤率變低，或雖然銷售一時提高，卻因為有行銷費用，而導致損失產生，沒辦法投入R&D，技術差異也變大，最終讓產品的競爭力愈來愈差。

我們可以舉化妝品業當作例子。化妝品業界中LG生活健康跟愛茉莉太平洋各自有20%左右的市場占有率，而剩下的則由其他化妝品業者來分這塊大餅。

想要掌握市場占有率資訊時，可以查詢事業報告書或季度、半年報告書中的「II. 事業內容」，就可以確認該公司的最新市場占有率。

[資料3-12] 愛茉莉太平洋的市場占有率現況

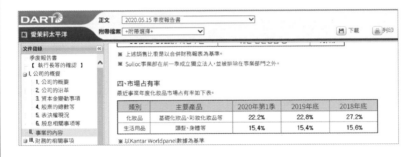

上面的資料是愛茉莉太平洋2020年第1季報告書中「II. 事業內容」內的市場占有率。身處市場占有率優勢地位的企業，市場占有率會像這樣呈現一大塊一大塊的。不過身處劣勢的公司可能不會呈現市場占有率，或可能以籠統的敘述帶過。這時，就可以透過該產業的雜誌或證券公司報告等來參考。

身處市場占有率優勢地位的企業，跟身處劣勢的企業，利潤率會呈現極大差異。營業狀況好時，不管市場占有率在前還是在後，形成的利潤率都算還可以，但營業狀況如果稍微進入一點停滯的區間，身處市場占有率劣勢的企業，為了避免銷售在低品牌力量中減少，會增加行銷等費用，進而產生淨利大幅減少的現象。

[資料3-13] 化妝品業界市場占有率差異造成極端的利潤差異
(以2019年事業報告書為基準)

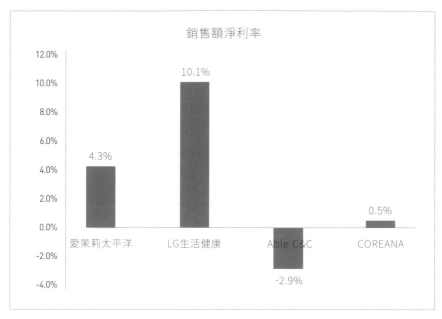

以上資料為在市場占有率中排名在前的愛茉莉太平洋跟LG生活健康，以及排名在後的Able C&C 跟COREANA，以2019年事業報告書為基準的銷售額營業利益率圖表。我們一眼就可以看出，市場占有率高的企業跟市場占有率低的企業比起來，呈現高銷售額淨利率。

市場占有率跟放風箏類似，一旦將線升到某種程度之後，銷售就會自然維持，利潤率也會穩定持續，不過如果安於此，企業本身不再發展的話，後面才出發的業者就有可能一點一點培養市場占有率，進而使第1名企業的市場占有率被奪走，反讓後起的企業躍升到第1名的寶座。因此即使是位在市場占有率前面排名的企業，也會為了持續增加市場占有率而努力。

企業根據狀況，有時也可能為了壓倒性地提高市場占有率而做出如鬥雞博弈的極端決定。為了拉大市場占有率第1名企業跟第2名企業的差距，他們會降低價格，除了第2名企業之外，也讓位在市場占有率排名後段的企業產生赤字，產業內較弱的公司就會消失，或是被第1名的企業吸收、合併。

2008年金融危機當時，半導體產業展開鬥雞博弈[3]，也因此1Gb DDR2價格兩個月就降了一半。DRAM價格隨金融危機驟跌，世界DRAM業者陷入嚴重的財務困難。2009年1月23日傳來德國DRAM業者奇夢達的破產消息，鬥雞博弈也在這裡告一段落。而在此過程中，日本跟台灣的半導體公司也受到巨大的打擊，三星電子的DRAM市場占有率則從2008年30%漲到2009年的34%。

重大的鬥雞博弈結束後，第1名業者以強力的市場占有率持有價格決定權，之後還可以透過生產量調整、控制價格等，將利潤率最大化。

鼓勵投資第1名企業、獨特企業的投資大師的話都是有原因的。

**初學用語**　　　　**鬥雞博弈**

鬥雞博弈在1955年詹姆斯．狄恩主演的電影《養子不教誰之過》中也曾出現過，意指過去美國青少年彼此面對面奔馳的汽車競賽遊戲。從兩邊面對面奔馳時，一定會出現死亡或重傷的狀況。在這個過程中轉方向盤的人會被認為是膽小鬼，被稱作「雞（Chicken）」。競爭的公司因流血競爭而持續降低價格的模樣就跟鬥雞博弈一樣，因此此在經濟學跟股票市場也會使用。在經濟領域中，鬥雞博弈的獲勝者就會獨占市場。

---

3　[半導體「鬥雞博弈」落幕了嗎？（2009年1月27日，首爾經濟）：
　　https://news.v.daum.net/v/20090127171611256

「事業中的競爭沒有什麼比獨占更好的了，第2再怎麼樣都不會比第1好。」──彼得‧林區

　　「挖掘企業的最大原則就是獨占，獨占就是市場支配力。……要選擇生活周邊有獨占可能性的企業。」──華倫‧巴菲特

　　「當悲觀氣氛達到最高點時，就用便宜的價格買下獨占公司吧。」──約翰‧坦伯頓

　　成為市場占有率第1名後，擁有價格決定權的公司就是獨占企業。其他競爭公司很難介入，透過價格競爭力，可以調整生產力以將公司的利潤最大化。如果可以找到不受政府管制的獨占企業，就可以穩定並長期的投資。

　　但如果要爬到獨占的地位，就只能看各國政府的臉色了。獨占企業若想在深知獨占弊端的各國政府底下單方面調升價格，就會被政府拿來開刀。20世紀初標準石油（Standard Oil）的市場占有率到了幾乎90%之後，美國政府為了防止獨占企業的弊端，在1911年將標準石油拆解為34個獨立公司。2019年底Facebook、Google、亞馬遜、Apple等也接受了半獨占的調查。

　　特別若是生活必需品，因為獨占有風險跟負擔，所以通常會是由幾個企業市場形成占有率50%以上的寡占體制。

　　生活必需品中獨占企業比想像還多，但若只是單純想著「哇！這企業超棒」，可就大錯特錯了，因為這樣的企業大部分都是政府直接或間接管轄的公營事業。

代表的像電力產業就是韓國電力在獨占。雖然說你可能會以為因為是獨占企業，所以可以自由調升價格，但可惜的是公營事業，電力也是生活跟產業必備要素，故在價格的決定上，經常受到來自政府跟政治圈的影響。因此也常常會有即使調漲原料費用，電力費用卻無法調高而發生赤字的狀況。

在找股票時，在非生活必需品的領域中，也會時不時看到市場占有率接近50%的企業。以Korea Alcohol Industrial為例，它是工業用酒精市場占有率為50%以上，且提供國內乙酸乙酯一半以上需求的企業。

**[資料3-14] 工業用酒精與乙酸乙酯市場占有率達50%的Korea Alcohol Industrial**

要找有獨一無二市場占有率跟事業能力的企業不容易。但各位持有的股票中可能藏有這種項目，或也可能在跟朋友聊的產業中出現。此外，也可能在了解公司工作上認識的供應商或合作業者之後，才知道原來它們有超水準的市場占有率。

來調查一下這些項目如何？方法很簡單。請在事業報告書或季度、半年報告書中的「II.事業內容」項目中，用單字搜尋「占有」。就可以找到各位想要的資料了。假如沒有資料，則可以參考該產業發行的雜誌，或找證券公司的產業報告。

韓國證券市場上市的2,000多家企業，以2019年為基準，是在大韓民國約70多萬個法人中占前0.3%的企業。在這些上市企業中，應該會隱約有一些擁有獨家市場占有率的企業吧？

# 6

## 我也必須了解欲投資公司的經營者嗎？

VALUE INVESTMENT

　　有個笑話是說，如果想分析欲投資的公司內部因素，「公司代表的內衣顏色也該知道」。這句話即是在強調經營公司的經營者的重要性。股票投資可以把自己投資的股份視為共同經營，因此必須知道共同經營的夥伴是什麼樣的人。如果連公司經營者內褲顏色都清楚的話，應該就可以比任何人都了解該公司的經營狀態。

　　不過若跟公司的代表關係不親近，就很難知道他內心在想什麼。只能從與公司經營者相關的新聞，以及基本公告資訊、各位的生活經驗為基礎，來推估經營者的為人。最明確的就是透過新聞公開的公司經營者模樣。如果是經常以佳話出現在新聞的經營者，我們就可以推估該公司的經營者在道德方面表現良好。雖然多少有宣傳或演出性質，但連這點都乾脆不演，或出現在不道德的消息中，在分析該企業時就必須謹慎考慮。

有些人會拿出鄧小平的黑貓白貓論，說姑且不論道德性，只要能順利賺錢就可以了。但是不道德的經營者背後，有很大的可能性會因為貪汙瀆職等而忘記公司的利益。為了顧好自己私人的利益，甚至很可能會耗損股東利益。

這裡有兩個公司的代表。如果把其他會計上的數值都去除，各位會想投資哪種代表經營的公司呢？

A公司代表K

· 擁有數台跟公司規模相比過於誇張的進口車

· 家人全部都是公司的主管，經常出現耍大牌的新聞

· 涉嫌喝酒後對一般人拳腳相向

· 毒品


B公司代表L

· 跟職員一起搭通勤巴士上下班

· 徹底將家人排除於公司主管之外，將優秀職員安排為主管

· 志工活動、捐贈等善行消息

· 經常在大眾媒體上出現與家人親睦的日常模樣


各位會想投資哪種公司呢？應該只看一眼就會想投資L經營的B公司吧。因為至少跟A公司比起來，貪汙瀆職的可能性較低，企業評價正面的可能性較高，則公司品牌價值也較高。

還有搭通勤巴士等節儉行為，也讓人預期公司的財務會以節儉的方式進行管理，依照公司職員的能力配置主管，也可讓職員產生願景，進而創造充滿熱情的公司氛圍。這對公司的發展跟利益自然有幫助。對於共同經營者－股東們的態度友好的可能性應該也會比較高，對吧？

相對的，各位對於K經營的A公司應該不會產生想要投資的心理。首先，代表吸毒、酒後對一般人拳腳相向，不禁會讓人懷疑是否有好好經營公司的想法。此外，比起公司規模，擁有許多過於高價的高級進口車，也代表K比起經營，更關心其他事物。這裡的主管也幾乎是家人跟親戚所組成，如果家人對職員耍大牌，那貪汙瀆職之類的事件發生的可能性就很高。如果從投資者的觀點來看，可以推估對於股東的待遇應該也會較為刻薄。

不過若你不是大企業或財閥老闆，可能很難獲知有關公司代表的相關資訊。對一般人來說，搜尋新聞來找資料的方法可能已經有點古板，但考慮到花的時間跟努力，我認為是不錯的方法。為此，有幾項事情需留意。

首先，必須了解公司主管的基本資訊。這個資料找起來很簡單。只要查詢公司的事業報告書或季度、半年報告書即可。

查詢「Ⅷ. 主管與職員等的相關事項」，就可以找到目前公司主管現況跟資訊。雖然是基本資訊，但可以看出比想像中多的端倪。

[資料3-15] 不倒翁的幹部主管與職員現況資料（2020第1季報告書）

上表是不倒翁的2020年第1季報告書中的主管與職員現況。資料裡可以輕鬆確認到有包含執行長共14名登記、未登記主管，以及Ham Youngjun為執行長。出生年月日跟主要學歷與經歷，也都一目瞭然。

以該資料為基礎，就可以在入口網站查詢經營者的相關額外資訊。由於同名的人很多，查詢時要將公司名和執行長的名字一起輸入，才能正確找到想要的資訊。我用這種方法在入口網站查詢了不倒翁的執行長Ham Youngjun。

整體來說，溫馨的新聞很多。即使假設宣傳用、包裝好的新聞占大部分，正面新聞很多的這件事情，也可以讓人認知到，在分析公司經營者的品質上並沒有減分的因素。

相反的，最近炒得沸沸揚揚的H公司的經營者C一家，大部分都是因為經營權而產生的家族矛盾、家庭暴力、耍大牌等負面新聞。

[資料3-16] 不倒翁Ham Youngjun代表在入口網站的搜尋結果

　　這種公司在進行品質上的分析時，我們是否能為他們加分？即使進到投資候補，看到這種新聞，應該就會想把它排除在投資標的之外吧。甚至產生疑惑，懷疑究竟是否能相信該公司的經營者。

　　像這樣，透過公司的代表、經營者相關的新聞，可以做經營者品質上的分析，但很多時候其實很難找到執行長或經營者的相關資料。如果是這種情況，就可以以前面提到的事業報告書內基本學歷資訊為基礎，透過跟朋友打聽情報，或學校社群等來獲得資訊。

　　2000年代中期，筆者在調查投資的公司經營者時，了解到某個事實之後就回收了投資金。我了解到，該公司的經營者中，有相當多數是黑社會出身的。我一收到該情報，就將股票賣出了。

　　如果想要更仔細了解經營者，也可以直接去探訪企業。

作為個人投資者可能有點困難，但如果親自前往公司並觀察氣氛，就可以大致掌握公司跟經營者的氛圍。你可以感覺到是刻板的組織文化，還是開放並充滿活力的員工文化。據說有些人還會在前往公司時，觀察經營者使用的家具或室內裝潢。

彼得・林區曾說過「企業辦公室愈華麗，經營者對股東的報償愈吝嗇」。[4]

我們必須分析經營者有關品質的部分，原因在於除了會計上的數字或投資指標等的數字之外，我們應該要看更根本的東西。分析執行長或經營者人性的部分，就可以推估他對於股東利益的想法。這樣可以大幅降低因為經營者的關係，而導致被從背後捅刀的機率。

---

4　弗雷德里克・范哈弗貝克著（Fnmedia）：《超額報酬》P.500，注釋45

# 7

# 考慮公司的
# 10年後

VALUE INVESTMENT

　　我們在前面一起探討了為了找到好的公司必須了解的一些基準。我們從事業未來的成長性、是否持續投資R&D並應對未來、收益性是否良好,以及財務結構是否穩固,除了數字上的分析之外,顧客是誰、創造利潤的方式為何、公司是否擁有獨特競爭力,以及經營者的素質如何等各式各樣的觀點,探討了找到好公司的方法。不過即使以這些基準為基礎來找投資標的,這些公司是否能一帆風順,其實也是未知數。

　　筆者偶然看到了在首爾奧運舉辦的1988年,市值前10大企業的清單。我看了10大企業的名字,就立即感覺到企業的盛衰興廢比想像中快上許多。正所謂十年江山移。

　　1988年當時市值前10大企業名稱如下。

　　油公、金星、現代汽車、第一銀行、韓一銀行、首爾信託銀行、朝興銀行、商業銀行、起亞產業、三星電子大部分都是已

初學用語　　　　**市值**

市值是股價跟發行股票數乘起來得到的數值。這意味著個別企業在證券市場中總共獲得了多少評價,是在評估企業的外表跟企業價值時經常使用的指標。

經消失,並只留在回憶裡的公司。當時市值排在最前面的公司中,到目前為止仍留在最前面的不過2～3間。即使存活下來,1997年IMF事件之後,大部分也都被吸收或合併了。1988年太過久遠,對各位來說可能大多都是陌生的公司。那麼21世紀的2000年代以後,市值排名在前的企業,是否延續了其名譽呢?筆者挑選出了2001年末、2010年末,以及2020年6月初為基準的市值前10大公司的清單。

[資料3-17] 2001年、2010年、2020年KOSPI市值Top 10清單

| 2001年末 | 2010年末 | 2020年6月2日 |
|---|---|---|
| 三星電子 | 三星電子 | 三星電子 |
| SK電訊 | POSCO | SK海力士 |
| 韓國電信 | 現代汽車 | Samsung Biologics |
| 國民銀行 | 現代重工 | NAVER |
| 韓國電力 | 現代摩比斯 | 賽特瑞恩 |
| 浦項鋼鐵 | LG化學 | LG化學 |
| 現代汽車 | 新韓金融 | 三星SDI |
| 新韓金融 | KB金融 | KAKAO |
| LG電子 | 三星生命 | 現代汽車 |
| 韓於人蔘股份 | 起亞汽車 | LG生活健康 |

出處:KRX

　　2001年當時位在市值排名前段的有三星電子、SK電訊、韓國電信(KT)、國民銀行(KB金融)、韓國電力、浦項鋼鐵(POSCO)、現代汽車、新韓金融、LG電子、韓菸人蔘股份(KT&G)等。

10多年後的2010年末，只剩下三星電子、POSCO、現代汽車、新韓金融、KB金融等五個還留在前10名。而再經過10年後的2020年6月初，則只剩三星電子跟現代汽車兩家企業，留在市值排名的最前面。

　　我們想像一下回到該時期。當時這些公司是代表時代的企業，因此也獲得了進入市值前10名的榮譽。但我們可以看出，要守住前面的位子著實不容易。三星電子跟現代汽車雖然留住了顏面，但卻可以感受到，變化來得比想像中大又快上許多。

　　2001年末位於市值第2、3名的是通訊公司代表SK電訊跟韓國電信（KT）。當時的投資者期待通訊公司能夠持續主導未來。不過趨勢跟典範變得比想像快。兩個通訊公司沒辦法創造回升，而呈現股價持續下滑的走勢。

　　2010年末，現代重工跟現代摩比斯等運輸設備產業，以及新韓金融、KB金融、三星生命等金融公司位於市值前10名。不過這些企業最後都被排除在前段班之外。2010年時，誰能想到呢？

　　2001年當時的通訊股、2010年當時的金融股與運輸設備股等，在當時似乎絕對無法被打敗，卻隨著時代變遷被其他企業取代了位子。2020年6月初，位於市值排名前段的企業中，除了三星電子跟現代汽車之外，SK海力士、Samsung Biologics、NAVER、賽特瑞恩、LG化學、三星SDI、KAKAO、LG生活健康等，10年前都不是位在市值前段班的公司。不過他們反映了對於未來典範變化的期待，股價也在10年間一點一點上漲。

[資料3-18] KT的股價走勢。2001年雖位在市值最前段，股價卻在時代變遷中持續下滑

　　推估「我投資的公司在10年之後會變成什麼樣子」，是非常重要的投資分析要素。我們必須在投資後也持續追蹤自己投資的公司是否有未來成長性，是否為跟尋典範的公司，以及是否有徹底追隨未來趨勢。就如同康德拉季耶夫的經濟週期，源自於產業跟技術革命一樣，如果是屬於在產業跟技術變化中漸漸衰退產業的企業，就算該公司在目前的業界擁有第1名的市場占有率跟R&D投資、財務穩定度，從某個瞬間開始就會呈現出令人失望的投資績效。

這讓我想到描述像這樣的產業跟技術，以及需求典範改變的電影台詞。1991年的電影《金錢太保》（Other People's Money）中，主角加菲是個企業掠奪者，他在想吸收自己公司的股東大會上留下了這句話。「有一陣子有很多賣馬車用鞭子的公司，雖然最後留下來的公司用最棒的技術做了馬車用鞭子，但如果你是該企業的股東，投資績效會如何？」

筆者聽了這個台詞，不禁內心一顫。因為包含筆者在內的大部分投資者，都經常只注意到目前的時代，卻在其中忽略了時代的變遷。如果希望自己投資的公司或要投資的公司，在10年之後也能創造高的投資績效，就必須要看得出在未來會成為趨勢的產業、技術、需求的變化。有些人可以本能地看出該走勢，但一般人也可以在跟周邊人的談話中獲得提示。

不久前筆者的朋友從大企業離職後轉到葬禮公司。雖然大部分的人都安慰他，覺得離開大企業很可惜，但也有人認為「這地方的工作應該會源源不絕」，看出成長可能性並祝福他。若考慮到韓國超高齡社會的狀況，應該就可以看出在未來，葬禮產業會迅速成為成長企業。

此外，透過我們使用的產品典範改變，也可以推敲出企業的成長性跟可能性。目前使用揮發油跟柴油的內燃機汽車是趨勢，但從某個瞬間開始，電動汽車就變得愈來愈熱門了，甚至看到使用電動汽車的朋友還會產生羨慕的心理。這時你如果是投資者，應該要怎麼想才對呢？

「應該會大量使用電動充電的電池，來取代石油燃料吧？」

「潤滑劑的必要性似乎會消失？」

「內燃機引擎會減少，電動馬達會發展得愈來愈好？」

「如果要將自動駕駛普遍化，應該要更加提升人工智慧跟電子機器。」

你應該會有上述這些想法吧？

如果這樣延伸來想，潤滑油的相關企業、內燃機引擎製造企業等的成長，長期來看應該會有萎縮的趨勢。另一方面可以預期，跟電動電池相關或跟自動駕駛相關的系統半導體、記憶體等的需求會成長。

我們可以用這種方式來勾勒出，生活與人的關係中，未來會發展的產業跟技術、需求的典範。相反的，也可以預料到未來會成為夕陽產業的產業或產品。至少，應該要避開像1900年代初期製造馬車用鞭子的公司之類的地方。

不過，即使我們找到未來會持續成長的企業，該股價很可能已經反映出未來的期望值，而上漲到令人略感負擔的價格。此外，即使是屬於未來核心產業的企業，卻也可能因技術跟資金處於劣勢而被淘汰。故我們必須培養能夠精挑百選的慧眼才行。為此，除了對成長可能性的判斷很重要外，也必須擁有可分析公司目前狀況，以及評定目前股價水準是否適當，是否太貴還是低估的知識跟智慧。

因此各位應該要自己具備解讀公司的財務報表以及評判價值的標準。而為了培養這樣的能力，我會在下章探討價值投資

大師的理念後，於下下章開始，以看財務報表的方法跟會計知識為基礎，正式來看如何估算企業的價值。

　　而在那之前，有必要先學習價值投資的理念，來強化價值投資的信念。我將介紹國際的大師們會具備哪些原則來投資。一起移動到下一堂課，來聽聽這些價值投資大師的聲音吧。

**SUMMARY**

■ 可透過金融監督院電子公告系統，查詢事業報告書跟季度、半年報告書。

---

■ 所謂好的公司，是在未來也能持續成長跟持續呈現收益性的企業。

---

好的公司的標準有
第一點，公司的事業是未來也有成長性的趨勢或典範嗎？
第二點，目前這個公司的收益性良好嗎？還是是嚴重的赤字企業呢？
第三點，財務結構脆弱，企業本身存亡也存在著危機？
第四點，有持續投資跟R&D以應對未來？

---

■ B2C企業是對非特定多數產生銷售，因此評價是非常重要的變數。

---

■ B2B企業的銷售有集中在特定企業的傾向，因此有依賴度高的特徵。

---

■ 企業創造銷售的方法，有直接將現金認列為銷售的事業結構，但若是期間提供服務、造船、建設等，則會透過期間或公定的部分來認列銷售。

---

■ 市場占有率高的企業，比起身處劣勢的企業，較容易維持收益性跟優勢。

---

■ 經營者的道德性最終會影響企業價值。

---

■ 現在的領頭羊未必是未來的領頭羊。必須透過分析來培養慧眼。

# 不可或缺的
# 金融監督院電子公告系統

　　2000年代初期，就我的記憶來看應該是2001年。當時筆者正在上有關股票投資證照的研修課程。如果想要考一般營運專業人員（現在為投資資產營運師）考試，一定要上研修課程。當時若是想查詢財務報表，還必須翻找叫〈上市公司手冊〉的厚冊。我在聽研修課的時候，講師告訴了我們有關DART（金融監督院電子公告系統）的事情。那時金融監督院電子公告系統才上線沒多久。現在雖然可以在證券公司HTS、MTS跟入口網站輕易看到上傳到DART的會計資料，但當時光是可以在DART看到事業報告書就是非常了不起的事情了。〈上市公司手冊〉必須要翻厚重的手冊，一一找尋股票名稱，但DART只要搜尋，就可以輕鬆找到企業資訊跟公告資訊。

　　我在認識DART之後，對於價值投資的研究就在瞬間提高了好幾個層次，因為可以在瞬間就找到企業龐大的財務資訊。我在研究財務資訊後查看市場，驚訝地發現這裡充滿便宜的股票。體驗過IT泡沫破裂後嚴重損失的我，看著當時便宜股票滿溢的股票市場，無法掩住興奮的心情。

在那之後，DART就成為筆者在股票投資中不能沒有的存在。2008～2009年我參與了收集上傳到DART的上市企業的財務資訊計畫。我彙整了10年期間上市公司的財務資訊，度過了十分有趣的時光。雖然現在可以免費在證券公司HTS之類的地方查詢到10年的財務資料，但當年並沒有免費的服務，個人投資者要找到10年的財務資訊是有所限制的。

　　我在當時完成財務資訊收集後，一直觀察上市公司的10年業績，發現大部分的上市公司都會培養堪稱模範的銷售跟利潤，並增加自家的資本以成長。這也成為我更確信上市企業的契機，並成為我在2009年以後發生的牛市中創造有意義成果的基礎。

　　希望各位也能透過DART（金融監督院電子公告系統），找到好的公司、持續成長的企業。就像某個廣告台詞說的，「喂～你也做得到！」。

## Chapter 4

# 價值投資的大師們
# 都是怎麼投資的？

# 大師們的投資原則

# 證券分析的創始者
## ——班傑明‧葛拉漢

VALUE INVESTMENT

在價值投資歷史上，不能不提到班傑明‧葛拉漢。班傑明‧葛拉漢是以投資大師華倫‧巴菲特的老師，甚至可以說是價值投資的開端。價值投資大師、創造世界級財富的華倫‧巴菲特，非常尊敬他的老師班傑明‧葛拉漢。他會選擇哥倫比亞大學，也是為了聽葛拉漢的課，甚至第二個兒子的名字也取名叫霍華德‧葛拉漢‧巴菲特。

班傑明‧葛拉漢在1894年於英國倫敦出生，是艾薩克‧M‧格羅斯鮑姆跟朵拉夫婦的三個兒子中最小的，一歲時移民到美國。父親在他9歲那一年逝世，家道中落，母親也事業失敗，使他在艱困的環境下成長。但他因為學業能力傑出，成績都在全校前幾名。1914年自哥倫比亞大學畢業的葛拉漢開始在華爾街工作，5年後的1919年他才25歲，就在華爾街嶄露頭角。他在1926年設立投資公司葛拉漢‧紐曼後，他的投資理論變得更為系統化。

葛拉漢著作的《證券分析》（Security Analysis）跟《智慧型股票投資人》（The Intelligent Investor）各自在1934年跟1949年第一次出版後，持續發行修訂版，在其逝世之後，也出版了重編版。他的書至今仍被價值投資者奉為圭臬，是絕對必讀的書，並將其隨著時間經過仍不變的價值投資慧眼傳授給投資者。

　　他從1927年到1957年，在哥倫比亞大學管理學院透過投資理論講授價值投資。他培養出華倫·巴菲特、華特·許羅斯、托納普、比爾·魯恩等傑出人士，但他的名聲不僅止於此，班傑明·葛拉漢經營的投資公司「葛拉漢·紐曼（Graham-Newman Partnership）」從1936年到1956年共創下了年平均20%的驚人獲利。若考慮到這期間還曾發生第2次世界大戰，且同時期S&P 500指數創下12%左右的年平均上漲率時，年平均20%可以說是超越市場的驚人成果。

**班傑明·葛拉漢的股票選定標準**
1.　流動資產要豐富，財務上才健全
2.　持續創造利潤的企業
3.　適當的估價水準
4.　PBR跟PER乘積不能超過22倍
5.　流動比率200%以上
6.　長期每股盈餘（EPS）成長在過去10年間是30%以上，且5年間平均非負值
7.　持續支付股利

儘管帶來高收益，他的投資風格仍被許多人評價為保守派。因為比起收益率最大化，他較重視減少損失。我們也可以從他選股票的標準略知一二。

　　不過，由於這是已經超過半世紀之久的老舊標準，為了讓其適用於現在，有一些地方必須修改。好比說，雖然上述沒有提及，但標準中有「資產5千萬美金以上」這個條件，若換算成現在，就必須看作是3億美金到5億美金以上的資產。

　　在投資的世界中，他的足跡仍有絕對的存在感。他的投資理念即使去掉幾個，在幾乎100年過後的今日，也仍是投資者效仿並使用的標準。被稱之為金融業界最頂點的證照CFA（國際財務分析師）就是班傑明‧葛拉漢創的，因此他的存在在投資界歷久不衰。

　　在20世紀初中期，仍需看著股票行情自動收錄器進行股票投資的時代，他那看穿企業價值的慧眼，著實令人驚豔。甚至在投資的相關體系尚未建立的1900年代，抓住了價值投資的根本，我們可以說他彷如在荒山中開闢了條道路，功績非凡。

# 投資偉大的企業吧 ——菲利普·費雪

VALUE INVESTMENT

接下來的這個人物讓人想到「父子相傳」,也就是說父親的商品或行動、習慣等,會延續到其子上。這人正是菲利普·費雪與其子肯尼斯·費雪。肯尼斯·費雪以2020年為基準,是富比世全球富豪榜第468名,淨資產有39億美金。肯尼斯·費雪在1979年以250美金成立了費雪投資公司,2018年公司結算時,達到940億美金的資產,在投資界是個傳奇人物。

父子相傳,將偉大的投資能力傳承給偉大的兒子肯尼斯·費雪的菲利普·費雪,一起來看看他的生平吧。

菲利普·費雪1907年在美國舊金山出生,結束史丹佛商學研究所1年級的課程之後,在經濟大蕭條來臨的前1年,即1928年時,開始在一家銀行擔任證券分析師。1931年創立了投資顧問公司-費雪投資管理公司後,一生就都以投資顧問為

職。他在1960年代於史丹佛大學商學研究所講授投資理論，並在2004年離世。

菲利普・費雪在1958年撰寫《非常潛力股》（Common stocks and uncommon profits）一書，算是劃時代的巨作。他在1950年代初次介紹了成長股的概念，為當時的投資文化帶來劇變。投資大師華倫・巴菲特也曾提及受到菲利普・費雪的影響，代表菲利普・費雪的投資理念在諸多股票投資者心中占有一席之地。

菲利普・費雪重視投資的公司之長期成長價值。他會掌握並分析欲投資公司的經營者的價值觀、勞資關係、員工滿意度、技術開發等，並尋求長期成長性。也就是說，比起單純持有幾天、幾個月，他會尋求能持有最少幾年到十年以上、可長期成長的企業。也因此才能在實際的投資中，創造龐大績效。

代表性的案例有1955年發掘、1956年買進後，一直到菲利普・費雪本人離世都還持有的摩托羅拉。將近半世紀的時間，他透過將摩托羅拉的股票分割，使股票張數增加到144倍，並讓股價上漲了17倍，總收益率甚至到了約2,400倍。不是2400%的收益率，而是2,400倍，這幾乎可說是達到了240,000～250,000%。相當於只買1億韓元，卻創造2,500億韓元的巨大收益率。

此外，菲利普・費雪投資的股票有德州儀器、陶氏化學、FMC等，而他投資的眾多股票實際上也呈現出驚人成果，最少上漲了100倍到1,000倍以上。

菲利普‧費雪比起計量式的價值投資接近法，傾向分析企業的品質、真誠等要素，來發掘並分析可長期成長的公司，並創造驚人的成果。

　　菲利普‧費雪的投資理念可以濃縮為15種標準。

**菲利普‧費雪的企業選定條件**

1.　銷售額是否至少能在之後或幾年間增加？
2.　是否有開發能增加公司銷售的新產品或新技術的意志？
3.　研究開發的規模跟公司規模比起來是否適當？
4.　是否擁有平均以上的營業組織？
5.　是否有充分創造營業利益率？
6.　是否有在為了改善營業利益率努力？
7.　勞資關係是否圓滿？
8.　主管間的關係好嗎？
9.　是否有深厚的管理階層？
10. 成本與會計管理能力優秀嗎？
11. 是否有傑出的事業部門？
12. 是從長期的觀點來營運企業的嗎？
13. 是否有在近期的未來，有因為增資等計畫而稀釋股東利益的可能性？
14. 管理階層跟投資者的溝通是否順利？（是否只在時機好時溝通，令人失望時只閉上嘴巴？）
15. 管理階層真誠嗎？是最真誠的管理階層嗎？

　　看了他的企業選定條件，可以知道比起會計資料之類的定量價值，他比較重視公司品質上的價值，以及成長的可能性。更深入一點來說的話，就是他的理念中只要可以確保企業的成

長性，其他部分就不是這麼重要了。將確保成長價值的股票放進投資組合，並提出如下有關成長性的疑問，就會呈現賣出的基準。

第一個，對企業的成長可能性判斷錯誤時；第二個，以15種企業選定條件為標準來看時，成長可能性無效時；第三個，找到更有魅力且擁有成長可能性的股票時。

另一方面，若是不適用此，且可確保成長性的股票，就必須繼續持有下去。

「如果在買進股票時確實做好該做的事，則需賣出該股票的時間點幾乎永遠不會到來。」

菲利普・費雪的成長價值投資理念，和前面介紹葛拉漢的單純價值投資呈現對比。雖然不同時期，有成長價值主導的證券市場，卻也有單純價值支配的時期。光是看21世紀，我們可以評估2000年代是單純價值處於優勢的時代，金融危機後，2010年代則是成長價值處於優勢的時代。這些都是我們不能忽視的價值投資理念。

不過有個人物將葛拉漢的單純價值理念跟菲利普・費雪的成長價值全都融入自己的投資理念，成為時代的大人物。他就是投資大師華倫・巴菲特。

# 3
# 奧馬哈的智者
## ——華倫·巴菲特

VALUE INVESTMENT

　　這個時代的投資者，大多數都以跟投資大師華倫·巴菲特生在同一時代而感到光榮。我也很感激，能跟華倫·巴菲特一起活在這個時代。因為每到重要時機，他的一句話就可以為我的投資心理帶來安慰，讓我不受影響，並遵守投資原則。

　　華倫·巴菲特已經不只是單純擅長股票投資，他甚至每年都進入世界富豪排名，創造了絕對的富有，也因此，他的舉手投足對股票市場參與者來說，都會是重要的投資標準。作為參考，富比世選定的2020年世界富豪排名中，華倫·巴菲特以675億美金的淨資產排名第4。

　　華倫·巴菲特從小經營手腕就很高明。他6歲時賣口香糖跟可樂給朋友，賺到利潤，並從11歲開始股票投資。他當時看股價圖表投資，用38美金買了名為Cities Service的股票，再用40美金賣出，但之後看到這個公司的股票上漲到200美金，頓時領悟到長期投資的重要性。12歲時聽說老師有AT&T的股票，就將自己AT&T的賣空買賣明細給他看，可說才10幾歲就成了專業的投資者。

華倫‧巴菲特一邊做彈珠台租賃等各種事業，一邊培養自己對錢的敏銳度，在快20歲時月收入已經比學校教師還多了。

他雖然從小學開始跳級，獲得提早進入大學的資格，但他並沒有進入大學的想法。由於他已經藉由事業跟股票投資在經濟上獲得成功，在大學唸書對他來説反而是浪費時間。不過在父親的勸導下，他仍進了內布拉斯加州立大學就讀。華倫‧巴菲特完成大學學業後，進入哥倫比亞大學的商學院，而理由正是為了見到前面介紹過的班傑明‧葛拉漢，據説他也實際聽了課。總之可以確定的是，華倫‧巴菲特見到了班傑明‧葛拉漢，接受了他的投資理念，並深深尊敬著他。之後巴菲特在班傑明‧葛拉漢的投資公司上班，也更鞏固了他的投資體系。

如果説班傑明‧葛拉漢是創造價值投資的理論跟體系的先驅者，那麼他的弟子華倫‧巴菲特就是在實戰中創造系統致富的「價值投資終結者」。

巴菲特於1957年正式開始投資，他回到奧馬哈後用10萬5,100美金創立了投資合資公司。他的合資公司在1969年前每年都創下驚人的收益率，並達到年平均約30%的獲利。他在這個時期遇到了一生的朋友查理‧蒙格。

1965年華倫‧巴菲特收購波克夏‧海瑟威，正式開始了華倫‧巴菲特的歷史。波克夏‧海瑟威是控股公司，不同於投資組合或投資基金，可以從長期的觀點來投資，因此可以100%發揮他的能力。

1965年華倫‧巴菲特確保波克夏‧海瑟威的經營權之後，

到2019年的55年期間，他讓波克夏‧海瑟威創下市場價值提升274萬4062%這種無法想像的增加率。單位是百分比，因此等於大約增加了2萬7441倍的市場價值。同個期間，S&P 500指數包含殖利率後累積收益率是1萬9784%，考量到這部分，即使說他的成果是神領域也不為過。「班傑明‧葛拉漢擁有價值投資的理論跟體系，華倫‧巴菲特則將其化為現實」，這句話完全不無道理。

[資料4-1] 1965年之後波克夏‧海瑟威的市場價值增加率及S&P 500包含股息的累積收益率

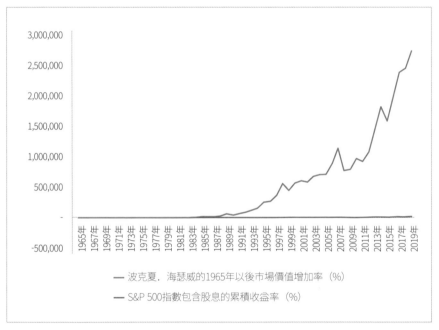

出處：波克夏‧海瑟威2019年事業報告書

華倫‧巴菲特的投資理念大致來看跟班傑明‧葛拉漢有很多相似的地方，但也有很多不同的部分。大體來説有兩種差異，一個是跟葛拉漢比起來，他會投資在有成長性的企業，第二個則是與進攻型的集中投資並行。

葛拉漢的投資方式是以財務報表為基礎，發掘資產價值受到低估股票的正統價值投資。這個方法也叫雪茄屁股投資法。因為就像沒有雪茄時，只能撿起被丟掉的屁股一樣。

華倫‧巴菲特則完全相反，即使股價偏貴，若判斷有持續成長可能的話，就會把該企業全買下來，然後把經營交給既有的管理階層，讓公司持續成長。不過，他有遠離自己不清楚的領域或泡沫嚴重領域的股票傾向。1999年IT泡沫當時最具代表性。當時華倫‧巴菲特完全沒有把網際網路、IT相關企業放進投資組合。因為本來泡沫就嚴重，加上是巴菲特不熟領域，故1999年S&P 500指數包含股息的總投資收益率達到21%時，波克夏‧海瑟威的市場價值曾掉了接近-20%。這時有很多人嘲諷巴菲特已過氣。而巴菲特無視嘲諷，遵守自己的投資理念，讓他即使在2000年～2002年間泡沫破裂時，也創造了正值的收益率。

因此也有説法顯示，當股票市場呈現過熱的現象時，若看到嘲諷巴菲特的新聞報導或文章，就表示已經進入泡沫化。

但是巴菲特的名聲並非只限於收益率跟龐大財富上。他跟知己兼搭檔查理‧蒙格每年都會大規模舉辦波克夏‧海瑟威股東大會。舉辦波克夏‧海瑟威的股東大會的內布拉斯加州的奧

馬哈，位在離紐約1000km以上的偏僻地方。每年5月舉辦的波克夏‧海瑟威股東大會會有多達幾萬人的股東參與，蔚為話題，參與人數甚至每年都更新金氏世界紀錄。華倫‧巴菲特跟查理‧蒙格雖然年事已高，但都會守在股東大會現場，並進行事業報告，與股東對答。「奧馬哈賢者」的聲音除了股東之外，也會透過線上轉播傳達到全世界的投資者耳中。不管是做得好的投資還是犯了錯的投資都會誠實以告，因此市場參與者皆評論，可透過他的每一句話獲取投資的智慧。

華倫‧巴菲特的名聲並不僅止於投資相關的事物。他對於財富有獨特的見解，也積極參與慈善事業及捐贈活動，還跟美國政府提議富翁增稅，呈現跟其他有錢人截然不同的面貌。

巴菲特為遵守他在死前要捐出所有財產的宣言，從2006年開始每年都會捐贈巨款。15年間捐了高達370億美金的金額，如果考慮他在2020年的淨資產為675億美金，就可以知道捐贈金額的規模有多大。

華倫‧巴菲特展現給全世界他超越投資智慧的理念，他的一句話、一個動作，都為所有投資者所效仿。

# 在投資大師的行列中完成FIRE
## ——彼得·林區

VALUE INVESTMENT

　　講到富達投資的麥哲倫基金，就會立刻想到彼得·林區。彼得·林區活躍時期在1977年到1999年，他以46歲的年輕之齡退休。他是完成最近流行的FIRE（Financial Independence, Retire Early）、財富獨立，並提前退休目標的成功基金管理人。他提早退休也跟人生的曲折有關。

　　1944年出生的彼得·林區在10歲時父親就因為腦癌去世，之後家道中落，除了母親之外，他也得跟著找打工的工作。11歲時他擔任高爾夫的桿弟，在擔任桿弟的期間，他的客戶有吉列、寶麗萊、富達投資等大企業的會長或執行長，他也開始從俱樂部的會員那了解到股票市場。

　　據說他的家人對股票市場投資抱持非常保守的態度，但這也是情有可原，他父母、舅舅等經歷1929年大恐慌的時代，對於股票市場一定會抱持負面的想法。當時社會氛圍對於股票市場的信賴度也低。

　　1963年，他在波士頓大學就讀2年級，以每股7美金買進飛虎航空的股票，兩個月就暴漲超過5倍，他賣出一些充當研究所學費。他接受從大學3年級開始擔任桿弟時認識的Sullivan

會長建議，開始在富達投資打工。當時富達投資在美國因為共同基金銷售獲得大成功。甚至連他保守的母親也投資富達。

彼得‧林區在1966年5月被雇用為富達投資的實習生後開始上班。那之後，他一邊上華頓商學院研究所，一邊陷入深度的煩惱。因當時投資相關的理論被效率市場假說和隨機漫步理論所支配，但根據他在富達投資的經歷，這些理論其實充滿嚴重矛盾。儘管效率市場假說提到「所有資訊已經反映在股價上」，但他面對的市場現實，卻跟效率性呈現完全不同的走勢。

他原先還在走上學者之路跟待在金融市場現場之間苦惱，後來在明白與現實背離、華頓商學院教授們的投資收益率比富達投資同僚的收益率差之後，就決定奔向金融市場的現場。

他從華頓商學院畢業後，跟著ROTC計畫服役2年。當時正值越戰，但他很幸運地被分配到韓國。雖然他沒在戰爭受傷，卻因為在韓國的期間沒辦法進行股票投資，而出現戒斷的症狀。

1969年退役後，他在富達投資復職為企業分析家，並在1974年晉升為研究負責理事。接著在1977年5月成為麥哲倫基金的總負責人，以2千萬美金的資產開始經營基金。這即是麥哲倫基金傳說的開始。

彼得・林區的麥哲倫基金連續10年獲取收益，並在1987年基金資產規模達到媲美瑞典國民總生產的100億美金，甚至於1990年成長到140億美金。13年期間他實現的收益率年平均是30%，累積2700%。

　　造就這樣驚人成果的背景，在於彼得・林區的執著跟鑽研到底的性格。他在13年期間投資達1萬5千多個企業，並親自訪問其中的1/3後，才下投資決定。即使說他每天都在研究投資企業中度過也不為過。要說他對工作有多執著，從他記不起女兒的生日，卻可將多達2,000個企業的股票代碼倒背如流就可以看得出來。

　　一路過關斬將的他在1990年突然決定退休。理由大致可以從他的書《征服股海》前半段略知一二。他在裡面聊到托爾斯泰短篇小說中貪心的農夫。擁有廣闊土地的農夫為了得到更大的土地而汗水淋漓的向前，最後卻因太累昏倒而死去。這就是彼得・林區最想避開的結局。這與他父親壯年早逝似乎也不謀而合。

　　退休後他將與投資相關的許多智慧結晶以演講跟書的方式留給世人。最具代表性的就是以推敲群眾心理而聞名的雞尾酒會理論。跟彼得・林區一樣的基金管理人去雞尾酒派對時，如果人們不怎麼關注，就是可用便宜價格買到股票的停滯局面；但若所有人都聚集到基金管理人身邊，詢問有關股票的問題，甚至個人投資者還對基金管理人出投資主意時，就可以看做是市場過熱，是一種群眾心理的指標。

我將他在書或演講中提到的重要投資黃金規則整理成幾項，並在這裡結束有關彼得‧林區的段落。

**彼得‧林區的投資黃金規則**

1. 如果持有優秀企業的股票，時間就等於站在你這邊了。
2. 如果投資在你很熟悉的地方，那你就能創造出比專家更卓越的收益率。
3. 如果你無視專業投資集團，就可以創造比證券市場平均更高的績效。
4. 長期來看，企業的成功跟股票的成功有100%的相關。
5. 你能明白說出自己為什麼要持有某種股票的理由嗎？
6. 股票投資跟養小孩一樣。如果已經沒有辦法好好照顧，就不要持有。
7. 沒有吸引你的企業時，就把錢放在銀行吧。
8. 避開備受矚目的成長產業股票、最受歡迎的股票。
9. 投資小型股時，最好一直等到轉虧為盈。
10. 買進停滯產業股票時，要買存活下來的企業。
11. 股票市場下滑就像1月的暴風雪般正常。股價下跌就是便宜買進的機會。
12. 不研究企業就投資，就跟玩撲克牌不看牌出牌沒兩樣。
13. 偏好債券的人不知道自己錯過了什麼。
14. 後視鏡是看不到未來的。
15. 公司辦公室奢華的管理階層，不會在意股東的利益。
16. 在高速公路上狂奔的時候，絕對不要看後面。
17. 如果喜歡某種企業的賣場，就有很高機會會喜歡其股票。
18. 企業內部人士購買股票是正面的訊號。

# 5

## 逆向思維的投資鬼才
## ──約翰‧坦伯頓

VALUE INVESTMENT

　　約翰‧坦伯頓爵士，他的名字後面總是會跟著英國伊莉莎白女王賜的稱號。他並不只是單純很會投資，他還以一部分財富為基礎，設立堪稱宗教跟志工界的諾貝爾獎「坦伯頓獎」，為國際社會作出巨大貢獻。他在2008年7月離世時，韓國也有刊出訃聞，代表他在金融市場跟國際社會都是帶來重大影響的人物。

　　坦伯頓在1912年出生，他是田納西州溫徹斯特一個農夫的兒子。1931年他就讀耶魯大學2年級時觀察到股價的走勢劇變，並開始對相對企業價值急遽變動的股價產生疑問，進而為了解開疑問而投身投資界。以耶魯大學經濟學系第2名畢業的坦伯頓，到牛津大學留學，每當有機會時，他就到歐洲跟日本等35個國家旅行，增廣視野。這時增廣的視野，日後成了他創立全球基金的重要基礎。

　　坦伯頓在牛津大學完成法學主修，回到美國後在美林證券的投資諮詢部門工作，後來轉到了地質勘察公司。不過第2次世界大戰爆發，1929年大恐慌以後，10年期間景氣一直維持停滯狀態，美國證券市場也呈現讓人鬱悶的走勢，戰爭的消息更讓不安到達了頂點。

從這時開始，坦伯頓伯爵的歷史就正式開始了。他認為戰爭是新的轉機，就果斷以100美金為單位、選定104檔股票，投資了1美金以下的股票，總共投資了1萬美金。4年後如他所預期的，股票價值變成4萬美金，成了他在1940年代設立自己公司的資金。

當大家都說不要入場時，他卻果斷下投資決定，這就是他逆向思維投資的真面目。逆向思維也對世界產生影響。坦伯頓1956年用自己的名字創立共同基金，在1960年代開始關注沒有人感興趣的日本股票市場。當時是日本在第2次世界大戰戰敗後不到數十年的時期，日本股票市場的市值也不到美國一家企業IMB的市值。

1968年他開始買進日本股票。當時日本股票的PER是3倍，美國證券市場的PER是15倍。坦伯頓看到了日本證券市場被低估的魅力。他用進攻型的全球逆向思維，在日本投資占比到50%，之後從1960年代到1980年代日本證券市場爆發性上漲期間，讓全天下都看到了他的成果。作為參考，1969年底接近2,200點的日經指數，在1986年底上漲了將近9倍，來到接近1萬9千點，並在1989年幾乎快到4萬點，呈現爆炸型的成長。逆向思維的投資正中了紅心。

坦伯頓的預測並沒有在這裡結束。1986年日本證券市場的平均PER超過30倍之後，他就將大部分都賣出。雖然他沒能在1989年前的追加上漲得到好處，但1989年以後日本證券市場泡沫破裂，2年下滑到1986年的水準後，就再也無法回升到從前，考慮到這點可知，他的判斷是很明智的。

儘管他能跳脫以美國為主的投資並將視角轉進日本，是托年輕時環遊世界拓展視野的福，但他為了找到最便宜的股票（低估的股票），也不斷地持續努力。之後他也為了找到最便宜的股票，而將歐洲主要國家與韓國、香港、新加坡等亞洲國家，巴西等南美國家通通放到投資對象清單。

　　1992年，坦伯頓爵士賣出自家的共同基金公司後正式退休，並於之後持續進行演講跟諮詢，以及投資活動。他在1912年出生，卻在80歲的年齡仍維持熱情。他雖然從本來的職務卸任，又因為在1990年代後期的投資決定，而再一次名聲大噪。他在亞洲外匯危機時期的1997～1998年期間，大膽投資韓國、新加坡、澳洲等。

　　特別是他在1997年投資發生外匯危機的韓國證券市場，讓其他外國投資者開始關注韓國證券市場。坦伯頓用逆向思維做出投資曾處於最糟狀況的韓國這決定，成為讓他的名聲除了韓國之外，也深深刻在全世界投資者心中的契機。

　　逆向思維投資理念之後也仍持續著。2000年初期80幾歲時，他在一個演說會場指出，看作投資對象的所有國家之股價都受到低估，並建議將投資資產的75%投資到美國公債。

　　當時是IT泡沫正到臨界值的時期，在對21世紀的期待中，股票市場充滿不斷攀升的氛圍。但坦伯頓爵士卻在該時間點點名要縮減股票比重、擴大債券比重。還說要將剩下股票25%投資在醫療保健相關產業。而他的預期也正中紅心，2000年IT泡

沫破裂，製藥、醫療保健股票則相對大幅成長。

　　他的名聲並不是只在投資領域彰顯。他股票投資的目的跟其他基金管理人不同，他認為管理基金是「神聖的委託（a sacred trust）」。他的長期投資目標不是錢，而是放在幫助其他人，並促進精神上的發展。這份意志也透過他於1972年設立堪稱宗教跟志工的諾貝爾獎——坦伯頓獎，獲得延續。獎金為140萬美金，比諾貝爾獎的100萬美金還多。獲獎者有德蕾莎修女、美國的葛理翰牧師、俄羅斯的反體制作家亞歷山大・索忍尼辛等等。他創立坦伯頓獎的功勞讓他在1987年獲得英國伊莉莎白女王所賜的爵位殊榮。

　　他的投資理念是「當悲觀論達到臨界值時，就投資吧」這樣的逆向思維。他在歐洲發生第2次世界大戰時，以100美金為單位、選定104檔股票，成功投資了1美金以下的股票；1960年代果斷投資沒人關注的日本證券市場；大膽投資陷入外匯危機恐慌的1997年韓國、新加坡等亞洲國家等等，我們可以說，這是超越時代才能擁有的投資理念。

　　不過如果我們在現實中想像坦伯頓這樣投資，心理應該會有強烈的抗拒感跟恐懼，或甚至是興奮。如果你透過逆向思維進行投資後，心中產生動搖時，可以重新銘記坦伯頓為控制投資心理所留下的名言。

**牛市是在悲觀中誕生，在懷疑中增長**

**在樂觀中成熟，並在幸福中死去**

**——約翰・坦伯頓**

# 6 莫尼斯・帕波萊的當道投資

VALUE INVESTMENT

「跟巴菲特的午餐拍賣」是可以跟這個時代的投資大師華倫・巴菲特一起共享午餐的有名拍賣活動。從2000年開始的「跟巴菲特的午餐拍賣」每年都獲得眾多憧憬巴菲特的人的關注。因為跟透過股票投資成功的他一起用餐，彷彿是獲得神的啟示般，是非常夢幻的一件事。

2007年6月，在加州經營帕波萊投資公司的莫尼斯・帕波萊，在經過熱烈的競標後以65萬美金成功得標「跟巴菲特的午餐拍賣」。莫尼斯・帕波萊開始以他成功的投資，以及跟巴菲特的午餐拍賣成功競標聞名世界。

莫尼斯・帕波萊是華倫・巴菲特的信徒，他的書《下重注的本事：當道投資人的高勝算法則》的第一頁就寫著「讚揚心靈導師華倫・巴菲特、查理・蒙格、歐姆・帕波萊」，除此之外還在序言提到如果不是華倫・巴菲特，帕波萊基金也不可能存在。

不過他在跟跟巴菲特的午餐拍賣之前，就已經以卓越的經營成果聞名。帕波萊基金在1999年設立後，年平均達28%以上的收益率，擁有非常傑出的資產運用能力。他用「當道投資」這樣有點陌生的用語來說明他創造優秀成果的投資理念。

當道（Dhandho）是印度古吉拉特語，有「創造財富的能力」之意。據說當（Dhan）是從代表富的梵語Dhana而來的。用這當道的理念來投資，就是莫尼斯・帕波萊的當道投資。這個概念可能有點籠統，說是創造財富的能力，也太理所當然，對於投資實踐來說，可能太形而上學了。

莫尼斯・帕波萊是這樣說明當道投資的。

「努力將風險最小化，並將利益最大化。」

莫尼斯・帕波萊以印度人在美國落腳的過程中，進軍汽車旅館業的案例為中心，談論當道投資的概念。

印度出身的移民者帕特爾在開始住宿業時，為了將費用風險最小化，就將幾個買進的旅館房間當作家人的住處使用，透過一家人輪流工作，將人事費用降到比競爭飯店低，除了創造了價格競爭力，也創造了在任何經濟危機中也能克服的事業條件。這就是透過代入「努力創造財富」，而事實上完全沒有負擔任何風險，卻又將收益最大化的例子。這即是「努力創造低風險、高收益」，即是所謂的當道。

**帕波萊當道投資原則**

1.　比起新事業，先投資既有的事業。
2.　投資可以簡單理解的事業。
3.　投資停滯產業的停滯事業。
4.　投資有穩固競爭優勢、護城河的事業。
5.　機率高時，偶爾可以大規模集中投資。
6.　專注在可賺差價的交易機會上。
7.　尋求安全邊際。
8.　投資風險低且不確定性大的事業。
9.　投資非創新事業的模仿事業。

　　你可以看出，當道投資的9種原則跟華倫・巴菲特的投資理念，有很多重疊的地方。

　　華倫・巴菲特也有只投資熟悉的投資對象的原則。從「第一個投資既有事業」跟「第二個投資簡單的事業」都可以看得出來。另外，華倫・巴菲特會投資即使股票價格貴，但有持續可能的競爭力的企業，這跟帕波萊的第四個原則－投資有穩固競爭優勢、護城河的事業不謀而合。第五個集中投資也跟華倫・巴菲特在投資組合中，將成長可能性高的股票提高比重這點相重疊。

最重要的是，當道投資理念提到的「努力將風險最小化，並將利益最大化」。一般來說，在投資理論中會用高風險、高收益（High Risk&High Return）來說明，但在實際投資中，追求低風險、高收益是較貼近現實的。

為了在低風險追求高收益，就需要拚了命地努力。

為了培養財富，帕波萊在第五個原則中提到了集中投資。一般人可能會期望在一檔股票中進行水滴般的投資，然後籠統地致富，但如果做集中投資，就一定需要努力減少風險。

帕波萊在集中投資中也提到查理‧蒙格提過的在賽馬中穩定下注的方法，作為創造穩定收益的方式。如果發現自己熟悉的賽馬的股息率有很大的錯誤，就把這個當成機會，在僅一次的比賽中大筆下注，並在其他有利機會出現前，絕對不下注。

即是說，不是盲目集中投資少數股票，而是在徹底的分析下投資有很高機率創造收益的股票。

帕波萊將該努力的過程用金融工程的創始者－凱利及愛德華‧索普等提過的賭博理論來比喻說明。他強調，藉由應用凱利的法則概念來降低破產機率，即使集中投資績效差，也能找到可重新挑戰的適當水準。所謂的投資，最終也只是機率的遊戲。

他也指出，即使股票市場以超出常理的現象暴跌，知道有高機率會在數個月內回升的人，反而會開心地將市場的暴跌當

作機會。低估的股票跟高估的股票股價，最終有很高機率會取回公司的內在價值，因此有必要投資內在價值高的股票。

此外，莫尼斯‧帕波萊希望透過他展示的當道投資技巧，人們可以挖掘財富，並利用該財富來對世界有所貢獻。

這跟他認為是精神導師的華倫‧巴菲特為了社會捐贈的行為可說是一脈相承。

**SUMMARY**

### 班傑明・葛拉漢

■ 證券分析的創始者，價值投資的先河，也是投資大師華倫・巴菲特的老師。

■ 著作《證券分析》Security Analysis 跟《智慧型股票投資人》The Intelligent Investor 直到現今也是價值投資者的必讀書籍。

■ 葛拉漢的股票選定標準
- 流動比率200%以上的財務穩定
- 長期每股盈餘（EPS）成長在過去10年間是30%以上，且5年間平均非負值
- 適當的估價水準：PBR跟PER乘積不能超過22倍
- 持續支付股利

### 菲利普・費雪

■ 菲利普・費雪重視公司的長期成長價值，且會找可持有10年以上的長期成長可能企業投資。

■ 菲利普・費雪會投資有成長價值的股票，但其基準為對成長性產生疑問時會賣出。

■「如果在買進股票時確實做好該做的事，則需賣出該股票的時間點幾乎永遠不會到來。」

■ 投資真正偉大的企業。

### 華倫・巴菲特

■ 華倫・巴菲特以班傑明・葛拉漢的理論為基礎，在實戰中創造世界級的龐大財富。

■ 華倫・巴菲特在1957年創立的合資公司，在12多年期間創造高達年平均約30%的高績效。

■ 1965年收購波克夏・海瑟威後到2019年，長達55年間波克夏・海瑟威的市場價值足足增加了274萬4062%，劃下歷史。

■ 華倫・巴菲特雖然會投資有持續可能成長性的企業，卻會遠離不熟的領域或泡沫嚴重的領域。

**彼得・林區**

■ 進入富達投資的彼得・林區在1977年成了麥哲倫基金的總負責人。。

■ 他會完美分析企業後再投資，由於過度投入工作，甚至連女兒的生日也忘了。。

■ 到1990年為止，13年期間，麥哲倫基金創下了年平均30%、累積收益率2700%的紀錄。

■ 1990年為了享受人生，宣布提前退休，離開了麥哲倫基金。


**約翰・坦伯頓**

■ 是逆向思維投資的大師。

■ 第2次世界大戰爆發後，以100美金為單位、選定104檔股票，投資了1美金以下的股票，總共投資了1萬美金。並在戰爭期間4年後增值到4萬美金。

■ 1960年代投資了在國際市場中受到極端低估的日本證券市場，並在1986年賣出。3年後日本就發生泡沫破滅。

■ 投資IMF時期的1997年韓國證券市場，給韓國人留下深刻印象。


**莫尼斯・帕波萊**

■ 2007年成功得標跟巴菲特的午餐拍賣而聞名。

■ 他的投資理念是當道（Dhandho）投資，即是努力創造財富之意。

■ 努力將風險最小化，將利益最大化：物色低風險、高收益的投資對象。

# 偉大的投資者
# 都有共通點！

　　2020年的股票市場在3月崩壞後帶來恐懼，卻也在牛市中同時帶來歡喜。這些通常會在幾年間發生的事情，卻在幾個月內一口氣發生。當這種驟跌跟驟升找上門來時，人們可能會被許多聲音吞噬，而忘記投資的標準。即使是安靜的古典樂，如果用10倍的速度播放，還是有可能會變成嚴重的噪音。

　　這時最好帶著投資大師的故事跟他們寫的書，先一步遠離喧鬧的市場。當證券市場因為新冠疫情而充滿噪音，投資者陷入恐怖跟恐慌心理時，筆者就會打開投資大書們的書。我會給自己思考的時間，想想投資的大師如何克服混亂的證券市場，而我正實踐的投資方式跟投資組合，和投資大師的理念比較後，又有哪些缺點跟優點。

　　在暴漲之下也是一樣，我會給我自己時間仔細思考，在暴漲的市場下，是否錯過投資的本質，或是否陷入自滿而不自知。

　　你可能會想說，竟然不觀察市場狀況，是不是有點太安逸了。但與其用智慧型手機反覆查詢股價行情，或在看到股價感到興奮或憤怒，給自己一點這樣的時間，對投資的益處反而會

更好上百倍。

如果想要投資，會需要基本的知識，但也需要有智慧。而這個知識跟智慧的空缺，就可以由投資大師的故事跟書籍來填補。

2020年3月的暴跌中，筆者並沒有緊盯著市場而感到焦急，而是透過投資大師的書來對話。這在牛市持續的時刻也是一樣。

如果當市場暴跌，心煩意亂時該怎麼辦？這時你可以將HTS、MTS都關掉，把智慧型手機轉成無聲後，開始在腦子裡跟投資大師們對話。你的腦袋會不知不覺靜下來，好像從沒喧鬧過似的，跟冥想有類似的效果。

第四章參考資料

**班傑明・葛拉漢**

班傑明・葛拉漢著：《智慧型股票投資人》（全新增訂版）

（The Intelligent Investor: The Definitive Book on Value InvestingThe Definitive Book on Value Investing）

史迪格・博德森、普雷斯頓・皮許著：《巴菲特財報學：用價值投資4大原則選出好股票》

（Warren Buffett Accounting Book: Reading Financial Statements for Value Investing）

http://www.segye.com/newsView/20120807022486（投資的鬼才⑦班傑明・葛拉漢——世界日報2012年8月7日）

**菲利普・費雪**

菲利普・費雪著：《非常潛力股》（經典新譯版）

（Common Stocks and Uncommon Profits and Other Writings）

http://weeklybiz.chosun.com/site/data/html_dir/2019/04/11/2019041101966.html

（[WEEKLY BIZ]「非常潛力股」巴菲特也受其影響……重視企業的品質，WEEKLY BIZ 2019年4月12日）

https://www.forbes.com/profile/ken-fisher/（富比世對兒子肯尼斯・費雪的富翁評價）

http://news.morningstar.com/classroom2/course.asp?docId=145662&CN=COM&page=1

（Great Investors: Philip Fisher，Morning Star網站內Investing Classroom）

**華倫・巴菲特**

https://www.forbes.com/billionaires（富比世選定2020年富翁排名，以2020年9月 11日為基準）

理查・康諾斯、華倫・巴菲特著（Fnmedia）：《向巴菲特學管理》

Jeon Youngsoo著（1day_miracle）《說到股票投資不能錯過的股票名著15》

https://news.g-enews.com/view.php?ud=2018032512373342094a01bf698f_1&md=20180330130427_R

（[全球CEO] 華倫・巴菲特，歷史上最高收益率2,000,000,000 %……美國紐約證券市場之神、奧馬哈的賢者、全球經濟2018年3月30日）

https://www.berkshirehathaway.com/2019ar/2019ar.pdf（波克夏・海瑟威2019年事業報告書）

https://news.sbs.co.kr/news/endPage.do?news_id=N1005875351（美國華倫・巴菲特，今年也捐贈了3.8兆韓元股票……15年期間44兆，SBS新聞2020年7月9日）

**彼得‧林區**

彼得‧林區著：《彼得林區選股戰略》

（One Up on Wall Street: How to Use What You Already Know to Make Money in the Market）

彼得‧林區著：《彼得林區征服股海》 （Beating the Street）

https://www.asiae.co.kr/article/2015100109422042363（彼得林區，13年期間累積收益率 2700%……歷代最強基金管理人，亞洲經濟2015年10月1日）


**約翰‧坦伯頓**

蓋瑞‧摩爾著：《約翰‧坦伯頓有靈魂的投資》

勞倫‧坦伯頓、斯科特‧菲利普斯著：《坦伯頓投資法則》


**莫尼斯‧帕波萊**

莫尼斯‧帕波萊著：《下重注的本事：當道投資人的高勝算法則》

（THE DHANDHO INVESTOR：The Low-Risk Value Method to High Returns）

# Chapter 5

# 數字裡有答案
# 財務報表的理解與基礎

# 必須了解財務報表中
# 數字意義的原因

VALUE INVESTMENT

## ① 盲目投資是禁忌

　　如果各位想購買家電產品，應該會先查該家電產品的相關資訊，然後尋求周邊人的意見吧。甚至可能將該家電產品的配置跟其他公司產品做比較，接著仔細觀察製造公司的資訊、價格和購入心得等等。

　　購買一個產品都需要這樣事先調查了，但大部分的人卻只在投資股票時會輕易下投資決定。只因為朋友推薦、有感覺、股價呈現上漲趨勢，或是單純因為價格沒什麼負擔等理由，就不經深思熟慮下了投資決定。特別是用動能方式跟隨趨勢的個人投資者，完全不對公司做功課，只看「價格」就決定買進。這是因為他們相信所有資訊都會反映在股價上，所以才會只看股價。其實這是除了韓國之外，全世界投資者都會出現的共同點。

2020年因為新冠肺炎疫情，美國叫赫茲（Hertz）的公司面臨倒閉危機。2020年初15～16美金的股價，在新冠肺炎疫情後短短3個月，就暴跌至1美金。公司的存亡危機一直在傳，股價也像秋風落葉一樣掉下。不過這時開始發生有趣的現象。美國個人投資者不管三七二十一，買進變成所謂「硬幣股」的赫茲股票，在6月初不過十幾天後，股價就上漲了接近8倍。雖然公司有存亡危機，但人們單純因為股價沒什麼負擔，以及股價開始上漲等理由，就果斷進行了投資。結果怎麼樣了？赫茲的股價不到十天，就回到原來的位階了。

　　這就是只看股價投資的結果。如果稍微看這個公司的財務報表，就可以輕鬆知道投資風險非常高，但這些人直接忽視這些風險，或是根本不看。赫茲的負債比率幾乎達到2000%，有非常高的財務風險。租車事業的特性上，在新冠肺炎襲來後，事業槓桿的風險會延續為公司的倒閉危機，甚至很難再重新站起來。

　　像這樣，即使只是稍微看一下財務報表，就可以知道是不是要小心的股票，大多數的投資者在現實中還是會忽略這些最基本的事情。不看財務報表就投資，就跟你買家電產品的時候，只因為朋友的推薦、喜歡設計就買下來是沒什麼兩樣。至少應該要像確認尺寸跟家裡的構造合不合、消耗電力是否合理、運轉方法對我來說方不方便等之後再買一樣，在進行股票投資前，也應該要先觀察並分析財務報表，這是基本中的基本。

投資者會因為覺得財務報表困難而迴避。經驗豐富的投資者先姑且不論實踐，大都懂得看財務報表的方法，但對投資新手來說，財務報表的用語或數字，就跟外星語一樣困難。因此最近剛開始股票投資的新手，比起以財務報表為基礎的價值投資，會比較偏好圖表分析、供需分析、哄抬股價分析等投資方法。

2017年底～2018年初在製藥、醫療保健熱潮中，SillaJen的股價華麗躍升。這檔股票在2017年不過6個月就上漲了10倍，因此獲得投資者的熱烈矚目。只因股價劇烈上漲，該檔股票就被追加收購或給予好評。人們這樣開玩笑。

「人品好，所有事情都會得到原諒。」

就如同這個玩笑般，只因為股價上漲，公司的事業就持續出現各種華麗的故事。而人們只看股價，卻忽略了財務報表。其實即使只簡單地看財務報表中的綜合損益表，也可以冷靜做出判斷。SillaJen雖然每年都創造出數百億韓元左右的赤字，卻因為大家對於新藥開發的希望而使股價急遽上漲，只是最終仍沒改善業績，並在2019年創造出一千億韓元左右的大規模赤字，陷入終止上市的危機。

不管夢想跟希望再怎麼加持，如果仔細看公司的財務報表，就可以知道這不是一個可以投資的公司。

[資料5-1] SillaJen的當期損益與股價走勢

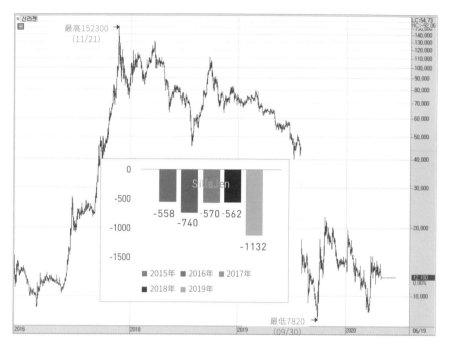

　　現在應該要改變了。最少你應該要避免被投資的公司從後面捅刀才是。而這正是在防禦的角度上，必須了解財務報表的原因。若從提高投資績效的觀點來看，也是為了透過財務報表分析，找到可以帶給自己收益的好股票。

　　如果仔細看財務報表，就可以推敲出公司的歷史，以及公司目前的狀況和未來的模樣。若只因為困難就要遠離它，其實只是「卑鄙的藉口」罷了，跟國小生說討厭學四則運算沒有兩樣。更何況，很多地方也提供整理財務報表的服務，讓你能更輕鬆看懂，他們甚至會利用財務報表的項目，協助計算財務比率或投資指標。

我們生活的這個時代，只要看這些已經整理好的數字就可以了。

韓國電影演員黃晸珉，在青龍電影獎的得獎感言中提到「工作人員跟演員們煮好了一桌美味的飯菜，我只是美味地品嘗了而已」，以此感謝工作人員的辛勞，一時蔚為佳話。正如同這句話一樣，這些已經將財務報表整理成一目瞭然的資料，我們只要好好地拿來活用就可以了。

儘管大部分的個人投資者都會忽略財務報表，但如果是正在閱讀此書的讀者，我相信你會抱持著想熟悉財務報表，並冷靜分析投資股票的心態。那麼，現在就開始來學習財務報表吧！

## ② 要在哪裡看財務報表？

為了開始研究財務報表，你必須要知道可以在何時、哪裡看到財務報表。2000年初期若要確認財務報表，必須觀看名叫《上市企業分析》的厚重書冊。我曾經在書店購買過，也曾在證券公司分行分發時收到過。但這都是很久以前的事了。超過一千多個企業的財部資訊布滿在有限的紙張上，字也很小，內容也很簡略，但當時卻也為這樣的資料而滿足，並當作投資資訊應用。

隨著IT技術進步，企業的電子財務報表公布已經義務化，也開始有將其整理後提供的業者登場。現在企業財務情報資料除了證券公司HTS之外，Daum、Naver等入口網站證券資訊

頁面也都會提供，你也可以在智慧型手機裡透過各種證券相關APP來查詢。

由於可透過跟以往不同的各種方法來接觸財務報表，「我不知道財務報表在哪裡，所以沒能學」之類的話，已經只是一種辯解了。不過，若是才剛開始股票投資的人，尋找財務報表仍可能是件困難的事。我現在就跟各位介紹幾種尋找財務報表的方法。希望各位可以把它存在PC、平板或智慧型手機的我的最愛，並拿來確認及研究各位要投資或想投資公司的財務報表。

[資料5-2] 在DART中查詢三星電子業績報告書

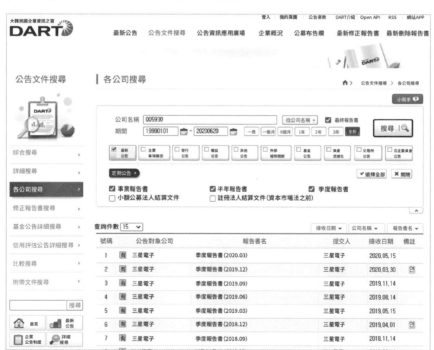

### （1）金融監督院電子公告系統（DART）

第一個是金融監督院的電子公告系統（DART，dart.fss. or.kr[1]）。

對有股票投資經驗的人來說，比起「金融監督院電子公告系統」這種落落長的名字，應該較熟悉「DART」這個名稱。1999年後發表的事業報告書跟季度、半年報告書全部都有上傳到DART，這個事業報告書跟季度、半年報告書也都有包含財務報表。雖然也有1999年前的上傳的公司，但大部分都僅限於大企業，而且大致上只到1998年的資料而已。以前企業在經濟報紙上像廣告一樣公布的業績報告義務已經結束。以前因為要一一尋找報導裡出現的資料，所以當然很難找到想要企業的財務報表，但現在只要在DART中點擊幾次，就可以輕鬆查詢到資料了。

只要點擊這個事業、季度、半年報告書，就可以在裡面的「III. 財務相關事項」中看到財務報表。第一個項目「1號財務資訊摘要」中，會有投資者必看的核心項目。大部分的財務報表分析即使只看摘要資料，也可以做到70％以上，重要的財務比率、投資指標等也是以財務報表摘要中的項目為基礎計算的。

此外，你可以在「2號合併財務報表」中，確認到除了該公司之外的子公司與從屬公司的業績和資產綜合之後製成的合併財務報表。在實際的企業分析中會以合併財務報表為主來進

---

1　http://dart.fss.or.kr/：金融監督院電子公告系統（DART）

行分析，比起看4號－只呈現該企業財務報表的「財務報表」選單，「合併財務報表」更重要。當然，沒有控制、從屬公司的情況下，合併財務報表項目就會是空的。這時就請直接點擊4.財務報表即可。

[資料5-3] 財務報告書內「III號財務相關事項」中有財務報表資訊

```
☐ III. 財務相關事項
     1. 財務資訊摘要
     2. 合併財務報表
     3. 合併財務報表注釋
     4. 財務報表
     5. 財務報表注釋
     6. 其他財務相關事項
```

3號跟5號是注釋事項，6號則是其他財務相關事項。財務報表只會用項目跟數字來記述，所以很常會有說明不足的情形。雖然財務報表只會寫上數字，但當你想知道子公司的持股關係如何、目前資產評估如何時，只要確認注釋事項即可。注釋裡都有整理子公司有哪些、評估金額是多少，以及資產結構的相關細節評估方法等等。此外，財務報表中無法用數字說明的各種闡述說明，會比合併財務報表、個別財務報表記述更多事項，因此在深度分析企業時，一定要參考「注釋」跟「其他財務相關事項」。

雖然在DART可以接觸到詳細的財務資訊跟公司的公開情報，但如果要分析過於龐大項目的財務報告書，會花上許多時間。當你想要快速分析許多項目時，DART就會有限制了。為了解決這樣的不便，你可以找收集財務資訊，並進行摘要、整理、分析的公司。FnGuide最具代表性，其他也有許多財務相關資訊業者。

## （2）證券公司跟入口網站的證券頁面

收集、分析、摘要財務資訊的公司製作的情報，可以在證券公司HTS或MTS、入口網站證券頁面的企業分析畫面中看得到。

隨著證券公司的不同，可能會照「企業分析」或「財務分析」等選單名稱來提供。你可以在利用的證券公司中親自確認。在入口網站Daum查詢項目後，可在「企業資訊」選單中找到，Naver則是在查詢項目後，可於「項目分析」選單中找到。

[資料5-4] HTS內企業分析畫面中查詢到的三星電子財務報表

| IFRS（合併） | 2017/12 | 2018/12 | 2019/12 | 2020/03 | 前一年同期 | 前一年同期 (%) |
|---|---|---|---|---|---|---|
| 銷售額 | 2,395,754 | 2,437,714 | 2,304,009 | 553,252 | 523,855 | 5.6 |
| 銷售成本 | 1,292,907 | 1,323,944 | 1,472,395 | 348,067 | 327,465 | 6.3 |
| 銷售總利潤 | 1,102,847 | 1,113,770 | 831,613 | 205,185 | 196,391 | 4.5 |
| 銷售費用與管理費用 | 566,397 | 524,903 | 553,928 | 140,711 | 134,058 | 5.0 |
| 營業利潤 | 536,450 | 588,867 | 277,685 | 64,473 | 62,333 | 3.4 |
| 營業利潤（發表標準） | 536,450 | 588,867 | 277,685 | 64,473 | 62,333 | 3.4 |

這個畫面中除了財務報表的基本項目外，連細部的項目也有整理，甚至連投資分析需要的數十個投資比率跟投資指標等都有計算出來。即使是不擅於數字跟計算的人，也可以透過這個資料快速分析企業。

不過，即使金銀財寶都擺在眼前，你還是必須了解它的實際價格，才能體會它的價值。研究財務報表的人雖然知道一目

瞭然的資料價值，但大部分的個人投資者卻經常會跳過這個畫面，或是根本不知道它的存在。這些資料都是邁向企業投資的第一步，因此在投資前請一定要確認過。

雖然使用者只要查詢整理財務資訊的畫面就可以了，但將這些內容收集、分析、摘要，卻是非常吃力的事情。筆者在2008年金融危機時，曾參與過收集財務資訊的計畫。這個工作要將上傳到DART的財務報告書全部收集下來，並將財務報表摘要與財務報表本表的所有項目分成季度、半年、年度財務報表，用DB整理起來。我在進行這個作業的時候，幾乎要掛病號了。當時上傳到DART的財務資訊是企業的會計負責人一一輸入進去的，所以有很多錯字，甚至也有把錢的單位輸入錯誤的狀況。最近都是透過電腦軟體自動化，但仍有一定比例會需要手動作業。希望各位想著這樣的辛勞，不要隨意就忽略了該畫面的資料。

不過上傳到DART的資訊跟HTS、MTS、入網站提供的財務資料，有個重要的差異之處。用網路搜尋程式抓數據之後需要手動檢視，因此DART公告時間點和HTS、MTS等上傳的企業資訊財務資料可能會有一些時間差。DART在企業的會計負責人上傳金融監督院電子公告系統後，就會即時公告給投資者，但整理好的資料會在公告收集、分析業者將數據理好並檢視錯誤後，再整理出財務比率、投資指標以及附加說明等後才會提供資料，所以會有幾天的時間差異。2010年代初期這個時差可能會來到15天，但最近已經減少到一周內了。儘管如此，仍存在

著時間差異。因此當DART已經上傳季度報告書，但HTS、MTS上的企業分析畫面中，卻可能長達一周以上仍未更新最新的財務資料。

因此，建議你在季度、半年、事業報告書提交出來的時機比較兩種資料，並分析財務報表。

| 期間 | 2019.12<br>IFRS合併 | 2020.03<br>IFRS合併 |
|---|---|---|
| 銷售額 | 598,848 | 553,252 |
| 營業利潤 | 71,603 | 64,473 |
| 當期利潤 | 52,270 | 48,849 |
| 當期淨利 | 52,280 | 48,896 |
| 控制股東淨利<br>非控制股東淨利 | -10 | -47 |
| 營業利率 | 11.96 | 11.65 |

現在你已經做好要研究財務報表的所有準備了。你可以用智慧型手機，透過入口網站或MTS內企業分析、財務資訊相關選單，來參考財務報表；也可以用PC在HTS跟入口網站中的企業分析、財務資訊選單中使用財務報表。如果想要更深入探討，就可以在DART上傳的財務報告書中，觀看財務報表相關的項目，並進行更仔細的研究。

現在開始，我們要一個一個學習在股票投資中必備的財務報表項目。先不要感到害怕，與一般人覺得困難的偏見不同，這其實出乎意料地簡單。

# 上市公司的業績公告義務

上市公司的季度、半年、結算日過後，就必須在一定時間內公告季度、半年、事業報告書等。季度跟半年的部分必須在季度、半年底之後45天內，事業報告書則必須在結算日以後90天內公告。韓國上市公司大部分都在12月結算，結構上會於每年的3月底將事業報告書公告在DART上，5月15日左右則會公告第1季的報告書、8月15日左右第2季報告書、11月15日左右季度、半年報告書一起出等等。因此這個時期收集及整理公告數據的媒體跟業者會紛紛進行程式作業，也可能會出現很難連接到DART的現象。

不過，除了12月結算法人外，也有在8月結算、3月結算、6月結算法人等各式各樣的結算法人，因此請務必參考投資標的的會計結算標準。也請記住季度、半年報告書會在45天以內，事業報告書則是會在90天以內公告。

# ②

# 投資者需要知道的數字
# 正是這個

VALUE INVESTMENT

　　前面跟各位說明了為什麼需要了解財務報表，以及我們可以在哪裡看到財務報表並應用。在分析要投資的股票時，如要找到根本的原因，跟股價圖表比起來，財務報表可說是最重要的了。財務報表涵蓋了公司各種面貌，各個利害關係人都可透過此報表來分析公司，並應用在與該公司之間的利害關係。除了目前的公司所有人跟經營者之外，目前·未來債券者、目前·未來股東、被雇用者（工會）與稅務當局等各種關係人，都會利用財務報表為基礎，來分析公司及當作各種目的應用。如果在這種情況下，投資者本人仍忽視財務報表，就等於是（小額）股東本人在這些各式各樣的利害關係人中，親自將自己挪到後面的順位去了。

　　財務報表在眾多利害關係人的要求下發展。西元前4,500年左右，美索不達米亞留有最初的會計記錄，1494年義大利修行僧帕西奧利（Pacioli）針對複式帳簿記錄的報告書，協助了現代會計系統的建立。[2]歐洲歷經大航海時代，對於會計的需

2　Cho Sungha、Bae Gilsoo著（Haghyeonsa）：《會計原理》（2003年3刷，會計的歷史部分

求急遽上升。對於投資前往未知世界冒險與貿易的船隻的投資者，這攸關於重要的收益分配，因此會計報告就變得愈來愈進步。在航海的過程中，推估透過貿易換來多少的資產、船隊的損失有多少，並發放薪資給船長及船員，同時也分配投資該船隻的投資者收益金額。

會計帳簿在當時是重要的資料，而過了數百年的21世紀，若你仍無視於不參考按照各季、甚至按企業每月發表的財務報表的行徑，就跟閉著眼睛橫越高速公路一樣危險。

令人遺憾的是，股價對於刺激性的事物會更敏感地移動。大部分的人都只對上市公司表面上的股價走勢感興趣，就像鹿看到汽車的大燈會衝上來一樣，大多數人對財務報表看都不看，只看到股價似乎忽地發亮之後，就直接投資了。

不過彷如霓虹燈似的，如果你看到華麗閃爍的股價背後的財務報表，就可以為投資做好最基本的安全措施，若是能再張大眼睛好好分析財務報表，就可以獲得更明確的資訊。

你可以在如霓虹燈般閃爍的股價背後，那感覺像一張靜止照片的財務報表中看到一團東西。彷彿在特定日期照相一般，或如同搭時光機到特定時間點時看起來像靜止畫面一樣的，就是我們在財務報表中最先接觸到的「資產負債表」。以前資產負債表會稱作借貸對照表，但2011年K-IFRS將所有上市企業義務化後[3]，就改為資產負債表這樣的用語了。

---

3  從2011年起，所有國營企業都「適用國際會計標準」，inews24（2009年6月17日）
   http://www.inews24.com/view/422434

### ①資產負債表

資產負債表會以年末或季末為標準，記錄該時間點公司的資產、負債、資本等等的資料。你可以透過此瞭解公司的資產是多少、該資產是如何組成、評估金額是多少、負債的規模跟種類又是多少等等。此外也可以確認到資產減掉負債後的數值－權益資本（淨資產或資本）、資本金額、保留盈餘、資本公積等組成。

資產負債表是比任何財務報表項目都還要重要的資料，因為它是在特定時間點之經濟活動的最終結果。過去在將財務報表公布給股東時，會只在報紙的廣告欄中以借貸對照表公告。因為只憑借貸對照表（現資產負債表），也可以知道目前企業的狀況。不過資產負債表只顯示會計期間的結果，故無法知曉資產、負債、資本等是為何而變化。

之前跟各位提過，資產負債表是類似於照片的東西。如果用其他方式來比喻，就類似小時候玩過的「一二三木頭人」。在我當鬼喊「一二三木頭人！」後轉頭時，你會記住朋友所在的位置，然後在下一次看到朋友位在不同的位置時，就會去推測朋友的移動方式，但卻無法知道他實際上是如何移動的。像這樣，企業在上個會計期間，資產、負債、資本等是如何變化才變成目前的模樣，我們可以透過財務報表中的「綜合損益表」來了解。

## ② 綜合損益表

如果說資產負債表是照片，那麼綜合損益表就是顯示從過去到現在變化模樣的影片了。它是將過去的照片（過去資產負債表）跟最近的照片（最近的資產負債表）連接在一起的資料。前面我們用了「一二三木頭人」的比喻，而綜合損益表則是會顯示我們閉上眼睛喊「一二三～木頭人！」的時候，朋友是如何移動到目前位置的重要資料。有些朋友會在原地翻滾後再稍微前進一點，有些朋友可能會跑到鬼附近又再跑回原位。像這樣，如果說資產負債表是如同照片般，說明停下的特定時間點的財務狀況，那麼綜合損益表就是像影片一樣，說明公司在會計期間是如何活動的。

如果公司創造銷售後，並在支付原料費用跟管理與銷售費用、繳納稅金後，仍有利潤的話，就會在資產負債表上記錄資產的增加，或在負債減少之下權益資本（淨資產）增加等。如果資產負債表上公司的權益資本大幅減少，就可以在綜合損益表找到原因。

企業創造了銷售，但跟之前的銷售比起來減少了，成本跟管理銷售費用也增加，使赤字增加時，就能透過綜合損益表將資產負債表的變化像縮時攝影一樣，來計算或想像。

綜合損益表在2011年K-IFRS全面實施前，被稱作「損益表」。不過只靠損益表仍有許多說明不足的部分，因此在K-IFRS施行之後，就增加了從銷售額到當期損益等過程中的幾個項目。其將給資產負債表帶來影響的綜合損益部分當作額外項目增加，並開始稱作綜合損益表。每個企業不同的綜合損益

概念，在以前的資產負債表上會記錄成權益資本中的「其他綜合累計」或注釋項目等等，現在則包含在綜合損益表中，讓企業分析可以更加便利。

資產負債表跟綜合損益表都是為了在投資分析企業時，最常使用且必備的參考財務報表。也有很多投資者會在DART（金融監督院電子公告系統）中將資產負債表的項目跟綜合損益表收集整理後，將其按照時間序列分析。如果只用特定時期的資產負債表跟綜合損益表來分析企業，容易將小小的格局誤判為公司的整體樣貌。因此，你可以將資產負債表跟綜合損益表按照時期整理之後，用長期的時間序列來分析，就可以對公司的歷史豁然開朗，也能夠跟競爭公司相比較。如果是借錢給公司的債券公司（公司債、BW、CB投資者），就可以活用這些資料，來分析公司營運是否穩定、期滿時是否能順利收到錢等等。

除了韓國之外，當你在全世界的股票相關網站中查詢企業資訊時，就算漏掉權益變動表、現金流量表等其他財務報表項目，也絕對找得到資產負債表跟綜合損益表。

### ③ 財務資訊摘要

企業的事業報告書、季度、半年報告書只會整理綜合損益表跟資產負債表等核心項目，並提供「財務資訊摘要」，讓你可以輕鬆比較前一年度或之前的P/L項目跟B/S項目。

財務報表並不是只由資產負債表跟綜合損益表所組成。如果看仔細整理出資本是如何變動的「權益變動表」，就可以更細部地去分析公司的財務結構。

另外，現金流量對企業的生存來說很重要。儘管你可以在資產負債表上了解現金有多少，但卻無法知道現金流量變化的過程。「現金流量表」會說明公司內的現金流量是歷經何種過程而變化，營業活動（公司事業）與投資活動（工廠增設與各種資產投資）以及財務活動（債務與各種財務活動）等中，有哪些項目在現金流量中造成什麼程度的影響。特別是現金流量表是可以看出企業是否在資產負債表或綜合損益表中做假帳的重要窗口，所以經常會跟B/S跟P/L項目一起使用。

過去只是將財務報表攤開來，就因為太多項目而感到頭昏腦脹的人，現在應該可以理解在財務報表上應該要看哪些項目，以及它為什麼重要了。從現在開始會再稍微更深入一點探討。在資產負債表、綜合損益表、現金流量表中，我們到底要看什麼，又該如何看呢？一起來看更詳細的內容吧。

**初學用語**

**財務報表上面寫的P/L、B/S是什麼？**

海外股票網站或一部分韓國企業分析資料中，會將綜合損益表寫成P/L（Profit and Loss），並將資產負債表寫成B/S（Balance Sheet）。最好將這些用語記起來。

[資料5-6] 韓國電力的2020年第1季季度報告書中財務資訊摘要

# III.財務相關事項

## 1. 財務資訊摘要

合併財務資訊摘要                                                                    (單位：百萬韓元)

| 科目 | 第60期第1季 | 第59期第1季 | 第59期 | 第58期 |
|---|---|---|---|---|
| | 2020年3月底 | 2019年3月底 | 2019年12月底 | 2018年12月底 |
| [流動資產] | 19,741,633 | 20,637,940 | 19,483,001 | 19,745,068 |
| 現金與現金性資產 | 1,458,491 | 2,078,223 | 1,810,129 | 1,358,345 |
| 流動金融資產 | 3,464,952 | 3,587,042 | 1,586,509 | 2,359,895 |
| 應收帳款與其他債券 | 6,673,798 | 7,049,548 | 7,701,452 | 7,793,592 |
| 庫存資產 | 6,870,199 | 6,929,042 | 7,050,700 | 7,188,253 |
| 其他的流動資產 | 1,274,193 | 984,085 | 1,334,211 | 1,044,983 |
| [非流動資產] | 179,352,540 | 170,931,980 | 178,114,791 | 165,503,993 |
| 非流動金融資產 | 2,984,955 | 2,153,178 | 2,563,498 | 2,113,613 |
| 長期應收帳款與其他債券 | 2,060,052 | 1,791,216 | 2,002,297 | 1,819,845 |
| 有形資產 | 165,095,908 | 157,746,224 | 164,701,827 | 152,743,194 |
| 商譽以外的無形資產 | 1,100,947 | 1,305,524 | 1,069,976 | 1,225,942 |
| 關係企業投資權益 | 4,392,883 | 4,175,929 | 4,251,802 | 4,064,820 |
| 共同企業投資權益 | 1,708,886 | 1,890,668 | 1,663,029 | 1,813,525 |
| 其他非流動資產 | 2,008,909 | 1,869,241 | 1,862,362 | 1,723,054 |
| 資產總計 | 199,094,173 | 191,559,920 | 197,957,792 | 185,249,061 |
| [流動負債] | 23,095,827 | 23,094,990 | 24,231,656 | 21,841,533 |
| [非流動負債] | 107,176,228 | 98,199,284 | 104,476,487 | 92,314,766 |
| 負債總計 | 130,272,055 | 121,294,274 | 128,708,143 | 114,156,299 |
| [實收資本] | 4,053,578 | 4,053,578 | 4,053,578 | 4,053,578 |
| [保留盈餘] | 49,183,786 | 50,653,382 | 49,202,133 | 51,519.119 |
| [其他資本組成要素] | 14,200,591 | 14,242,009 | 14,240,607 | 14,171,228 |
| [非控制權益] | 1,384,163 | 1,334,677 | 1,393,331 | 1,348,837 |
| 資本總計 | 68,822,118 | 70,265,646 | 68,889,649 | 71,092,762 |
| | [2020.1.1.~3.31] | [2019.1.1.~3.31] | [2019.1.1.~12.31] | [2018.1.~12.31] |
| 銷售額 | 15,093,127 | 15,248,404 | 59,172,890 | 60,627,610 |
| 營業利潤 | 430,554 | [629,880] | [1,276,521] | [208,001] |
| 合併總當期淨利 | 53,608 | [761,156] | [2,263,535] | [1,174,498] |
| 控制公司權益淨利 | 22,979 | [787,798] | [2,345,517] | [1,314,567] |
| 非控制權益淨利 | 30,629 | 26,642 | 81,982 | 140,069 |
| 基本每股盈餘（韓元） | 36 | [1,227] | [3,654] | [2,048] |
| 稀釋每股盈餘（韓元） | 36 | [1,227] | [3,654] | [2,048] |
| 包含合併公司數 | 120 | 110 | 119 | 106 |

**3**

# 資產負債表上
# 必須觀察的東西

VALUE INVESTMENT

## ① 總資產、負債、資本合計

　　來一個一個看財務報表中最重要的資產負債表的項目吧。資產負債表會顯示公司資產、負債、權益資本等狀況，可說是最重要的財務報表。首先，如果想瞭解資產負債表的大格局，就必須先理解「資產是負債與資本的合計」。

## （1）資本與負債

　　整體總資產（以下稱資產）是負債跟資本（或權益資本、淨資產）合計的金額。即是說，資本的概念就是用資產減去負債。個人的家計簿也會在計算淨資產（資本）時，將資產減去負債來計算。如果你將這個概念牢牢地記在心裡，就等於已經對資產負債表的概念了解了80%，該概念就是如此重要。

[資料5-7] 資產是負債跟資本的合計

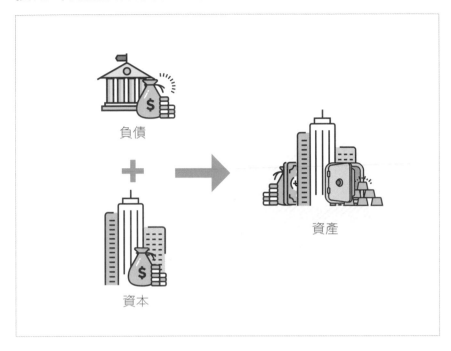

負債

＋

資本

資產

　　你可能覺得這是理所當然的吧？不過遺憾的是，大部分的人都會混淆資產跟資本。幾年前，有個數百億的大資產家透過社群炫耀自己的財產，並引起了相當的注目。不過在那個人發生不光彩的事件之後受到調查，才發現他實際上已債台高築。像這種情況，如果從「資產＝負債＋資本」的資產負債表的觀點來看，就可以知道的是他一定是負債比資產多，才導致純粹財產（資本）全無的狀況。如同這樣誤認外表華麗的資產家為富翁般，你也可能會在投資上錯估資產跟資本而下錯誤的判斷。過去在高速成長期，也曾將資產（總資產）當作重要的投資指標。雖然目前仍留有一部分只看資產來比較外表時期的偏見，但現今已經是個比起用負債累積的資產，更重視資本的時代了。

例如說，假設A有100億韓元左右的資產，卻有接近90億韓元的負債。而B則有50億韓元的資產跟10億韓元的負債。如果只看資產的大小，A擁有的資產規模似乎比B還大，但若從淨資產來看，B的淨資產是40億韓元（50億韓元-10億韓元），A的淨資產則是10億韓元（100億韓元-90億韓元），差異極大。即是說，B其實比A更稱得上是富翁。

這正是資產負債表的基本概念「資產=負債＋資本」。接下來要更深入探討這部分。

如果更仔細觀察資產跟負債項目，就會發現若隨流動性不同而分成流動跟非流動，會更具體。我為了將流動·非流動、負債·資產記下來，也會用「流非負資」這樣的口訣去記。

資產之中有像不動產一樣固定（非流動）的資產，也有像現金一樣隨時可使用的流動性資產。負債中也有1年內需歸還、流動性強的負債，也有期限超過1年、負擔較小的非流動性負債。

不過，為什麼資產跟負債會分成流動、非流動呢？這是因為，不管是資產還是負債，其特性都不盡相同。一般1年以內的可流動、也就是可現金化的資產，會叫做「流動資產」。而1年內可現金化的資產有現金、股票、應收帳款等。相反的，若無1年內現金化計畫，或現金化時間較長，導致會花上1年以上時間的資產則稱為「非流動資產」。好比說，土地或建築之類的不動產資產就是代表性的非流動資產。

初學用語

**非流動 vs. 固定**

2011年K-IFRS全面導入之前，會用「固定」來指稱非流動。雖然固定資產、固定負債比較直觀，也較好理解，但在IFRS時代，就請使用非流動資產、非流動負債吧

如果將這個概念擴張，就可以輕鬆抓到負債中流動負債跟非流動負債的意涵。「流動負債」是1年內必須要歸還的負債，例如像短期借款或應付帳款等等。「非流動負債」則是可1年以後再歸還的債務。期限很長的公司債或銀行長期借出的長期借款等都屬此類。

為了協助你理解，我們一起來看上市公司中沒有控制、從屬子公司，只有本公司單獨財務報表的慶南鋼鐵的資產負債表。資產大致上會分成流動資產跟非流動資產，而下方則按照流動、非流動的性質記載著細部項目。慶南鋼鐵的流動資產中，應收帳款是457多億韓元，占最多；庫存資產則有338多億韓元，占第二多。

此外，流動資產中最先看到的現金與現金性資產是142多億韓元。但不知道有沒有人看出這個表的特徵呢？

[資料5-9] 慶南鋼鐵的2020年第1季報告書中資產項目

## 資產負債表

第31期第1季末 2020.03.31目前
第30期末　　2019.12.31目前
(單位:韓元)

| | 제 31 기 1분기말 | 제 30 기말 |
|---|---|---|
| 資產 | | |
| 　流動資產 | 94,532,390,627 | 90,436,330,806 |
| 　　現金與現金性資產 | 14,231,341,939 | 5,600,578,508 |
| 　　應收帳款與其他流動債券 | 45,789,476,667 | 50,799,865,348 |
| 　　其他流動金融資產 | 623,935,570 | 535,176,856 |
| 　　其他流動資產 | 33,893,454 | 66,712,999 |
| 　　庫存資產 | 33,853,742,997 | 33,433,997,095 |
| 非流動資產 | 52,214,645,024 | 51,490,359,816 |
| 　非流動當期損益–公平價值測定金融資產 | 2,000,000,000 | 2,000,000,000 |
| 　非流動其他綜合損益–公平價值測定金融資產 | 949,037,185 | 949,037,185 |
| 　權益法適用投資權益 | 3,583,168,532 | 3,583,168,532 |
| 　其他非流動金融資產 | 739,234,400 | 646,422,600 |
| 　有形資產 | 41,180,579,265 | 40,723,718,049 |
| 　投資不動產 | 1,689,249,720 | 1,514,637,528 |
| 　商譽以外的無形資產 | 1,285,550,742 | 1,285,550,742 |
| 　遞延公司稅資產 | 787,825,180 | 787,825,180 |
| 資產總計 | 146,747,035,651 | 141,926,690,622 |

　　就是在流動資產中，也是按照流動性高的項目順序來陳列流動資產。流動性最高的現金在第一排對吧？這個即是為了幫助閱讀財務報表的利害關係人理解的整理規定。

　　再來看非流動性資產。非流動性資產中金額占最大的是有形資產，有411多億韓元。有形資產是指公司建築或工廠，或是像不動產一樣有形體的資產。此外，非流動金融資產則依據會計標準有20億韓元跟9億4,903萬韓元。

　　像這樣觀察資產負債表，就可以知道細部上流動資產是如何組成，非流動資產又是如何組成的了。而這些流動資產跟非

流動資產合起來的金額，理所當然就是資產總和（總資產）。

接下來來看負債的部分。

就如同前面所說的，負債分成流動負債跟非流動負債。那麼流動負債跟非流動負債的總和當然就是負債的總計（負債）了。由於資產負債表有很多數字跟項目，有一些人可能會搞混，所以我才在這裡跟各位額外做說明。

[資料5-10] 慶南鋼鐵的2020年第1季報告書中的負債項目

| 負債 | | |
|---|---|---|
| 流動負債 | 56,956,033,440 | 51,273,832,225 |
| 　應付帳款與其他流動債務 | 38,336,849,222 | 35,154,784,061 |
| 　短期借款 | 7,500,000,000 | 4,880,116,788 |
| 　流動性長期借款 | 10,000,000,000 | 10,000,000,000 |
| 　其他流動金融負債 | 167,642,302 | 162,539,851 |
| 　其他流動負債 | 32,392,957 | 6,484,010 |
| 　當期公司稅負債 | 919,148,959 | 1,069,907,515 |
| 非流動負債 | 3,660,880,268 | 3,470,379,768 |
| 　可轉換公司債 | 3,147,411,825 | 3,101,602,517 |
| 　確定福利義務 | 513,468,443 | 368,777,251 |
| 負債總計 | 60,616,913,708 | 54,744,211,993 |

負債項目比資產還要簡單對吧？只要根據負債的流動性，分成流動負債跟非流動負債即可。流動負債中最大值是應付帳款跟其他流動債務共383億韓元。這些是購買原料物物品後尚未支付的金額。一般來說必須在數個月內支付，因此會被分到流動負債。而非流動負債則有314億韓元是可轉換公司債。被分為非流動負債，代表可轉換公司債離期限還有1年以上的時間。如果在慶南鋼鐵的2020年第1季報告書中仔細觀察「財

務報表注釋」其他相關事項，就會看到可轉換公司債的相關說明。細看內容，就可以知道期限是2022年2月28日，因此若以2020年第1季底為基準，期限剩下1年11個月，所以是非流動資產。

## （2）資本

我們已仔細了解到，資產跟負債是以流動、非流動來區分，不過卻還未說明到最重要的部分。我現在就要跟各位說明，資產負債表中的主角－資本（權益資本、淨資本或淨資產）。

資本是資產扣掉負債的純粹資產，所以非常重要。也或許是如此，才導致連名稱都很多元，包括資本總計、權益資本、淨資本、資本、淨資產等等。不管是哪種名稱，都代表「從整體資產中扣掉負債的純粹公司資產」之意。

資本（資本總計）是在企業估價中，會在應用資產價值的BPS（每股帳面價值）、ROE（股東權益報酬率）等的公式中使用的重要項目。

權益資本比較不能用流動跟非流動之類的流動性標準去區分。由於資本總計是從總資產去扣掉負債的數值，所以無法知道權益資本的數值是從總資產的哪裡而來的。不過，資本總計是由含有比流動、非流動等更精密的資本計算過程的項目所組成的。請看下面的公式。

資本總計=資本金+資本公積+保留盈餘+其他多數項目

資本公積：股票發行時超過資本而進來的盈餘

保留盈餘：公司經營期間累積的盈餘

資本金：公司基本的資金去乘以股票面額的總股票數之後的數值但應該會有人有以下之類的疑問。

由於若說得太細可能會變太難，你只要把它理解成是用資本、資本公積和保留盈餘等組成即可。資本部分一定要區分並記起來。只看公式應該會覺得頭痛吧？我們把前面看過的慶南鋼鐵案例中的資本部分抽出來看看吧。

[資料5-11] 慶南鋼鐵的2020年第1季報告書中資本項

| 資本 | | |
|---|---|---|
| 資本金 | 2,500,000,000 | 2,500,000,000 |
| 資本公積 | 2,790,578,858 | 2,790,578,858 |
| 其他綜合損益累積額 | (86,069,632) | (86,069,632) |
| 保留盈餘(虧損) | 80,925,612,717 | 81,977,969,403 |
| 資本總計 | 86,130,121,943 | 87,182,478,629 |
| 資本跟負債總計 | 146,747,035,651 | 141,926,690,622 |

資本的部分幾乎像教科書一樣整理起來了。慶南鋼鐵的資本金面額價是100韓元，並發行2,500萬股，所以標示為25億韓元。接下來資本公積則是27億9千多韓元。雖然不知道是過去的什麼時候，但是發行新股後超過面額而進來的盈餘是27億9千多韓元。

接下來來看保留盈餘。慶南鋼鐵公司在累積成果的同時，創造了809億2,561多萬韓元的保留盈餘。愈是累積愈久的公司，保留盈餘就可能比資本金多更多。這代表在長期累積利潤的同時，公司的權益資本（淨資產）也增加了。

現在各位應該對資產負債表了解90%了。我為了讓各位更輕鬆地理解資產負債表，用沒有控制、從屬公司的慶南鋼鐵的例子來說明。但應該會有人有以下之類的疑問。

「雖然舉了沒有子公司的例子比較好理解，但如果想了解子公司的公司財務報表，就必須知道更多嗎？」

沒錯，是的。如果是上市公司，應該會有很多控制、從屬公司之類的子公司，而將這些公司的財務報表，連接起來所製成的就是「合併財務報表」。

## ②合併財務報表義務化時代

前面我跟各位說明到，2011年K-IFRS制度全面導入上市企業。IFRS導入後產生了許多變化，財務報表內的用語也有改變，但「合併財務報表」義務化這件事情是變化最大的了。前面當作案例提及的慶南鋼鐵沒有控制、從屬的子公司，所以說明起來容易，但大部分的上市企業都會有控制、從屬的公司，因此除了該公司的財務報表（個別財務報表）之外，也必須公布將有控制、從屬關係之子公司的財務報表，所合起來的合併財務報表。

合併財務報表雖然以前就有，但都是有一定規模以上的企業會另外報告的型態，在K-IFRS會計標準義務化後，才在季度、半年、事業報告書中將合併財務報表一起報告出來。

作為參考，公司的個別財務報表會稱為個別財務報表或單獨財務報表。如果要再嚴謹一點來看，個別財務報表可能無法充分反映出控制公司的內容。子公司可能透過事業來壯大公

司，也可能因為事業失敗而讓資產價值受到致命的毀損，但在財務報表中，只會顯示該公司的狀況，因此從屬公司的狀況無法充分反映出來。

因此，在K-IFRS義務化後，合併財務報表會跟個別財務報表一起並列在季度、半年、事業報告書的選單上。我們在做投資分析跟研究時，只要看合併財務報表就可以了，因為控制的從屬公司狀況也全部都會呈現在上面。

K-IFRS（韓國採用國際會計標準）‧基於國際統一會計標準的必要性，國際會計標準委員會（IASB）提出了IFRS（國際會計標準），韓國也從2009年開始僅限希望企業實施，一直到2011年開始義務化。

K-IFRS在義務化的同時，財務報表就變得比過去GAAP（一般認證的會計標準）時期更實際。對於不動產或有形資產，以及金融負債等各種資產與負債，標準改以公平價值的方式來評估，而非以取得成本為標準。此外，組成財務報表的項目名稱也跟著改變，使借貸對照表變成「資產負債表」，損益表則變成「綜合損益表」。

合併財務報表雖然從以前就有了，但一定以上規模的企業主要會以個別報告的型態進行。K-IFRS會計標準義務化後，季度、半年、事業報告書中的合併財務報表就會整齊地在選單中相對應，並一起被報告出來。這時請記得，該公司個別的財務報表，會稱為個別財務報表或獨立財務報表。

K-IFRS義務化以後，也產生了公司資產重新評估的效果，子公司的資產價值會反映在合併財務報表中，2010年代初、中期的企業的淨資產價值也會產生增加的效果。也有人認為，在K-IFRS施行以後，企業的淨資產價值提高的同時，在比較作為價值評估的其中一種標準—PBR（股價淨值比）時，不能用同樣的數字去比較2011年前後。

[資料5-12] 合併財務報表跟財務報表並列在會計報告書中

```
□ 財務相關事項
    財務資訊摘要
    合併財務報表
    合併財務報表注釋
    財務報表
    財務報表注釋
    其他財務相關事項
```

　　有一點必須注意。從投資者的立場來看時，合併財務報表中的資本（權益資本）的概念，跟我們一般想像的資本概念有一些差異。從現在開始可能會較為困難，因此請仔細閱讀。

　　假設某個公司C有許多子公司。雖然有100%持股的公司，但大部分都是持股比例稍微超過50%的公司。好比說，現代汽車的關係企業有現在資本服務公司，持股比例是59.68%。或者即使持股比例不到50%，也會根據實際控制與否，視為從屬公司。

　　在將這些子公司的財務報表合併製作成合併財務報表時，該財務報表上的資本（資本總計）是否全然是C公司的資本總計呢？子公司中應該也有持股不過50%的公司，持有股份外的持股比例，應該屬於持有子公司股份之其他投資者的占比才是。

　　這時，將持有C公司子公司之其他投資者的占比拉出來另外記錄的內容，就是「非控制權益資本」，即是C公司沒有持有的資本。那麼就應該要把全由C公司所控制的權益資本另外記錄起來對吧？這個就是在看合併財務報表時，最重要的「控制企業業主權益（資本）」。

有些公司會稱之為「歸屬控制企業的業主資本」，有些公司則會稱為「控制企業業主權益」或「控制企業業主權益」等等。意即從股東投資公司的財務報表上移除掉投資在子公司的其他資本，只含有股東投資公司的純粹資本的內容。

為了協助你理解，我們來集中觀察一下三星電子2020年第1季報告書中合併財務報表內資本的相關內容。

[資本5-13] 三星電子的2020年第1季合併財務報表的資本相關事項

| 資本 | |
| --- | --- |
| 控制企業業主權益 | 258,481,770 |
| 資本金 | 897,514 |
| 優先股資本金 | 119,467 |
| 普通股資本金 | 778,047 |
| 股票溢價發行 | 4,403,893 |
| 保留盈餘(虧損) | 257,078,919 |
| 其他資本項目 | (3,898,556) |
| 非控制權益 | 7,905,953 |
| 資本總計 | 266,387,723 |
| 負債與資本總計 | 357,457,535 |

三星電子的資本部分中，合併財務報表資本總計是266兆3,877億韓元。但是上面有個「非控制權益」7兆9,059億韓元。即是説，這個部分必須要跟持有三星電子股票者的資本另外看。資本總計減掉非控制權益後會是258兆4,817億韓元，而這個就是控制企業業主權益，即持有三星電子股份之投資者的占比。

我們會以這個值為基礎，去計算每股帳面價值。因為這是投資該公司之投資者的資本。因此在分析企業時使用的財務項目，大部分名稱前面都會加上「控制股東」。

只看三星電子的案例，可能會覺得微不足道，但隨著情況不同，有時資本總計跟控制企業業主權益可能會落差到10%以上。計算每股資產價值時，在純粹資本總計中會用10,000韓元去計算，但若9,000韓元被計算為控制企業業主權益資本時，市場估價或價值測定上可能就會出現嚴重乖離。

像NOROO Holdings在2020年第1季的標準資本是5,663億韓元，但控制企業業主權益卻是3,660億韓元，這個數值差了整整36%。如果再講誇張一點，權益資本幾乎要比控制企業業主權益資本大上雙倍了。雖然用控制企業業主權益資本計算每股帳面價值是2萬7千韓元，但若直接用權益資本去算的話，則會一下子就超過4萬韓元，

作為參考，公司名稱含有Holdings（控股）的控股公司，基本上權益資本跟控制企業業主權益資本之間的差距偏大。

請一定要記得，控制企業業主權益（控制企業股東權益等）是比權益資本還要重要的核心重點，因為接下來綜合損益表中將登場的控制股東之相關事項，也會非常重要。

**控股公司**

初學用語

控股公司是透過持有股票，將控制、管理其他公司事業當作主要事業的公司，意味資產總額會是總統令訂定金額以上的公司。大部分的大企業都有控股公司系統，一般來說控股公司名稱後面都會加上「Holdings」。

# 4

# 解讀
# 綜合損益表

VALUE INVESTMENT

## ① 銷售額、營業利潤、當期淨利

如果說資產負債表就像特定時間點的照片，那麼綜合損益表就是可以說明其中間過程的存在。就如同前面跟各位說明的，綜合損益表有如影片一般。在2011年適用國際會計標準（K-IFRS）之前，會稱之為損益表，但在全面導入K-IFRS後，就開始稱為綜合損益表。如同加上綜合這個稱呼一樣，相較之前的損益表，綜合損益表可以確認到更多的資訊。

為了解讀綜合損益表，你只要記住以下三種東西就可以了，即銷售額、營業利潤、當期淨利。銷售額如其名，是公司在特定會計期間內創造的銷售總額。電視裡去美食店的時候，很常會問「1年的銷售額有多少？」之類的問題，因此銷售額之類的概念對我們來說並不陌生。不過，銷售額跟一般想的不同，並不是指公司的純粹利潤。

一開始投資股票的人很常會像電視裡介紹美食店那樣，誤會銷售額就是公司全部的淨利，但銷售額其實是公司提供產品、服務等而獲得的報酬合計。算到淨利之前還需要經過幾個階段。

　　過去會用銷售額來判斷或比較公司的外表，因此會把銷售額拿來應用在推估公司規模的標準。不過即使銷售額高，也不代表利潤就一定會高，也有很多雖然銷售額低，利潤卻高的例子。

　　而會產生這種差異的原因，正是因為在創造銷售額的過程中，會牽涉到銷售成本跟銷售管理費用的關係。你可以把銷售成本想成是為了提供產品、服務而產生的材料價格。當你經營購物中心時銷售書寫工具時，應該會有從供應商那裡帶書寫工具的成本，這個概念就是銷售成本。如果用電視裡的美食店來比喻，就會是牛肉、蔬菜、米之類的價格。

　　如果把這個金額扣掉，就會計算出銷售總利潤。一般人會用銷售扣掉銷售成本的利潤比率去說毛利是多少百分比，抱怨材料價格又沒多少，訂價也太貴等等。不過我們是在分析企業，必須要從這種一般大眾思想中抽離出來。

　　現在開始要登場的費用十分重要，即銷售管理費。將銷售總利潤扣除銷售管理費時，才能算出可稱之為利潤的營業利潤。

銷售管理費包含了員工的薪資、辦公室租賃費、行銷費用、招待費用等銷售與公司管理產生的所有費用。

從銷售額中扣除可稱之為材料費用的銷售成本後，再扣掉銷售管理費時，就可以得出營業利潤。這是公司實際上在事業過程中創造的利潤，證券公司的分析師很多都會把營業利潤看得比當期淨利還重要，因為公司透過實際事業創造出的利潤實為營業利潤。營業利潤，可以透過適當控制銷售成本跟銷售管理費用而急遽增加，當銷售額增加，成本跟銷售管理費用卻沒有受到控制時，就可能產生赤字。

不過，當銷售額快速成長時，成長股會受到投資者很高的評價。若每年銷售額以30%增加，10年後公司的銷售就會成長接近14倍。非常驚人。此外，銷售額持續成長的企業，人們也會期待營業利潤持續增加。因此銷售額成長的企業價值就會獲得高度的評價。特別是營業利潤跟銷售額都持續成長的企業，就會被評為事業經營順利的企業，價值評估更高。

但我們不能只靠營業利潤來計算公司的利潤。經營公司可能會借錢，或是將剩下的錢拿去投資或跟外國企業交易等等，在這種情況下，每當美金價格有變時，還可能會產生外匯收益、虧損。這些損失或收益不同於公司本來的事業，因此會被稱為營業外收益或營業外損失，但最近會在營業利潤以下用其他收益、其他費用、金融收益、金融費用、相關公司投資損益等去扣除項目，算出減去公司稅前的淨利，再扣除公司稅後，即為當期淨利。

這樣說莫名就變得好難。我將其整理成簡單的圖表。

[資料5-14] 綜合損益表的概念圖

綜合損益表中的當期淨利在投資指標跟財務比率中非常重要，且經常使用。將當期淨利除以股票數，就會是每股盈餘（EPS），這會在以利潤價值為基礎的企業價值分析中用到。當期淨利除以權益資本後，也可以算出股東權益報酬率（ROE）。此外，在計算企業股息是給得多還給得少時的標準－配息率時也會用到。綜合損益表也跟資產負債表一樣，每個項目都有不能錯過的貴重資訊。我們來看看實際事業報告書內的綜合損益表吧。為了協助各位理解，我準備了沒有子公司或相關公司、只有個別財務報表的企業例子。一起來看看現代通訊這家公司2019年的事業報告書。

[資料5-15] 現代通訊的2019年事業報告書中財務報表內的綜合損益表

| 類別 | 第22期 |
|---|---|
| 銷售額 | 104,552,529,917 |
| 銷售成本 | 83,753,759,455 |
| 銷售總利潤 | 20,798,770,462 |
| 營業利潤(損失) | 10,499,476,325 |
| 扣除公司稅前淨利(損失) | 12,052,164,230 |
| 當期淨利(損失) | 10,660,182,897 |
| 　控制企業權益當期淨利(損失) | 10,660,182,897 |
| 　非控制企業權益當期淨利(損失) | |
| 總綜合利潤(損失) | 10,590,677,423 |
| 　控制企業權益總綜合利潤(損失) | 10,590,677,423 |
| 　非控制企業權益總綜合利潤(損失) | |
| 每股盈餘(損失) | 1,238 |
| 合併包含公司數 | － |

　　我在現代通訊的財務報表中，擷取了2019年（第22期）綜合損益表的部分。你可以輕易了解到前面說明到的銷售額到營業利潤，以及當期淨利的計算過程。

　　現代通訊在2019年（第22期）銷售額是1,045億5,252多萬韓元，銷售成本則是837億5,375多萬韓元，將其扣除後的銷售總利潤則會是207億9,877萬韓元。在這裡扣掉銷售管理費用102億9,929多萬韓元後，會算出營業利潤是104億9,947萬韓元。之後再加減其他利潤、其他損失、金融收益、金融成本等後，會算出公司稅前淨利是120多億韓元。而扣除公司稅後，2019年的當期淨利就是106億6,018萬韓元。

　　既然各位已經了解損益表的概念，財務報表的綜合損益表對你來說應該就沒什麼困難了。雖然稍微有點難度，如果多接

觸幾次，很快就會熟悉了。如果你覺得困難的話，可以試著把這間公司想成電視裡介紹的餐廳。

不過投資新手在看綜合損益表的時候，經常會發生一些微小的錯誤。他們會將季度或半年報告書的綜合損益表，誤會成年度業績。

資產負債表像照片一樣，會在特定時間點標示資產、負債、資本的狀態，所以不太會誤會，但綜合損益表比較像在特定期間拍攝的影片，所以若將它當成整個年度來看，會跟實際有很大的落差。為了不產生這種失誤，請一定要確認好期間。

[資料5-16] 三星電子的第1季報告書財務報表摘要內損益表 (單位：百萬韓元)

|  | 2020年1月～3月 | 2019年1月～12月 | 2018年1月～12月 |
|---|---|---|---|
| 銷售額 | 55,325,178 | 230,400,881 | 243,771,415 |
| 營業利潤 | 6,447,345 | 27,768,509 | 58,886,669 |
| 合併總當期淨利 | 4,884,926 | 21,738,865 | 44,344,857 |

上面的資料是三星電子第1季報告書中的銷售額跟營業利潤，以及當期淨利的部分內容。這個資料親切地輸入了2020年1～3月的期間，但也經常會有寫得令人搞混的時候。2020年第1季（1～3月）銷售額是55兆3,251億韓元，可以看出大約是2019年整體銷售額的1/4。偶爾會有很多人看了這種季度資料後，以為公司出了問題導致銷售或淨利驟減。因此在電子公告的財務資訊、入口網站或證券公司HTS上看企業資訊內的綜合損益表時，請一定要有確認資料時間點的習慣。

就像我一直強調的，綜合損益表是如同影片般的資料，因此經常會需要跟其他時期進行比較。第1季的資料可能會跟前一年同期的第1季比較，也可能會跟前一季的資料比較，這時就可以比較銷售額、營業利潤、淨利的增減率，來判斷公司的成長性或各種價值評估。

綜合損益表的資訊除此之外還有很多。還有很多愈了解愈有趣的內容，等著你去挖掘。

## ② 對綜合損益表感到好奇的兩件事情

我強調過2011年K-IFRS義務化後，合併財務報表也跟著變重要。綜合損益表中，合併財務報表也義務化，子公司等有控制關係的公司的損益表也合併在一起製成。

如果連會計上的製作方法都學可能會太難，簡單來說，將有控制關係的子公司的銷售額與各種費用整合算出後，來調整內部交易，即為合併損益表。

我們來看一下LG電子的2020年第1季個別損益表跟合併損益表。

[資料5-17] LG電子的2020年第1季合併損益表跟個別損益表中的一部分

| (單位：萬韓元) | 2020年第1季合併損益表 | 2020年第1季個別損益表 |
|---|---|---|
| 銷售額 | 147,278 | 67,573 |
| 營業利潤 | 10,904 | 3,376 |
| 當期淨利 | 10,867 | 6,568 |
| 控制企業的持有股份 | 10,254 | |
| 非控制權益 | 613 | |

我們一眼就可以看出，跟LG電子的個別損益表比起來，合併損益表的銷售額、營業利潤、當期淨利等較大。畢竟合併的公司數多達136個。不過，並不是所有公司之合併損益表中的營業利潤或淨利，都會比個別損益表大。反而是當子公司發生赤字時，即使個別損益表中當期淨利是順差，在合併損益表中也可能會產生大規模的赤字。

這樣看來你可能會想，那看個別損益表不是比較準嗎？但實際上有從屬關係的子公司業績，最終還是會帶給母公司的企業價值影響。就好像帝國主義時期，英國的殖民地讓英國形成巨大國力一般。

因此綜合損益表也跟資產負債表一樣，必須用在合併財務報表中的資料來分析公司。此外，個別損益表只能當參考。

不過合併財務報表的損益表中，也可以看到熟悉的單字。即是控制企業的持有股份及非控制權益。就如同我在資產負債表中跟各位說明過的，有從屬關係的子公司之持股比例，在計算合併損益表時，會認列為投資在控制企業之投資者的利潤。這是因為子公司剩下的持股，會是其他投資者的占比。故在合併財務報表上看損益表，並計算每股盈餘（EPS）時，一定要使用控制企業的業主權益（控制股東權益）淨利。

我們用Youngone貿易控股在2020年第1季報告書之合併損益表中的內容，簡單計算看看每股盈餘（請參考下一頁）。

2020年第1季Youngone貿易控股的當期淨利是618億7404萬韓元。

此外，控制企業權益（控制股東）淨利是304億3,928萬韓元，Youngone貿易控股的流通股票數則是1,160萬4,898股。每股盈餘（EPS）會是當期淨利去除以股票數的數值，因此如果當期淨利618億7,404萬韓元去除以股票數1,160萬4,898股，會算出5,331韓元。但若除以控制股東淨利時，每股盈餘會是2,623韓元。

我們也不能忽視個別損益表。那斯達克的規定上，以個別財務報表為基準，若4年連續營業損失時，就會被指定為管理項目，對股價來說有不良的影響。

每年年初接近12月那斯達克結算法人的股東大會時，這個問題就會浮上檯面成為證券市場的熱門話題，證券街的通訊軟體到處轉發被稱為「黑名單」的可能上市終止清單。當然即使成為「上市資格實質審查」的對象，也不是馬上就會面臨上市終止。你必須要有貪汙、瀆職與違反會計處理標準等重大失格事由，才會被決定是否上市終止。

只不過，若合併損益表中每年都是順差，個別損益表卻4年以上連續營業赤字，就可能因「上市資格實質審查」等突發情形，而面臨股價突然暴跌的狀況。

但幸好，若已經4年連續在個別損益表中赤字，合併損益表中也一定已經是連續赤字了。因為若2年以上持續赤字，不管是個別還是合併損益表，都將無法擋住赤字。

5,331韓元跟2,623韓元是高達兩倍的差異。在評估公司的價值時，一不小心就可能將合理股價最少算到差到兩倍以上。不過，這是只有第1季的每股盈餘。

　　就像這個例子看到的一樣，「控制～」這個單字在綜合損益表中也跟資產負債表一樣重要。

　　如果你已經將控制企業業主權益（控制股東權益）的重要性銘記在心，之後在計算評估指標時，就不會犯錯了。

　　為了更熟悉這個概念，我準備了以前的資料當作參考。一起來看起亞汽車2008年合併財務報表控制股東損益部分。2008年創下了嚴重的赤字。

[資料5-18] Youngone貿易控股跟起亞汽車的合併財務報表上損益表摘要（三角形代表赤字）

| [Youngone貿易控股的2020年第1季損益表摘要] | | [起亞汽車的2008年損益表摘要] | |
|---|---|---|---|
| | 2020年1-3月 | 銷售額 | 20,311,996 |
| 銷售額 | 587,757 | 營業利潤 | △57,923 |
| 營業利潤 | 57,152 | 公司稅前淨利 | △99,854 |
| 當期淨利 | 61,874 | 合併當期淨利 | △172,392 |
| 〔控制企業權益〕 | 30,439 | 控制公司控制淨利 | △151,469 |
| 〔非控制權益〕 | 31,435 | 少數股東權益淨利 | △20,923 |
| 基本每股盈餘（韓元） | 2,623 | 合併包含公司數 | 20 |

　　但話說回來，你會不會好奇，為什麼損益表會變成綜合損益表呢？只稱呼損益表應該也可以，為什麼一定要改成綜合損益表這個名字？

以前的損益表只到當期淨利就結束了，但實行綜合損益表制度之後，企業就會以記錄當期淨利的損益表為基礎來制定，並在其下追加符合綜合損益表的內容，或是直接稱之為「綜合損益表」，將當期淨利以下的內容都記述起來。即是說，綜合損益表會將從銷售額到營業利潤，以及當期淨利以下等跟損益有關的內容都追加進去。

如此，當你看到財務報表上的損益表跟綜合損益表是分開的時候，可能會感到有些驚慌。這時你只要把這兩個想成是一個SET就可以了。

[資料5-19] 起亞汽車2019年事業報告書，合併財務報表上綜合損益表

合併綜合損益表

第76期 從2019.01.01到2019.12.31
第75期 從2018.01.01到2018.12.31
第74期 從2017.01.01到2017.12.31

(單位：韓元)

| | 第76期 | 第75期 | 第74期 |
|---|---|---|---|
| 當期淨利 | 1,826,659 | 1,155,943 | 968,018 |
| 其他綜合損益 | 268,853 | (452,911) | (245,241) |
| 　後續沒有再分類到當期損益的項目 | | | |
| 　　固定薪資制度的重新測定要素 | (66,023) | (124,527) | 50,420 |
| 　　關係企業的重新測定要素 | (55,023) | (88,667) | 31,149 |
| 　　其他綜合損益–公正價值測定金融資產評估損益 | 43,103 | (72,405) | |
| 　後續再分類到當期損益的項目 | | | |
| 　　可銷售金融資產評估損益 | | | (20,676) |
| 　　衍生商品評估損益 | 20,868 | (22,753) | 1,431 |

| | | | |
|---|---|---|---|
| 權益法資本變動 | 20,273 | (6,951) | (75,255) |
| 附議權益法資本變動 | 173,404 | (121,409) | (62,574) |
| 海外事業換算損益 | 132,251 | (16,199) | (169,736) |
| 總綜合利潤 | 2,095,512 | 703,032 | 722,777 |
| 總綜合利潤的歸屬 | | | |
| 控制公司業主權益 | 2,095,512 | 703,032 | 722,777 |
| 非控制權益 | | | |

此外，你只要把證券公司HTS、Naver‧Daum等入口網站上可看到的企業資訊的綜合損益表資料，想成是把這個SET做成一個表就可以了。只不過，綜合損益的相關內容比較會有附加說明的傾向，因此在企業估值計算上不會直接使用。

那麼綜合的意義為何呢？概念上「雖然是損益的交易，但沒有包含在當期損益的收益跟費用項目」會稱為「其他綜合損益」。損益表加上這個其他綜合損益的內容，就會是綜合損益表。其他綜合損益代表雖然沒有包含在實際當期淨利，但對淨資產（權益資本）增減有影響的項目。你用未實現損益的聚集來理解即可。不過，有些項目會以會計原因分類到當期損益，有些項目則不會。

觀察前面起亞汽車2019年事業報告書的合併綜合損益表，當期淨利之下有按照其他綜合損益的主要項目整理，並用下方的總綜合利潤來結尾。

實際做投資分析時，不會將其他綜合損益當作重要的判斷基準，所以你可能會有種把較不重要的項目聚集在一起的感覺。不過若是「後續再分類到當期損益的綜合損益」，當產生意外的數值時，就有可能對之後的當期淨利產生影響，因此有必要留意。

# 5

# 現金流量表
# 最重要的是？

VALUE INVESTMENT

　　如果你問人最想要得到的禮物是什麼，大部分人應該都會回答「現金」。父母、夫妻之間、孩子都會想要現金。而現金不是只對人重要。對進行跟個人無法比較的大規模經濟活動之企業來說，現金流量除了是左右生存的重要因素，也是未來成長跟發展必備的存在。

　　給員工薪水的時候需要現金，購買原料後就算開出票據，之後也必須支付現金。想要建工廠時，也會需要現金，甚至利息費用也是現金。要支付股利給股東時也會需要現金。就像這樣，現金對於公司的經濟活動來說是不可或缺的。

　　我曾跟各位說到，資產負債表就像特定時間點的照片，合併損益表則類似影片。而現金則像提供公司養分跟氧氣的血液，現金流量表也可以說是能看出血液循環的表。

現金流量表是財務報表的必備組成要素。它將企業的現金在一定期間內是如何在公司內循環，分成營業活動、投資活動、財務活動等說明，並告知最終在期間內現金增加或減少多少，顯示剩下多少現金。現金流量表跟資產負債表、合併損益表是複雜地交織在一起的，因此在確認財務報表是否隱藏了些什麼時，會常常用來交叉檢查。

**現金流量表的組成要素大致可以分成以下三種**

I. 營業活動形成的現金流量（營業活動現金流量）
II. 投資活動形成的現金流量（投資活動現金流量）
III. 財務活動形成的現金流量（財務活動現金流量）

## ① 營業活動現金流量

營業活動形成的現金流量，是依公司營業相關的現金流量整理而成的。計算方法很複雜，因此我只會為各位稍微整理一些比較概念性的地方。

一般人可能會看公司的當期淨利就覺得有賺錢了，但這個當期淨利不代表進到公司的現金就是這樣。當期淨利並不是現金的流量，而是公司內散布成各種資產型態的利潤。故一般來說在當期淨利中，會經過幾個階段才能算出現金流量。

**初學用語** **折舊費用**

建築或機器之類的資產隨著時間經過會老化。為了將此反映在會計上，每年會從資產價值中當作費用扣掉。好比說，我們以2,000萬韓元購入自小客車，如果5年期間都以同樣的金額（直線折舊法）折舊，第一年在會計上會是2,000萬韓元，但每年用400萬韓元的費用去做損益處理，資產就會減少。

若是工廠機器的折舊費用，在計算當期淨利的時候，雖會在損益計算過程中當作費用，但卻並不是實際現金支出。即它雖然是營業活動的折舊費用，卻沒有支付現金。因此在當期淨利中，還要再加上像折舊等沒有現金支出的費用。

此外，如果有交貨給某公司，但還沒收到錢，留有應收帳款的情況時，就必須在計算營業活動現金流量時，從當期淨利中扣掉。因為當期淨利雖然有利潤項目，但尚未收到現金。

[資料5-20] SK電訊的2020年跟2019年第1季營業活動現金流量

合併現金流量表

第37期第1季 從2020.01.01到2020.03.31
第36期第1季 從2019.01.01到2019.03.31

(單位：韓元)

| | 第37期第1季 | 第36期第1季 |
|---|---|---|
| 營業活動現金流量 | 972,430 | 968,655 |
| 營業中創造的現金流量 | 1,043,967 | 1,031,504 |
| 合併當期淨利 | 306,847 | 373,631 |
| 收益、費用調整 | 1,087,500 | 936,723 |
| 營業活動形成的資產、負債變動 | (350,380) | (278,850) |
| 利息收取 | 9,233 | 11,821 |
| 股利收取 | 15 | 9,308 |
| 利息支付 | (78,755) | (82,928) |
| 公司稅繳納 | (2,030) | (1,050) |

用這種方式在計算營業活動現金流量時，會去調整當期淨利中收益、費用相關的項目中，跟現金流量方向相反的項目。

前面的表是SK電訊2020年跟2019年第1季合併現金流量表中營業活動現金流量的部分。當期淨利中收益、費用相關的事項做了調整，而其他營業活動相關的次要項目也合在一起計算。

一般來說，營業活動現金流量會因為折舊費用等的影響，呈現出比當期淨利還大的數值。但有時也可能會出現明明當期淨利就是順差，營業活動現金流量卻呈現出嚴重外流的情況。這時就代表公司可能隱藏了些什麼。因為他們很可能難以得到現金來增加利潤。我們也可以透過此，去交叉比對是否有做假帳。

此外，營業活動現金流量會在計算每股現金流量（Cashflow Per Share, CPS）時使用。你可以利用此項去計算出測定股價水準的PCR（股價現金流量比率）。其與EPS（每股盈餘）、PER相同，可以輔助價值測定，但卻是十分重要的投資指標。

## ② 投資活動現金流量

投資活動現金流量整理了用公司剩下的現金去投資金融商品或有價證券，或在回收的過程中產生的現金增減，增加工廠增設等有形資產或售出工廠用地時產生的現金增減，為了事業多元化等而投資新公司時的現金增減等等，各種投資活動會牽

涉到的現金增減。有現金進來的項目可以看作是現金流量流入，反之，有現金流出的項目則看作是現金流量流出即可。好比說，如果是有形資產取得，則為支付現金後購買有形資產，因此就會是現金流出，對吧？

[資料5-21] 韓進重工業2020年第1季投資活動現金流量 (單位：百萬韓元)

|  |  |
| --- | --- |
| .投資活動現金流量 | 75,813 |
| 短期存款增減 | 63,049 |
| 其他流動資產的增減 | |
| 其他非流動資產的增減 | 1,341 |
| 投資金融資產取得 | (2,015) |
| 投資金融資產處分 | 1,078 |
| 保證金增減 | 1,085 |
| 有形資產取得 | (1,136) |
| 有形資產處分 | 4,113 |
| 無形資產取得 | (219) |
| 無形資產處分 | 43 |
| 貸款增減 | 8,474 |

　　上方資料是韓進重工業2020年第1季投資活動現金流量。一起來看有形資產取得的部分。上面寫（1136）。單位是百萬韓元，因此意味著流出-11億3,600多萬韓元。而下面的有形資產處分，則代表售出有形資產對吧？我們可以看到賣出後，流入了41億1,300多萬韓元。把這些項目都合在一起，就會計算出投資活動現金流量了。

　　但經濟活動活躍的企業，必須要有投資活動現金流量的流出（負值）才行。因為為了公司的發展，必須透過營業活動努力賺進現金，再用這個現金去併購新的企業，或建新工廠，才能讓投資活動更活躍。

## 財務報表中的負數標記

資產負債表、綜合損益表、現金流量表等財務報表中，在標示負數值時，會直接寫（—），但也可能會把數字放在括號內，或是用三角形標示（△）來表示負數。每個公司使用上可能會有所不同，因此在看財務報表時可以作為參考。

　　一般來說，投資活動現金流量如果是正數值，大部分都是在賣出既有公司資產的時候。雖然賣出公司資產後，現金會立刻增加，壓力也會緩解，但如果不小心賣到核心事業的搖錢樹，就可能給公司未來的生存帶來重大變數。

### ③ 財務活動現金流量

　　財務活動現金流量就如其名，是跟財務性活動相關的現金流量。所謂的財務性活動，有有償增資、公司債發行及償還、股利支付等等。

　　假設公司發行了公司債，雖然負債會增加，但現金也會增加。相反的，如果公司債已償還，負債會減少，但現金也會減少。此外，如果支付股利給股東，公司的現金也理所當然會流出。

## 調整企業結構時，會賣出核心企業

財務結構脆弱的企業在將公司的資產急忙賣出時，會賣出核心的資產，因為這樣賣出時才能得到合理的價格。如果簡單從日常生活來看，我們也可以輕易想像出來。某人因為財務問題將自己的東西放到二手市場緊急出售，緊急出售的商品如果狀態不好或即將毀損，誰也不會想多看一眼。但如果放到二手市場的是狀態良好，或是別人會想要的東西時，就會比想像中更快以好的價格賣出，並獲得現金，對吧？過去斗山的OB啤酒出售[4]事件也可以看到類似的情形。如果找2001年的新聞，可以看到斗山當時發表，為了改善財務結構以確保企業健全，以及推動新的事業，他們要出售OB啤酒。（酒）啤酒事業可以說是所有公司都會想緊抓在手的搖錢樹，而推動售出可稱為核心公司OB啤酒的原因，正是因為能比其他子公司以更快更好的價格賣出，以確保當時斗山的目標－財務結構改善及推動新事業的資金。

之後如果有名的企業要賣出核心公司的新聞出現，與其去想「為什麼要把好的公司賣出去？」，不如理解成「那個公司的財務狀況很危急的樣子喔！」較恰當。即是說，為了確保能盡快獲得巨額的現金，企業在調整結構時，會賣出核心的企業。

　　一般負債比率低、財務穩定度高的企業，財務活動現金流量會呈現負值。這是因為公司財務結構不錯，所以沒理由發行公司債來拉高現金，而是會去設法歸還剩下的公司債。由於持續支付股利給股東，財務優良的企業財務活動現金流量會標示為流出。

4　「為了進軍IT、新金融，賣出OB啤酒」（Sisajournal，2001年6月21日）：http://www.sisajournal.com/news/articleView.html?idxno=85242

不過相反的，財務構造脆弱的企業可能不會支付股息給股東，所以不會有股息帶來的流出，反而是營業活動跟投資活動上持續流出現金，而為了填補這塊，他們會有償增資或發行公司債來確保現金。財務結構脆弱的公司之財務活動現金流量，經常會記錄成現金流入。

　　將現金流量表上的三個項目－營業活動現金流量、投資活動現金流量以及財務活動現金流量合計在一起後，最後再進行外幣換算後的現金變動調整，就會算出現金的增加或減少，並將其跟期間內期初現金合計，就可以算出期末現金。這個期末現金就會是資產負債表流動資產第一行的「現金與現金性資產」的數值。

　　在讀現金流量的時候，你一定會感覺到資產負債表跟綜合損益表項目之間複雜的連結。基於這樣的特徵，也會有投資者在看現金流量表的同時，應用交叉檢查找出假帳。不過，投資新手如果在沒有準備的狀態下就深入探討，可能會對比其他財務報表更複雜之現金流量表的組成產生混亂，因此只要記住三點即可。

> 營業活動現金流量、投資活動現金流量、財務活動現金流量

　　最後為了協助你理解，我舉個現金流量表整理得較其他公司簡單的例子。

請參考Songwon Industrial在2020年第1季報告書的合併現金流量表。希望各位可以自行分析看看現金流量項目。

[資料5-22]Songwon Industrial的2020年第1季報告書的合併現金流量表

合併現金流量表

第56期第1季 從2020.01.01到2020.03.31
第55期第1季 從2019.01.01到2019.03.31

(單位：韓元)

| | 第56期第1季 | 第55期第1季 |
|---|---|---|
| 營業活動現金流量 | 14,359 | (4,050) |
| 當期淨利(損失) | 11,182 | 8,777 |
| 非現金項目的調整(注26) | 11,253 | 14,367 |
| 營業活動形成的資產、負債的變動(注26) | (1,753) | (25,280) |
| 利息收取 | 47 | 100 |
| 公司稅繳納 | (6,370) | (2,014) |
| 投資活動現金流量 | (6,699) | (5,087) |
| 有形資產的處分(注6) | 111 | 66 |
| 有形資產的取得(注6) | (5,064) | (4,599) |
| 無形資產的取得(注8) | (30) | (227) |
| 其他金融資產的增加 | (1,716) | (327) |
| 財務活動現金流量 | (1,365) | (1,257) |
| 附息借款的借入(流動) | 159,269 | 173,762 |
| 附息借款的償還(流動) | (157,927) | (169,943) |
| 不動產負債的償還(注7) | (909) | (811) |
| 其他金融負債的增加(減少) | (152) | (1,931) |
| 利息支付 | (1,646) | (2,334) |
| 現金與現金性資產的增加(減少) | 6,295 | (10,394) |
| 外匯現金與現金性資產的匯率變動效果 | 2,356 | 378 |
| 期初現金與現金性資產(注11) | 63,132 | 63,306 |
| 期末現金與現金性資產(注11) | 71,783 | 53,290 |

# 最好多了解的
# 參考資料

VALUE INVESTMENT

## ① 可找到隱藏資訊的祕密選單

　　我們一起研讀了財務報表的基本重要事項。不過財務報表愈讀，好奇的事情就愈來愈多。你會好奇資產負債表上的庫存資產到底是怎麼組成的，或是財務報表簡短摘要上的細部事項內容是什麼。如果要把這些東西一個一個全部都記在財務報表上，財務報表可能就會多達數百頁，而根據不同情況，也會有項目無法全部記到財務報表中。

　　這些細部事項可以在「注釋」（合併財務報表注釋、財務報表注釋）中確認，你也可以透過「其他財務相關事項」，來仔細了解追加事項。注釋內容會隨著公司不同而以各種形式記述，從公司一般事項，到從屬公司事項，以及財務報表主要項目的細部內容等，都會仔細地被記錄下來。

[資料5-23] 三星電子的2020年第1季合併財務報表注釋中的一部分

| 類別 | 當季 | 前一季 |
|---|---|---|
| (1) 銷售費用與管理費用 | | |
| 薪資 | 1,633,653 | 1,576,131 |
| 退休工資 | 57,324 | 73,713 |
| 支付手續費 | 1,380,275 | 1,324,015 |
| 折舊費用 | 409,564 | 383,984 |
| 無形資產折舊費用 | 144,711 | 104,477 |
| 廣告宣傳費用 | 959,628 | 965,523 |
| 促銷費用 | 1,612,091 | 1,732,965 |
| 搬運費用 | 452,241 | 504,235 |
| 服務費用 | 732,528 | 701,878 |
| 其他銷售費用與管理費用 | 1,320,130 | 1,136,309 |
| 小計 | 8,711,145 | 8,503,230 |
| (2) 固定研究開發費用 | | |
| 研究開發總支出額 | 5,359,994 | 5,030,546 |
| 開發費用資產化 | - | (127,964) |
| 小計 | 5,359,994 | 4,902,582 |
| 計 | 14,071,139 | 13,405,812 |

(單位：百萬韓元)

當季與前一季中的銷售費用與管理費用明細如下。

　　我們一起透過三星電子的2020年第1季合併財務報表注釋，看看銷售費用跟管理費用的部分。在合併損益表中，「銷售費與管理費」是14兆711億韓元，而看注釋就可以在薪資及折舊費用，以及促銷費用等各種額外項目上，仔細了解到投入了多少金額。甚至也呈現出，當季研究開發費用使用了5兆3,599億韓元的費用。從使用財務報表的投資者立場來看，即使只看注釋項目，也會有在金銀島上探險的感覺。

　　或許該説是從綜合損益表或資產負債表，以及現金流量表中那些數字更往前走一步的感覺嗎？也許可以説是在金銀島上，到達時只拿著寶藏地圖，卻在跟著地圖行走金銀島的過程中，瞭解到更詳細的寶藏位置。

此外，前頁的三星電子季度報告書的左側選單中，在「3.合併財務報表注釋」下面第三個，有個「6.其他財務相關事項」選單。這個其他財務相關事項記錄著「注釋」裡沒有說明到的事項。

　　合併、分割、接收‧轉讓的相關事項，重要訴訟與債務擔保明細，備抵壞帳設定及事業各部門詳細資訊等都會記錄下來。如果想要更深入地分析公司時，可以將「注釋」跟「其他財務相關事項」一起觀察分析。不過一開始可能會比較困難，你可以先熟悉基本的財務報表，之後在研究個別企業時，再去記注釋跟其他財務相關事項。

　　對了！我想跟各位再補充一點。分析公司的財務報表的同時，各位應該會想先知道要投資的公司是什麼樣的公司吧？此外，你應該也會好奇該公司主力商品的市場占有率，以及事業相關的具體內容。如果你是個投資者，當然應該要感到好奇！

　　當你產生這樣的好奇心時，請先觀察這個部分。

　　即事業報告書、季度、半年報告書的「II.事業內容」選單。我在分析企業的時候也一定會觀察這個選單。旁邊的資料是三星電子的2020年第1季報告書中「事業內容」的一部分。我會說一部分，就是因為該選單其實記述了非常龐大的內容。我將2020年第1季三星電子的事業內容全部複製，並跟下面的文字一起貼在word，竟然多達50頁。

[資料5-24] 三星電子的2020年第1季內事業內容中的一部分

我在「事業內容」中確認三星電子的IM事業部門（智慧型手機相關事業部門）市場占有率，發現以2020年第1季為基準，全球市場占17.2%。而電視相關的全球市占率則是31.9%。

你可以像這樣，在注釋及其他財務相關事項還有「事業內容」中，仔細調查財務報表不足的部分。


## ② 金融公司的綜合損益表

前面跟各位說明的財務報表，有一些需要追加說明的內容。即是金融公司的綜合損益表。我雖然想在前面說明這個部分，但怕各位覺得太難，所以就決定在財務報表課程的最後進行說明。

講到金融公司，你應該會想到銀行、證券、保險跟金融控股公司等等。這些公司會管理顧客的錢財，並把其當作資金來進行資產運用，創造收益。金融業基本上是應用顧客的錢的槓桿產業。各位如果存錢在銀行，那些錢就可以拿來做信用貸款或住屋貸款，並賺取存貸利息。不過，槓桿的特性上不能高風險投資，因此會套用金融當局比一般企業還嚴謹的財務標準並控管。

金融公司跟其他的製造、服務業等的事業結構不同。因此財務報表中，綜合損益表的營業利潤上端會出現差異，即沒有銷售額。雖然保險公司的銷售額位置有營業利潤，但金融控股、銀行、證券公司是乾脆沒有銷售額這個項目。

不過，金融公司的損益表中，有用羅馬數字整理出金融公司主要事業跟相關的事項。

標示同I.淨利息損益、II.淨手續費損益、III.當期損益金融商品相關淨損益等。把這些值合計後就會得到中間階段的淨營業收益（淨營業損益），之後再扣掉銷售管理費用，就可以算出營業利潤。然後營業利潤以下，就跟我們之前讀過綜合損益表中的組成項目是一樣的。

證券公司HTS提供的企業資訊中，經常不會提供金融公司銷售額相關的每股淨銷售額、銷售額營業利潤率等投資指標或財務比率。

初學
用語

**槓桿**

證券、金融市場使用的槓桿，是指利用他人的資本（債）的投資，或利用債務的事業。就像槓桿一樣（leverage），利用負債來創造收益。大幅利用槓桿時，如果狀況好可能會賺大錢，但狀況差則有很高的機率會破產，如同雙面刃。

[資料5-25] 企業銀行的2020年第1季綜合損益表中的一部分

**2. 合併損益表摘要**

(單位：韓元)

| 科目 | 第60期第1季<br>(2020.1.1~2020.3.31) | 第59期第1季<br>(2019.1.1~2019.3.31) | 第58期第1季<br>(2018.1.1~2018.3.31) |
|---|---|---|---|
| I. 淨利息損益 | 1,403,081 | 1,406,619 | 1,353,007 |
| 1. 利息收益 | 2,274,171 | 2,352,205 | 2,126,942 |
| 一、當期損益金融資產利息收益 | 34,588 | 39,967 | 38,865 |
| 二、其他綜合損益與折舊後成本金融資產利息收益 | 2,239,583 | 2,312,238 | 2,088,077 |
| 2. 利息費用 | (871,090) | (945,586) | (773,935) |
| II. 淨手續費損益 | 115,582 | 110,501 | 109,554 |
| 1. 手續費損益 | 210,375 | 205,783 | 230,043 |
| 2. 手續費費用 | (94,793) | (95,282) | (120,489) |
| III. 當期損益金融商品相關淨損益 | 87,382 | 235,276 | 33,965 |
| IV. 當期損益認列指定金融商品相關淨損益 | 79,370 | (91,282) | 22,691 |
| V. 風險趨避會計相關淨損益 | (44,987) | (2,763) | 20,605 |
| VI. 折舊後成本金融資產處分損益 | 41,785 | 39,972 | 71,464 |
| VII. 其他綜合損益金融資產相關淨損益 | 85,109 | 53,930 | 52,424 |
| VII. 保險損益 | (32,725) | (24,825) | (18,972) |
| IX. 外匯交易損益 | (74,574) | 17,825 | 32,370 |
| X. 總營業利潤 | 1,660,023 | 1,745,253 | 1,677,108 |
| XI. 金融資產減損損失 | (237,888) | (270,548) | (322,518) |
| XII. 淨營業利潤 | 1,422,135 | 1,474,705 | 1,354,590 |
| XIII. 一般管理費 | (573,361) | (580,288) | (540,405) |
| XIV. 其他營業收益 | 75,825 | 69,543 | 65,149 |
| XV. 其他營業費用 | (248,569) | (205,037) | (190,896) |
| XVI. 覆蓋法調整損益 | (14,709) | (14,492) | 9,257 |
| XVII. 營業利潤 | 661,321 | 744,431 | 697,695 |

　　也可能只有金融公司的銷售額概念，也就是綜合損益表內屬於收益的部分，會細部分類來合計。

　　金融公司在公布暫定業績前，會先釋出銷售額相關的內容。一般來說，銷售額會以利息收益、手續費收益、保險收益、當期損益－公正價值測定金融商品收益、其他營業收益等合計後記錄，再附上但書，保險公司則以原始保費為基礎去記錄銷售額。

　　就像這樣，請記得金融公司的銷售額概念，在每個金融業都會有些微差異。而從營業利潤開始，則跟其他一般企業的損益表項目沒什麼不同，所以可以輕易理解。

# 觀察
# 財務報表的內情

VALUE INVESTMENT

　　我們到目前為止探討了財務報表。各位應該已經具備了只要看到資產負債表、綜合損益表、現金流量表，就可以分析目前公司的狀態，還有公司營運狀況的能力。現在看財務報表時，已經不會害怕或覺得困難了。不過只會看財務報表是不夠的，因為特定時期的財務報表只能知道該時間點前後公司的狀況。此外有些部分很難只靠財務報表來分析，因此有更深入探討的必要。

## （1）親自整理過去資料

　　第一個可以擴展視野的方法，就是將想分析企業的財務報表核心項目，幾年的量，或1990年代後半或2000年開始的資料，親自整理出來。

　　如果從過去的資料一路追蹤，就可以一眼看出該公司經歷過的狀況，特別是若跟股價圖表一起看，就可以明白公司的資產負債表跟損益表會給股價帶來什麼樣的影響。這已經不只是單純在看財務報表，而是可以成為拓展你視野的經驗。

為了協助各位學習，我將賓格瑞公司的20年股價、銷售額、當期淨利、資本總計整理過後製成圖表。你可以把這個當作企業分析的範例。

[資料5-26] 賓格瑞公司的2000年開始到2019年的股價（右側）跟財務報表主要項目（單位：億韓元）

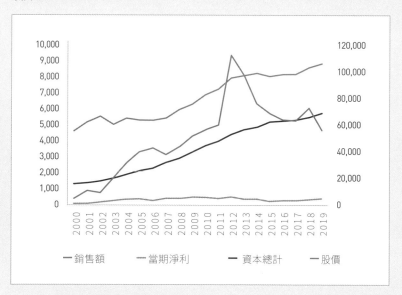

像這樣整理了20多年的資料，就可以輕鬆讀出該企業20年期間經歷了何種過程。

如果看銷售額綜合損益表項目的走勢，就可以看出2002年到2007年間是位在停滯的區間，但利潤率卻提高，當期淨利也持

續在增加。2008年開始銷售額也提升，到2013年淨利也持續在增加，但之後銷售額雖增加，淨利卻呈現減少的趨勢，並從2017年起淨利又開始增加。這個過程中，利潤每年持續累積，使資本總計（淨資產）持續提升，因此資本總計（淨資產）從2000年1,310億韓元漲到2019年的5,711億韓元，整整增加了4倍。

賓格瑞公司持續銷售，在2000年IT泡沫跟2008年金融危機時也創出業績。有一句話說，企業分析時要看5年以上的業績才行。如果是5年，即使規模小，也會經歷好景氣、壞景氣循環（跟基欽週期類似的期間），你可以確認這個過程中他們是如何經營，並分析在不景氣中的脆弱程度，或是在景氣良好下抓住了多少機會。如果看賓格瑞公司，就可以知道他們在不景氣中也堅持下來，銷售也持續增加。

此外，我們也一起來看股票投資者會直接關注的事情一股價吧。股價會隨著市場狀況起伏，但若從長期的觀點來看，就可以確認到公司的銷售增加後，資本總計（淨資產）增加，股價也跟著持續往右上行進。特別是我們可以在前面的表中確認到，從2000年到2019年有兩次特別大的股價提升區間。正是2003～2007年、2010～2013年。

2003～2007年股票市場曾有5年的牛市氛圍，這個時期的當期淨利從2002年底185億韓元持續增加到2007年420億韓元。銷售雖然停滯，利潤每年仍增加，權益資本也提升，因此股價也獲得了上漲的彈力。從2003年初開始到2007年底，股價從9,340韓元提升到3萬7,700韓元，呈現超過4倍的驚人成長。我們在這裡可以實際感受到，公司的資產價值跟利潤的增加對股價帶來的正面影響是很大的。

此外，2010年到2013年股價上漲，但在2013年卻呈現過衝的現象。

這個時期賓格瑞公司的銷售額從2009年6,286億韓元增加到2013年8,060億韓元，4年間增加超過28%。從前面的資料來看，可以確認到銷售額以急遽快速的速度成長。銷售表面的成長會刺激投資者，因為這除了意味著市場占有率增加，也代表有成長股的傾向。賓格瑞公司所屬的餐飲業銷售雖然穩定，但這個產業成長較緩慢，因此價值評估上可能較為單薄。2010年～2013年時期的銷售額如果跟之前2003～2007年停滯的時期比較，就看得出是急速成長。最終，在2012年讓賓格瑞公司的股價來到前所未有的強勢。

不過在2012年來到507億韓元的淨利後，在2013年開始下滑，並在2015年創下淨利最低247億韓元，銷售額進入停滯區間之後，股價也再次下跌。2012年底為11萬2千韓元的股價，儘管之後銷售額成長，但在淨利減少、證券市場全盤崩跌的同時，於2019年底掉到5萬6千韓元。到這裡為止是2019年的情形。

從股票投資者的立場來看，應該會很好奇之後賓格瑞公司的股價會如何變化吧？

所以我們有必要去預想之後的業績。這裡可能會有點複雜，再加上預測未來也是有可能無法實現的領域。但如果我們仍稍微努力一點去了解未來，之後即使業績黯淡，我們也能事先掌握，若未來展望正面，那賓格瑞公司的股價也有可能上漲。

將這本書出現的所有內容綜合在一起分析的話，可能會很花時間，此外若還沒有什麼進度，也很難做有深度的分析。不過，各位可以靠直觀跟經驗，來推測賓格瑞公司的業績。

- 賓格瑞公司冰淇淋模特兒是EBS人氣角色企鵝Pengsoo。

- 入口網站、社群裡上傳的文章中，人們的評價如何。

- 接下來的夏天熱度如何，目前冰淇淋銷售比重為何（約42%）。

- 新冠肺炎期間冰淇淋的銷售如何

等，即使不做產業分析、產業分析等碩大的分析內容，我們只要有日常中可以推敲的部分，就可以拿來做敘述型的思考。

如果依據敘述型分析的期望不好，日後的業績展望就會是負面的，若期望值高，則銷售期望值就會變高。

這個能力可能隨著不同投資者，會有不同的判斷或結果。因此在挑證券公司股市分析師的時候，很常會選曾在專門委託產業工作過的有經驗者。

不知為何，我有強烈的感覺，覺得Pengsoo效果會很大。果不其然，2020年上半年前的業績，銷售額跟前一年同時期比（2019年上半年對比），增加了8.3%，來到4,621億韓元，當期淨利跟前一年同期比，則增加46.6%，來到347億韓元。Pengsoo效果果然不同凡響。

## （2）用財務比率培養慧眼

第二個是投資時，需培養能判斷是否為安全企業的慧眼。至少應能夠避開投資的企業倒閉或因假帳等不正當的事情，而導致上市終止的風險。

2015年大宇造船海洋傳出假帳嫌疑，2015年夏天原為7萬韓元的股價在2015年底暴跌到2萬5千韓元。2017年4月金融當局對假帳一案下結論[5]，這個過程中實際做了終止上市的審查，並停止交易超過1年。如果我們遇到這種狀況，著實令人感到慌張。

這時可以參考的資料就是財務比率。財務比率是透過計算資產負債表上的負債、資產、資本項目等，更深入分析財務報表的方法。在這之中即使只確認負債比率，也能避開倒閉或做假帳可能性高的公司。

從大宇造船海洋的例子來看，可觀察出其每年呈現出超過200%的負債比率。就算接單生產的產業特性上負債比率的確偏高，但2012年301%的負債比率到2014年變為771%，大幅增加超過兩倍，這點是我們必須嚴加看待的。如果產生大規模赤字，使負債比率增加，公司為了生存，就有很大可能會做假帳。最終大宇造船海洋選擇了不正當的方法，而損害則原封不動地回到投資者身上。

---

5　大宇造船海洋，做假帳遭罰款45億4,500萬韓元（Fnnews 2017年2月24日）：https://www.fnnews.com/news/201702241352159718）
其他會計相關參考書籍：Park Dongheum著（The Quest）：《朴會計師的完美財務報表應用法》

如果擁有這種最低程度的智慧，就可以分析過去跟現在的公司狀況，然後預測未來，進而估計該公司未來的股價。此外也需具備能觀察出投資的公司是否會有倒閉、做假帳等突發狀況的能力，才能進行安全的投資。

　　為此，你必須累積更多知識。因為你必須累積知識，才能產生慧眼。各位已經做好聽下一堂課的準備了嗎？從現在開始會變得稍微複雜跟困難，請一定要帶好你的計算機。

初學
用語

**負債比率**

負債比率是負債總計去除以權益資本的數值，並將其標為%，是可以估算財務風險的基本財務比率。

## SUMMARY

■ 財務報表是可以冷靜分析投資項目的基本資訊。

------

■ 如果要查詢財務報表，可以應用金融監督院電子公告系統DART，或是在證券公司HTS、MTS或入口網站的個別股票相關選單中，企業資訊或企業概要等細部選單中輕鬆找到。

------

■ 資產負債表（舊稱為借貸對照表）會像靜止照片一樣，提供特定時間點的企業資產、負債、資本等資訊。

------

■ 資產負債表的基本概念為「資產=負債+資本」。

------

■ 資產跟負債可根據流動性的程度分成流動資產・負債、非流動資產・負債，流動性的標準一般會以1年內現金化或債務償還與否為準。

------

■ 綜合損益表就像影片一樣，記述著根據特定時間點的公司營業活動而產生的業績，跟其他給企業損益帶來影響的項目。

------

■ 在公司的營業活動過程中，最先產生的會計數值是銷售額。在銷售額中扣除各種費用後計算出營業利潤，在這裡加上跟減去其他利潤、損失及金融利潤、成本後，再減掉公司稅，就會計算出當期淨利了。

------

■ IFRS施行後，合併財務報表義務化，從投資者的立場來看，資產負債表、綜合損益表中的控制股東持有股份、控制股東權益淨利，都是在做投資判斷時一定要參考的。

- 企業會透過財務資訊摘要（財務報表摘要）提供財務報表跟核心的財務資訊

- 現金流量表是根據企業的營業活動、投資活動、財務活動的現金所區分出來的。

- 營業活動產生的現金流量會在計算CFS（每股現金流量）時使用，並應用為價值判斷的標準。

- 投資活動的現金流量，是在投資企業並回收的過程中產生的現金流量。企業為了擴張會持續投資，因此一般來說會產生負值。

- 財務活動的現金流量是根據企業的財務性活動，即有償增資、發行·償還公司債、支付股利等而產生的現金流量。

- DART公告的企業、季度報告書中，在「注釋」跟「其他財務相關事項」中，會藏有財務報表數字中沒有的祕密內容。

- 財務報表實際上是過去的資料。因此在分析企業時，需要預測未來的分析跟慧眼。如果將過去的財務報表跟投資者的慧眼合起來，就可以獲得挖掘出好股票的能力了。

# 股東大會出席的
# 回憶與訣竅

　　上市公司1年會開一次定期股東大會。大部分法人都是在12月結算，因此股東大會也都會在春天舉行，所以很常會有日期衝突，或工作繁忙而無法參加股東大會的狀況。不過既然是投資者，如果能擠出時間參加股東大會，投出寶貴的一票，並掌握公司的氛圍，也是一個有趣的經驗。

　　2000年代初期會給參加股東大會的股東禮物，就像婚禮的答謝禮一樣，通常以雨傘、水壺等生活必需品為主，結果導致產生只買進可參加股東大會的最低數量，在股東大會上逛來逛去拿禮物的「股東大會騙子」。現在這種文化已經消失了。

　　進去股東大會現場，會四處坐著身穿西裝的人，這些人是公司員工。員工大部分會有員工認股，所以是股東沒錯。不過這些人參加股東大會，並不是來施行股東權利的。

　　身為股東大會主席的CEO如果打算通過股東大會案件，推測為公司員工的這些人就會大聲說「是的～贊成！」讓股東大會進行下去。

也就是所謂的同夥角色。這時參加股東大會的個人投資者就會生氣地大喊。

「這些員工XX嘴巴XX！嗶嗶嗶！」

股東大會現場氣氛就會瞬間肅殺起來。大部分的個人投資者持股相對少很多，所以經常會被牽著走，但宣布參與經營權的第2代或第3代股東會跟小額股東聯合，以獲得發言權，來跟CEO進行的股東大會抗衡。

雖然因為大部分大股東的施壓而失去發言權，但小額股東的聯合也經常會有貫徹要求事項的時候，好比說要求股息增額或股票回購等股東友善政策。

大部分的投資者都因為生活上的考量而無法親自到股東大會的現場，這也代表無法行使珍貴的股東權利。幾年前開始實施並啟動電子股東投票制度，上市公司中有1/3左右使用，且預計會漸漸增加，畢竟這已經是個因為新冠肺炎而大舉邁向非接觸的時代了。

目前可以應用電子股東投票的平台有韓國預託決濟院的K-VOTE、大宇未來資產的電子投票平台V等。筆者也會在股東大會季應用電子股東投票，來投出含有小額股東力量的「神聖的一票」。各位也請務必參加投資公司的電子股東投票。你問應該要把票投給誰？只要把票投給跟大股東或管理階層不同的意見即可。啊！不小心洩漏天機了。

NOTE

# Chapter 6

# 用好的價格投資的核心
# 正式價值評估

# 價值評估是什麼？

VALUE INVESTMENT

前面我們學習了理解財務報表的方法、找到好公司的方法、股價形成的原理，以及價值投資的概念。雖然只了解這些也可以創造投資績效，但如果可以在這裡理解堪稱價值投資的核心－估值，就可以打造出更有力的投資收益。

關於估值，筆者用一句話來說就是「不用最小的瓢就能買股票的方法」。不管財務報表再完美，擁有再好的公司條件，如果股價很貴，該股票可能會需要你花上漫長的時間忍耐，更別說是美麗的果實了。

估值這個單字可能有點困難，所以我會用日常生活中的狀況來舉例。假設我們去市場買菜。我去了蔬菜區，發現櫛瓜一個寫10萬韓元。今天晚餐想做櫛瓜餅、大醬湯也想放櫛瓜，如果價格是10萬韓元，大家會想買嗎？不會吧。因為我們知道，櫛瓜的合理價格在1千韓元到2千韓元之間，所以不會買10萬韓元的櫛瓜。

再來想一下相反的狀況。假設我們去了名牌Family sale。在逛的同時看到數千萬韓元的名牌包包（假設是真品）貼了10萬韓元的價格表，如果是你，你會買那個名牌包包嗎？即使不是立即需要，但若花10萬韓元買下來，之後在二手市場賣還能賺差價，所以應會立即購入，因為你知道那個名牌包包有數百萬韓元的價值，所以才會下這樣的判斷。

同樣的，股票也需要判斷價格的標準。而這個標準正是估值。不過股票市場的估值並不是像超市的櫛瓜或Family sale的名牌包包一樣有明確的價格。公司的資產價值、利潤價值、成長價值等，會根據各種估值標準而存在不同的價格標準。而依據此價格標準算出的合理股價水準，就稱為「合理股價」。不過，估值標準很多樣，即使是同一檔股票，也可能根據計算的投資者不同，而算出各種合理股價。

你說合理股價並不是明確的數值，所以不需要去推敲公司的估值？不是這樣的。即使有依據各種估值標準的各種合理股價、合理股價的範圍幅度廣，我們只要靠這個標準，就可以推敲以目前的股價買進股票時，是像購買10萬韓元的櫛瓜一樣，被當冤大頭，還是像花10萬韓元買了數百萬韓元的名牌包包，以便宜的價格買進股票。

擁有計算跟推測估值能力的人，會用自己專屬的標準以合理的價格買進股票，股價上漲過度時，也才能夠賣出高估的股票。即是說，你能否算出、測定出估值，是買進跟賣出兩方的價值投資核心。

但另一方面，你也可能會這樣想。

「如果大家都用價值投資標準，那股價就會一直在合理股價吧？」

當然，如果所有投資者都很理性，並且透過複雜的計算做出合理判斷，也懂得調整心態的話，所有股價都會位在合理股價的範圍內。但現實卻不是如此。

初學用語

現代投資論跟型態投資論

現代投資論是以有效率的市場假說為基礎，認為所有資訊都會反映在股價上。這是因為其認為所有人都會下合理的判斷。但現實中，人類投資者其實經常會做出非理性的判斷。像這樣研究人類型態的學派就是型態投資論學派。現代投資論的大師有尤金·法馬，型態投資論的大師則有勞勃·席勒教授，他們在2013年共同獲得諾貝爾經濟學獎。

因為人類是情感的動物，大多數的投資者並不理性，在投資股票的時候連簡單的四則運算都討厭。

也因此，股票市場經常發生非理性的狀況，眾多的估值標準隨著投資者的心理狀態而歪斜扭曲，進而形成無法想像程度的價格。

前面我們假設了在超市1～2千韓元的櫛瓜以貴了幾十倍的價格銷售，實際上股票市場也時常發生這種狀況。像名牌包包一樣，擁有高達數百萬韓元價值的股票，稍晚才找回應有的價格的狀況也很多。

如果我們不懂看估值，結果用很貴的價格買了便宜的股票，就很可能會遭遇到致命的損失。從你買進的那一瞬間開始，就必須等到比自己更笨的投資者進到市場，來把自己的股票買走，才能獲得收益了，對吧？這種狀況在歷史上形成泡沫的過程中發生過無數次。

1999年IT泡沫當時，即使是沒有銷售，無法用既有的估值來解析的企業，只要適用新的概念，投資者就會用很貴的價格買進股票。他們認為只要有domain.com，就有數億韓元的價值，在那個時期，公司名字如果有個「tech」，股價就能翻個10倍。雖然很難相信，但這是實際發生過的事情。韓國的證券市場歷史上，每10年會發生一次泡沫，並伴隨離譜的故事。人們會等待「比我還要笨的投資者」。反過來說，人們也會用離譜的價格拋售股票。因為有認為股票市場在股價下跌後，價格會再跌個更慘的恐懼心理，才發生了拋售的現象。這種現象在韓國的證券市場中，每10年會劇烈發生一次。

下頁的表格是以綜合股價指數為標準，將整體市場中發生極端高估跟極端低估的時期，標示在KOSPI綜合股價指數上。

過去1999年IT泡沫、2007年金磚四國熱潮中延續5年的證券市場牛市最後的時期、2011年車化煉（汽車、化學、煉油產業的牛市）市場行情最後階段，以及2017年底製藥、醫療保健泡沫高峰時期等是用紅色的圓形標示；2000年IT泡沫破裂之後、2003年隨著伊拉克戰爭發生的證券市場暴跌、2008年金融危機暴跌高峰、2020年新冠肺炎疫情暴跌高峰時期等則是用藍色圓形標示。

紅色圓形時期，投資者不問也不考慮，就一股腦地栽進證券市場，甚至沒有估值標準，只看股價上漲，即使是問

初學
用語　　　　　　　**金磚四國**

金磚四國（BRICs）是在2000年代因新興經濟國家而獲矚目的巴西、俄羅斯、印度、中國的第一個字母而形成的用語。當時這四個國家的經濟爆發性的成長，但在2008年金融危機之後，各國的成長、經濟能力產生巨大差異，金磚四國這樣的用語也就漸漸被遺忘。

題嚴重的公司，也會以昂貴的價格買進。相反的，投資者在藍色圓形時期避之唯恐不及，不管估值就一起加入拋售的行列，連好的股票也低價售出。

[資料6-1] 韓國證券市場中發生極端高估跟極端低估的主要時期

但回首歷史，我們就知道在藍色圓形時期，應該要買進股票，紅色圓形時間點則應該減少股票，或是至少不該強勢買進才對。

那麼，各位已經做好擁有確立的估值標準，並做合理投資的準備了嗎？

# 現值 vs. 未來價值

VALUE INVESTMENT

評估企業價值的方法很多。大致上可以分成相對價值測定法、絕對價值測定法,如果細部來看,則會以各種估值指標為基礎,存在數十、數百種價值評估標準。不過如果想學這些價值判斷標準,你必須先理解現值跟未來價值的概念。

現值跟未來價值的概念在我們的生活中經常用到。1980年代初的30萬韓元以現值來說,幾乎是300萬韓元的價值。或是數十年後的1億韓元,如果用現在錢的價值去看,可能連一半都不到。而這之中,正含有現值跟未來價值的概念。

將未來的價值對應目前的時間點打折稱為現值,將現值以未來的名目數值來看會是多少而計算出來的,則稱為未來價值。

假設目前持續成長的A公司評估價值是1億韓元,公司的價值每年會以10%的複利成長,那該公司20年之後的價值會是多少?

如果單純一點來計算，20年每年10％，計算出10％×20=200％，那麼20年後就是增加2億韓元，資產的價值會變成3億韓元，但這其實是錯誤的計算方法。這是將增加的價值如坐吃山空般馬上吃掉時使用的計算。實際在現實中會連A公司增加的價值也包含在一起，持續增加10％，而增加的價值又再成長，就稱為「複利」。用複利效果計算的未來值正是未來價值（Future Value of money）。

用複利效果來計算的話會如何呢？每年會成長10％，因此現值1億韓元在第1年會變成1億1千萬韓元，第2年會變成1億2100萬韓元。第3年則是1億3310萬韓元。照這種方式過了20年，公司價值就會變成6億7275萬韓元。本來用單純計算會變成3億韓元的資產，會因為複利效果變成6億7275萬韓元，成了大上兩倍以上的巨大數值。

如果將複利效果創造出的未來價值變化做成圖表，就會更直觀了。如果企業的價值持續成長，複利效果中的FV（未來價值）也可能呈等比級數地成長。因此若預想企業會持續幾％的成長率時，未來的企業價值也會不斷地上漲。如果用公式表現則如下。

$$FV（未來價值）= PV（現值）\times (1+r)^{期間}$$

不過這是過了許久的幾十年後的時間。相反的，未來名目上的價值若這樣成長，你就一定會好奇現在這個時間點的價值會是何種程度。

[資料6-2] 複利效果最大化的未來價值

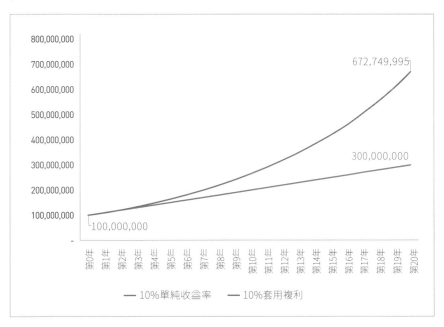

　　這時使用的概念就是現值（Present Value of money）。假設有一假想公司B，在目前的時間點資產值是1億韓元，20年後也是1億韓元。我們在前面提到說，1億韓元價值的公司若以10%複利收益率成長時，20年後會是6億7,275萬韓元，這樣比較起來，B公司的狀況會很讓人感到鬱悶。

沒有成長的B公司，20年後價值也是1億韓元，在名目上公司的價值相同，所以你可以安慰自己沒有遭受損失？現實中經常發生這樣的狀況。你在20年前借給朋友1億韓元，那個朋友20年後沒給利息，只還了1億韓元的話，很多人都會認為自己並無遭受損失。

不過20年前的1億韓元跟現在的1億韓元是天差地遠的。作為參考，即使只看消費者物價指數（CPI），以2020年6月為基準是104.87p，但以20年前2000年6月為基準的話，則是66.106p。即是說，如果考慮到CPI標準物價，現在的1億韓元在20年前不過是6,304萬韓元而已。想到20年前借出1億韓元，這是很令人感到生氣的事。

也就是說，你可以衡量出，未來沒有任何成長、20年後價值也是1億韓元的公司，如果用現在的數值去計算，就不會是1億韓元，而會是更低的數值。若假設物價成長率是每年2%，會出現什麼結果？這時我們就可以應用前面提到的未來價值公式來看看。

$$FV\text{（未來價值）} = PV\text{（現值）} \times (1 + r)^{\text{期間N}}$$

簡單變換公式後

$$PV\text{（現值）} = \frac{FV\text{（未來價值）}}{(1 + r)^{\text{期間N}}}$$

我們變換出跟現值相關的公式。

現在來計算看看無成長的B企業現值吧。20年後價值也是1億韓元，若20年期間物價上漲率每年是2%的話，

> PV（現值）= FV（未來價值）÷（1+r）^n中
> 會是現值 = 1億韓元 ÷（1+0.02）^20 = 6,729萬韓元。

即是說，20年間全無成長的B公司，20年後價值為1億韓元，雖然外表看起來沒有遭受損失，但用現值去計算，就可以確認到價值減少非常多。

那麼來計算看看每年成長10%的A公司的現值吧。

> A公司的PV = FV ÷（1+r）^n中
> 現值= 6億7,275萬韓元 ÷（1+0.02）^20 = 4億5,274萬韓元

你應該有發現，前面計算未來價值跟現值時，r值不一樣吧？

計算未來價值（FV）時，會使用未來預計成長率（Growth Rate，在普通公式中會使用g），計算現值（PV）時則使用了物價上漲率。使用物價上漲率時有這樣的前提－「最低的物價上漲率，應該要有收益率、成長率吧？」

因此在計算PV時使用的r值，會使用必要報酬率或折現率的概念。也就是投資者希望的收益率的概念。

擴張現值概念及未來價值概念後，就會形成企業的相對價值跟絕對價值的公式。我們在前面遇到了令人不寒而慄的價值投資情形。當套用於物價上漲率每年2%的折現率時，成長高的A企業會形成比沒有成長的B企業壓倒性高的現值。

　　即是說，在評估企業的價值時，成長性高的企業會獲得企業價值高的評價，成長性低迷的企業則會獲得企業價值低下的評價。這個現象除了在相對價值測定法之外，也會在絕對價值測定法上顯現出來。

　　此外，不管是相對價值還是絕對價值，在評估企業價值的計算中，無論是直接或間接，都會融入公司的成長性跟必要報酬率。

　　好，你已經確實理解現值跟未來價值了吧？那麼我們就開始進入相對價值測定法。

# Excel、電子試算表的現值、未來價值函數

評估現值跟未來價值時，如果能應用excel或電子試算表會非常的方便。即使不用計算機一個個計算，若在excel或電子試算表有PV、FV等函數，計算起來就會很輕鬆。

下表是利用PV函數跟FV函數計算現值跟未來價值的舉例。

第一行的現值計算，是計算每年2%的折現率，20年期間每年收0韓元，最後回收本金1億韓元時的現值。

第二行的未來價值計算，則是計算每年10%的必要報酬率，20年期間每年增加投資0韓元，本金以1億韓元開始時的未來價值。

計算值比起用手一個一個算，很快就算出來了對吧？但它會以負值出現，所以需要一點修正。

現值 = PV（折現率、期間、每午股息或利息支付額、本金）

未來價值 = FV（必要報酬率、期間、增額或新投資額、本金）

[資料6-3] excel跟電子試算表中的PV及FV函數舉例

|  | A | B | C |
|---|---|---|---|
| 1 | 現值計算 | =PV(0.02,20,0,100000000) | -₩67,297,133 |
| 2 | 未來價值計算 | =FV(0.1,20,0,100000000) | -₩672,749,995 |

## 3 相對價值
## 測定法

VALUE INVESTMENT

### ① 判斷價值的基本投資指標：EPS、BPS、SPS、CPS

　　判斷公司的價值的標準有非常多。有應用現值跟未來價值的概念，來測定企業的絕對價值的DCF（現金流折現模型）、DDM（股利折現模型）等方法，但各位可能連未來價值跟現值都還不是很熟悉，因此我會先說明只用相對比較的相對價值測定法。

　　相對價值測定法是最基本的價值評估方法，透過各種財務標準求出企業每股價值跟股價的比率，並以此為基礎，跟其他競爭業者或產業等的相對價值比率比較，估算是否為低估、高估。

就像學生時期會跟同學比身高一樣。因為有同年這項共同的標準，所以才能比較，因此有同樣產業或行業之類的共同比較標準，才能稱作是測定相對價值。

相對價值測定法就像跟同學比身高一樣，只要互相比較就可以了，很簡單。不過儘管如此，還是要知道幾種基本公式，才能做相對的比較。請各位記住四種公式。雖然公式是四個，但其實只是改改分子的簡易公式。

第一個，EPS（Earning Per Share，每股盈餘）
= 控制股東淨利 ÷ 發行股票數
第二個，BPS（Books Value Per Share，每股帳面價值）
= 控制股東權益淨資產 ÷ 發行股票數
第三個，SPS（Sales Per Share，每股淨銷售額）
= 銷售額 ÷ 發行股票數
第四個，CPS（Cashflow Per Share，每股現金流量）
= （營業活動現金流量-優先股股息總額）÷ 發行股票數

## （1）每股盈餘EPS

先來了解一下EPS（Earning Per Share）。EPS是非常為人所熟知的每股價值指標，連剛開始接觸股票投資的人都曉得。作為呈現1股利潤價值是何種程度的指標，在分析企業的相對價值時，是最基本的使用方法。財務報表綜合損益表中，在最下端會計算出季度、半年、結算EPS。

EPS代表每1股淨利是多少。股份公司有眾多的股東持有公司股票數一定比率的股份，因此淨利也需按照股東股票數，來1/N才行。這時N就是股東持有的股票數。

　　而最能將這個概念作為基本理論，體現出「股票1股擁有多少利益」的，正是EPS－每股盈餘。

　　我在說明上提到計算EPS時，會將當期淨利除以股票數，但嚴謹一點來說，應該是「控制股東權益當期淨利」去除以發行股票數才對。這個EPS值會在計算PER（本益比）使用，並以此為基礎去測定股價的相對價值。

　　我們來應用樂天化學2019年綜合損益表，計算看看每股盈餘吧。根據資料顯示，要發行的股票總數是1億股，發行股票總數是3,427萬5,419股。這之中，請忽略I. 要發行的股票總數。

　　以2019年底為基準，合併損益表上樂天化學的控制企業業主權益當期淨利是7,149億7,806萬韓元。此外發行股票數則是3,427萬5,419股。

　　利用此來計算看看EPS吧？EPS公式只要用控制企業權益淨利去除以發行股票數就可以了，因此只是數字大而已。

**初學用語　發行股票數跟修正股票數**

發行股票數若嚴謹一點來說可稱修正股票數，雖然需要從發行股票數中扣掉股票回購等幾種過程，但為了協助你理解，就姑且簡單稱為發行股票數。

發行股票數可在季度、半年、事業報告書中的「股票的總數等」選單中確認。這時應避免混淆要發行的股票總數跟發行股票的總數。要發行的股票總數代表未來股票數可發行程度，即公司的限額值。另外我們應注意的是「發行股票的總數」。

> 樂天化學的2019年EPS = 7,149億7,806萬韓元 ÷ 3,427萬5,419股
> = 約2萬860韓元

　　實際2019年樂天化學的綜合損益表中，所顯示的每股盈餘值也是20,860韓元。

[資料6-4] 樂天化學的2019年事業報告書內股票的總數

### 4. 股票的總數等

(1) 股票的總數現況

　　（基準日：2019年12月31日）　　　　　　　　　　　　（單位：股）

| 類別 | 股票的種類 | | | 備註 |
|---|---|---|---|---|
| | 一般股 | 特別股 | 合計 | |
| Ⅰ．要發行的股票總數 | – | – | 100,000,000 | – |
| Ⅱ．目前為止發行的股票總數 | 34,275,419 | – | 34,275,419 | – |
| Ⅲ．目前為止減少的股票總數 | – | – | – | – |
| 　1.減資 | – | – | – | – |
| 　2.利潤註銷 | – | – | – | – |
| 　3.可贖回股票的贖回 | – | – | – | – |
| 　4.其他 | – | – | – | – |
| Ⅳ．發行股票的總數 | 34,275,419 | – | 34,275,419 | – |
| Ⅴ．庫藏股票數 | – | – | – | – |
| Ⅵ．流通股票數 | 34,275,419 | – | 34,275,419 | – |

　　計算EPS時，有一點需注意。每股盈餘一般是以年單位（4個季度）的業績為基礎去計算。而之後要說明到的SPS（每股淨銷售額）、CPS（每股現金流量）也同樣是以年單位（4個季度）的業績為基礎去求值。要累積1年左右的業績，才能除去季節性的效果，並跟其他公司比較。不能只看季度的EPS，就認為是高估或是低估。

## （2）每股帳面價值BPS

BPS（Books Value Per Share）是在測定企業的每股帳面價值時，使用的基本價值指標。跟EPS一樣，可以當作是呈現每1股淨資產（資本）是多少時，從資產價值的角度來估值的標準。在計算每股帳面價值時跟計算EPS一樣，會使用「控制股東權益淨資產（資本）」，因為必須單純計算公司股東的占比。

[資料6-5] 樂天化學的2019年合併綜合損益表淨利跟每股利益計算

| 當期淨利(損失)的歸屬 | |
|---|---|
| 　控制企業的業主 | 714,978,059,663 |
| 　　持續營業當期損益 | 816,896,529,675 |
| 　　中斷營業當期損益(損失) | (101,918,470,012) |
| 非控制持股 | 41,687,934,223 |
| 　持續營業當期淨利 | 41,687,934,223 |
| 總綜合損益的歸屬 | |
| 　總綜合損益、控制企業的業主歸屬持股 | 835,101,554,081 |
| 　總綜合損益、非控制持股 | 70,429,315,038 |
| 每股利潤 | |
| 　基本及稀釋每股利潤(單位:韓元) | 20,860 |
| 　基本及稀釋每股持續營業利潤(單位:韓元) | 23,833 |
| 　基本及稀釋每股中斷營業利潤(單位:韓元) | (2,973) |

以前也會用BPS（每股帳面價值）跟EPS（每股盈餘）計算本質價值，來訂定新上市的發行價格。這也代表每股盈餘跟每股帳面價值是非常常使用的價值指標。此外，BPS在計算PBR（股價淨值比）時會使用，並用來相對測定資產價值對比股價水準。

來計算看看BPS（每股帳面價值）吧？我們在前面提到的樂天化學2019年的事業報告書中，找出控制企業權益淨資產值來計算。

樂天化學控制企業權益資本（控制企業的業主歸屬權益）在合併資產負債表上是13兆2,043億9,924萬韓元。將其除以發行股票數，就會得出BPS了。

## 計算EPS時使用的企業業績的標準時間點為？

年單位的業績就像事業報告書一樣，明確地抓了結算月的時間點，但從股票市場先行反映的特徵來看，也可能是過時的數值，所以也可能使用季度、半年中最近4個季度的業績合計值，或使用未來期望值。

不過使用未來期望值時，必須負擔其不確定性。如果只是單純憑著覺得會好來估算預計淨利，可能會有邏輯上的問題。因此為了預測企業的業績，也必須考慮到經濟週期跟利率等總體經濟分析，以及未來企業的成長相關預測。

1年以內的業績預測可透過關稅廳的進出口動向資料、企業的接單明細、市場調查等來大致估算。或是看最近的業績走勢做迴歸分析來推論。而比這還要中長期的預測，則需深入做企業的質性研究，因此缺點是可能稍有不慎，就會對公司未來的業績過度想像。

特別是股價到達泡沫階段，或特定的主題受到投資者的青睞時，就很可能出現虛無飄渺的企業業績數值。為了防止掉入這樣的錯誤之中，用稍微保守的態度來預測遙遠的未來，反而在價值判斷上是較為實際的。

> 每股帳面價值（BPS）＝ 13兆2,043億 9,924萬韓元 ÷ 3,427萬5,419股
> ＝ 38萬5,244韓元

看下頁的[資料6-6]就可知道，若以樂天化學2019年的事業報告書為基準，BPS計算出來是38萬5,244韓元。請記住，我們不是用事業報告書的資本總計、權益資本、資本值來計算BPS，而必須使用寫有「控制企業」權益相關詞的資本值來計算。

[資料6-6] 樂天化學2019年合併資產負債表的資本相關

| 資本 | |
|---|---|
| 控制企業的業主歸屬資本 | 13,204,399,243,017 |
| 資本金 | 171,377,095,000 |
| 其他實收資本 | 880,837,946,542 |
| 保留盈餘 (虧損) | 12,158,354,451,643 |
| 其他資本組成要素 | (6,170,250,168) |
| 非控制權益 | 848,731,148,507 |
| 資本總計 | 14,053,130,391,524 |
| 資本與負債總計 | 20,043,105,157,128 |

### (3) 每股淨銷售額SPS

接著來了解一下SPS（Sales Per Share）吧？每股淨銷售額比BPS或EPS都要好算。因為你不用找控制股東權益，只要直接把銷售額的數值拿來用就可以了。不過跟計算每股盈餘時一樣，銷售額也要以年單位（4個季度）銷售額為基準來計算SPS，才能讓數據的時間差達到最小。公式本身非常簡單。

> **每股淨銷售額（SPS）= 銷售額 ÷ 發行股票數**

　　我們在第5章財務報表課程中有說明到，銷售額是推測公司樣貌時非常重要的損益表項目。過去只會憑銷售額來評價公司，因此2000年代銷售額雖低但淨利高的IT企業，反而還被既有的大企業看不起。雖然現在局勢完全反過來了，仍留有比較銷售額外表的慣例。

　　SPS（每股淨銷售額）在新企業的評估標準上經常用到。新企業大部分會呈現赤字狀態，資本價值也低，因此可評估的標準就只有銷售額。故在大略評估場外新企業或新創時常常使用。

　　我們也用樂天化學的案例來計算看看SPS（每股淨銷售額）公式。

　　樂天化學2019年的銷售額是15兆1,234億7,795萬韓元。把這個數字除以股票數3,427萬5,419股即可。

> **每股淨銷售額（SPS）= 15兆1,234億 7,794萬韓元 ÷ 3,427萬5,419股**
> **= 44萬1,234韓元**

　　如此計算出的每股淨銷售額，可跟股價一起計算出PSR（股價營收比）。像這樣以銷售額為基準，就可以推測出企業的相對價值。

### (4) 每股現金流量CPS

最後來看CPS（Cashflow Per Share）。每股現金流量是將依據營業活動流量的現金流量，扣除支付給優先股的股利後，除以發行股票數的數值，即以股東占比發行的一年期間的每股現金流量。如果是正常的企業，營業活動的現金流量會是正值，並呈現比當期淨利更高的數值。因此，每股現金流量跟當期淨利一樣，有利潤價值的意涵，也可以應用為估算是否有透過營業活動創造現金的標準。

目前作為股價價值測定工具使用的為PCR（股價現金流量比率）。

> 每股現金流量（CPS）=
> （營業活動的現金流量–優先股支付股利）÷ 發行股票數

我們來利用這個公式計算看看樂天化學的每股現金流量。以樂天化學2019事業報告書為基準，合併現金流量表上的營業活動現金流量是1兆2,778億6,826萬韓元，沒有優先股，因此沒有分息給優先股的金額。發行股票數是3,427萬5,419股，故直接求出相除的數值會是

> 每股現金流量（CPS）= 1兆 2,778億 6,826萬韓元 ÷ 3,427萬 5,419股
> = 3萬 7,282韓元

這樣就可以輕鬆求出CPS。

我們學習了每股盈餘（EPS）、每股帳面價值（BPS）、每股淨銷售額（SPS）、每股現金流量（CPS）等四種價值投資指

標。一點都不難對吧？相除的分母全部都是「發行股票數」。我們到目前計算的都是1股的價值，將其跟每1股價格的目前股價相比較，就可以推測出企業價值。

截至目前為止計算EPS、BPS、SPS、CPS的過程，都是為了應用PER、PBR、PSR、PCR等的相對價值測定法，那麼現在就進入正題吧。

## ② 相對評估的代表：PER、PBR、PSR、PCR、EV/EBITDA

並不是在知道如何求出EPS、BPS後，就可以馬上進行相對價值評估。所謂玉不琢，不成器，你必須要了解這些能打磨投資指標的工具。

相對價值指標有本益比（PER）、股價淨值比（PBR）、股價營收比（PSR）、股價現金流量比率（PCR）等。所有相對價值指標的英語縮寫第一個字都有P對吧？就像前面計算EPS、BPS、SPS、CPS一樣，這代表公式也都有其共通點。

公式中分子都有填入的正是「股票價格」，即Price。只要把價格除以投資指標，計算就結束了。哇，太簡單了對吧？所有的相對價值指標，愈是跟比較對象比起來相對低的數值，代表低估，而相對數值愈高的，則代表高估。那麼一起來看公式跟其相關內容吧。

### (1)本益比–PER[1]

PER（Price Earning Ratio）是測定相對利潤價值的相對價值指標。你應該會在股票、經濟相關新聞中經常接觸到低PER指標、高PER指標之類的用語，這時使用的PER正是本益比。求出PER的公式很簡單。

> 本益比（PER，單位：倍）= 股價 ÷ 每股盈餘（EPS）

就像計算每股盈餘時一樣，只要用單純的計算就可以求出PER值。不過計算過程中有一樣東西必須很明確。我在EPS說明中也提過，EPS一定要用1年度（4個季度）的數值。此外，是要使用過去事業報告書為準的EPS，或是最近4個季度合計的EPS，或推測未來業績的預測EPS，必須先定好基準。以企業對企業比較相對PER時，可不能一邊使用10年前的EPS，另一個公司則以最近的業績為基準得出的EPS來比較，對吧？在比較公司時，你必須使用同一標準才行。

現在來透過案例直接計算看看吧。我們用前面也使用過的樂天化學來計算看看PER。將計算PER值的股價以2019年底為基準。2019年底樂天化學的股價是22萬4千韓元。然後我們有算出2019年樂天化學的EPS是2萬860韓元。

> 樂天化學的2019年 PER = 22萬4千韓元 ÷ 2萬 860韓元 = 10.74倍

1　Ji Chung、Cho Dam著（Haghyeonsa）：《投資論》（第7正版），P.365

以樂天化學2019年底股價跟2019年事業報告書為準的EPS計算時，PER是10.74倍。

這裡你應該會好奇幾點。PER的單位為什麼是「倍multiple」呢？這是因為其意味著1年期間，所創造的利潤價值對股價會是幾倍的水準。

即是說，PER如果是10.74倍，股價水準就會是2019年業績價值EPS的10.74倍。此外也代表，假設2019年業績維持，並累積這個業績10.74年的話，就可以回收現在的投資本金。既然投資金可快速回收，即表示是低估的。相反的，若PER值非常大，如果要回收該公司的投資金額，就需要花上很多時間，這也代表PER值愈大，就愈被高估。

那麼一個公司的PER該如何應用呢？只要跟其他競爭公司相比較，或是跟產業平均PER或市場平均PER比較即可。為了方便理解，我用KRX（韓國交易所）網站上提供的市場平均PER資料來比較。

[資料6-7] 韓國交易所提供日周月單位的市場平均PER資料

上方圖片是在韓國交易所中搜尋「PER」後，找出在KOSPI市場的年單位市場平均PER的畫面。以2019年底為基準，KOSPI的PER是18.2倍。如果將這個資料跟樂天化學的10.74做比較，就可以估算樂天化學的PER是低估的。

# 適當水準的PER是？

關於適當水準的PER，各方意見不盡相同。有人認為應該要單純的10倍，也有使用被稱為本益比的PER的倒數來跟長期國債利息比較的方法。1997年當時美國聯準會將PER的倒數（EPS÷股價）的數值跟滿10年的美國公債收益率相比較，並比較了當時美國證券市場過熱的現象。

但是這個比率在近期全世界不時發生零利率的情況下，可能無法當作適當的標準。

不過有幾個可以大抵估算合理PER標準的概念。如果公司的成長期望值高，則PER應該就可以獲得高評價，對吧？因此，為了推出合理PER，有必要抓出適當的成長標準為何。

首先可以先將銷售額成長率當作推測PER的標準。淨利微不足道的企業，銷售卻以超高速成長時，就可以將銷售額成長率當作PER，或是直接用PSR（股價營收比）來評估價值。

或者也可以用ROE（股東權益報酬率）來抓到成長率的標準。實際上ROE除了是利潤率的標準外，也經常用來當做權益資本成長率的標準。

除此之外還有各種合理PER的標準，沒有所謂的正確答案。不過各

位找尋合理股價水準的努力，將會引領你提高投資績效。

另外再補充一下投資大師們提出的有關合理PER的公式。

- 葛拉漢的成長股合理PER = 8.5 +「年度預測成長率的2倍」

- 彼得・林區合理PER = 年度預測成長率

## (2)股價淨值比－PBR

來看一下第二個股價淨值比PBR（Price Book-value Ratio）。PBR是可以了解跟公司的資本（淨資產）比起來，股價水準是在何種程度的指標。公司會保留利益並成長，且自然累積權益資本（淨資產）。隨著公司的淨資產價值增加，股價也應該跟著成長，這樣相對評估的指標，正是PBR。PBR的公式也十分簡單。

> 股價淨值比（PBR，單位：倍）＝ 股價 ÷ 每股帳面價值（BPS）

我們用以樂天化學2019年底股價跟事業報告書為基礎計算的BPS，來算算看PBR。前面我們計算出樂天化學的BPS（每股帳面價值）是38萬5,244韓元。股價就直接用22萬4,000韓元。

樂天化學的2019年PBR＝22萬4,000韓元 ÷ 38萬5,244韓元＝0.58倍

我們可以確認到，樂天化學以2019年底為基準，股價差不多會是公司的淨資產價值對比0.58倍（58%）。一般來說，PBR 1倍以下的股票，成長性通常很低。這也反映出，成長性低長期下來會耗損資產價值的概念。相反的，成長股的PBR則較高。交易時可能是淨資產價值的5倍、10倍，甚至是100倍。

過度就會引來反撲。即使公司沒什麼問題，也穩定創造利潤，但若PBR過低，流動性過剩或突然繳出驚人業績，股價就會瞬間跑向PBR 1。相反的，每年赤字的公司因為對於成長性的期待，讓PBR達到10倍、100倍的話，在投資者幻想破滅的瞬間，股價就會空虛地墜落。也稱作泡沫破滅。

[資料6-8] 在韓國交易所中搜尋到的市場平均PBR

**80005　PER走勢**

›市場資訊 ›統計 ›股票 ›投資參考

| 系列類別 | ○ KRX系列　● KOSPI系列　○ KOSDAQ系列 |
| 查詢期間 | ○日 ○月 ● 年 2016 ✓ ～2020 ✓ |

Q 查詢　　　　　　　　　　圖表｜行｜Excel｜CSV

(單位：倍)

| 年 ⇕ | KOSPI ⇕ | KOSPI 200 ⇕ | KOSPI 100 ⇕ | KOSPI 50 ⇕ | KOSPI大型股 | KOSPI中 |
|---|---|---|---|---|---|---|
| 2019 | 0.89 | 0.93 | 0.93 | 0.94 | 0.92 | |
| 2018 | 0.87 | 0.88 | 0.86 | 0.86 | 0.88 | |
| 2017 | 1.11 | 1.15 | 1.14 | 1.15 | 1.13 | |
| 2016 | 1.00 | 1.01 | 1.00 | 1.00 | 1.01 | |

為了進行相對比較，會使用KRX提供的產業平均PBR，或市場平均PBR。為協助各位理解我們用市場平均PBR比較看看。

看前面的資料，可以確認到以2019年底為基準，市場PBR是0.89倍。樂天化學的0.58倍跟市場平均PBR比起來，是相對低估的。

### (3)股價營收比–PSR，股價現金流量比率–PCR

第三個一起來了解一下PSR（股價營收比）跟PCR（股價現金流量比率）。

PSR是可以推測銷售額對比目前股價水準，是相對便宜還是貴的標準，PCR則是營業現金流量對比股價水準，是相對便宜還是貴的標準。PSR跟PCR比起單獨使用，比較像是PER或PBR的輔助角色。

淨利是赤字的企業，無法計算每股盈餘（EPS）跟PER值，故會將PSR或PCR拿來輔助使用，因為這樣至少銷售額會是正數。即使淨利是赤字，營業活動的現金流量也會是正數。

公式本身跟PER或PBR的概念差不多。只要用價格除以SPS（每股淨銷售額）CPS（每股現金流量）即可。

股價營收比（PSR，單位：倍）= 股價 ÷ 每股淨銷售額（SPS）
股價現金流量比率（PCR，單位：倍）= 股價 ÷ 每股現金流量（CPS）

以這個公式為基礎，來計算看看以2019年底為準，樂天化學的PSR跟PCR吧？我們在前面計算過樂天化學的SPS跟CPS對吧？SPS（每股淨銷售額）是44萬1,234韓元，CPS（每股現金流量）則是3萬7,282韓元。

樂天化學的2019年 PSR = 22萬4千韓元 ÷ 44萬 1,234韓元 = 0.51倍
樂天化學的2019年 PCR = 22萬4千韓元 ÷ 3萬 7,282韓元 = 6倍

即是說，樂天化學的2019年底股價水準是2019年一年銷售的一半程度，且跟2019年營業活動的現金流量對比，是以6倍程度的股價交易。

這個相對價值指標比起單獨使用，更常跟PER或PBR一起輔助使用，因此KRX（韓國交易所）網站上並沒有提供PSR、PCR相關的市場平均資料。

好，到目前為止我們已經了解了四種相對價值指標。

這些PER、PBR、PSR、PCR有個重要的共通點。即可以相對評估出數值愈高，愈高估；數值愈低，愈低估。比較數值時，成長性高的產業或股票，相對價值指標的估值乘數會比市場平均水準高許多。這是因為股票市場會先行反映出對於未來的期待。相反的，成長性低落時，相對價值的倍數就較低。

如果你想在相對價值抓標準，也可以將PER的合理水準設為10倍、PBR設為1倍來進行比較。

## ③ EV/EBITDA

有個相對價值比較方法，比到目前為止我們探討的單純相對價值還要再升級。即所謂的EV/EBITDA[2]方法。這個方法是將PER不足的部分補強而形成的，它不計算每股價值，而是直接將企業評估價值除以EBITDA這個利潤標準。不過，EV跟EBITDA計算過程很複雜，因此在商學、投資論中經常會作為考題登場。

它可以在收購公司時，判斷能從被收購企業中回收多少現金。前面提到PER是判斷過幾年可以回收投資本金的指標，而這裡可以更直接地推測在何種程度的期間內可以回收現金。

EV/EBITDA公式中，EV是Enterprise Value，即企業價值。EV的概念是指市值加上淨借款的數值。這代表併購公司時，雖是用市值的標準賞進，但也承攬了該公司的負債。

> EV = 市值 + 淨借款 = 市值 + （總借款 – 現金性資產）

此外除以EV的EBITDA（Earnings Before Interest rate, Tax, Depreciation & Amortization）是扣掉利息、稅金、折舊費用、無形資產攤銷費用前的利潤。為便利，有時也會在營業利潤上只加折舊費用後計算。

使用EBITDA可以減少當期淨利潛在的假帳，或一時的捏造。甚至可像PCR的概念一樣，計算赤字企業。

2　弗雷德里克·范哈弗貝克著（Fnmedia）：《超額報酬》P.212

我們以樂天化學的2019年事業報告書為基準，試著計算EV/EBITDA。2019年樂天化學的市值是7兆6,770億韓元，總借款（負債中有現金償還義務的債務）是3兆6,513億韓元，現金性資產則是1兆3,520韓元。以此為基礎計算EV。

> EV = 7兆7,660億韓元 + （3兆6,513億韓元 − 1兆3,520億韓元）
> = 10兆653億韓元

此外，EBITDA是參考綜合損益表跟現金流量表的資料，將營業利潤1兆1,073韓元抽出公司稅、利息、折舊費用、無形資產攤銷費用等後計算出。

2019年營業利潤是1兆1,073億韓元，利息費用1,132億韓元、公司稅3,899億韓元、折舊費用6,362億韓元、無形資產攤銷費用952億韓元，加在一起EBITDA值就約會是2兆3,420億韓元。

以此為基礎，最終計算EV/EBITDA值

> EV ÷ EBITDA = 10兆653億韓元 ÷ 2兆3,420億韓元 = 4.3倍

即是說，以2019年底為基準，樂天化學的EV/EBITDA值會是4.3倍，如果2019年的業績持續，4.3年後就可以回收以現金為基準的投資金。

不過，EV/EBITDA也跟其他相對價值指標一樣，不是絕對標準。它是會跟隨市場狀況或企業的成長性期待差異，而有所不同的相對指標。此外，折舊費用高的企業，EV/EBITDA值有過低的傾向，投資時有必要注意。

# 4 股東權益報酬率

VALUE INVESTMENT

評估公司股價的相對價值時，成長性高的企業會在市場獲得高估值乘數（PER、PBR、PSR、PCR等的倍數）的評價，成長性低的企業的價值評估則會是低倍數。但你可能會產生這個疑問。

「對於成長性的標準為何？」

我們經常會說某人就職的公司成長性很不錯，公司有願景等等。但是談論公司成長性的標準很多元。

第一個，我們可因公司成長可能性高、位於所謂熱門產業等理由，來推測成長性。1999年IT泡沫當時的科技股、2020年新冠肺炎疫情後製藥、醫療保健產業中也出現了這種現象。不過只用這個來測定價值較為籠統。

第二個是透過銷售額的成長性來估算。如果銷售額穩定成長，則營業利潤或淨利也會跟著成長，因此會是公司成長性的重要標準。也因此，我們會將銷售額成長率或銷售成長期望

值，拿來當作推測銷售額成長性的標準。不過若在銷售持續增長，卻仍持續赤字的狀況下，是否可以稱作是成長呢？其實這只是外表看起來好看，很難視作根本上的成長。

因此第三個要提到的成長性指標，就是股東權益報酬率（ROE）[3]。ROE是呈現對比公司的權益資本，淨利產生了多少的財務比率。在商學教科書中會當作一種收益性比率說明，它意味著對比可說是投資者占比的權益資本（資本、淨資產）時，淨利會產生多少。

股東權益報酬率（Return On Equity，ROE）的公式也非常簡單，用控制股東淨利去除以控制股東資本即可。

> 股東權益報酬率（ROE，單位：%）＝ 淨利 ÷ 權益資本
> ＝ 控制股東淨利 ÷ 控制股東資本

舉例來說，權益資本是100億韓元的A公司，淨利是10億韓元的話，就會計算出A公司的ROE ＝ 淨利10億韓元 ÷ 權益資本100億韓元 ＝ 10%。

若有B公司權益資本為100億韓元，淨利是5億韓元時，

B公司的ROE ＝ 5億 ÷ 100億韓元 ＝ 5%。

不過ROE跟成長性有什麼關係呢？答案就在ROE的公式之中。

ROE是淨利去除以權益資本得到的數值。簡單來看，就是淨利最終會增加權益資本。即是說，如果股東權益報酬率

---

3　Seo Junsik著（Snowball）：為什麼債券達人們那麼會用股票賺錢？P.110

（ROE）顯示高數值，則企業的權益資本就會非常劇烈地增加。我們在這邊回想一下複利效果，將A公司跟B公司的案例放到長期時間序列中來分析。

　　假設前面計算的A公司跟B公司的ROE會永遠持續，這樣的話A公司跟B公司的權益資本就會將ROE當作權益資本的成長率作用，創造出長期的複利效果。

[資料6-9] 隨著A公司跟B公司的長期成長的權益資本（單位：億韓元）

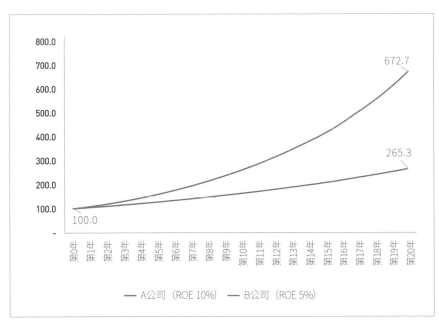

　　上面的資料顯示A公司跟B公司20年期間各自持續ROE 10%、5%的成長時，權益資本會增長多少。以100億韓元開始的權益資本，在20年後，A公司會成長為672億韓元，B公司則是265億韓元。因為複利效果，20年後A公司跟B公司的權益資

本會擴大到兩倍以上的差距。這樣看來，就可以明確感受到為什麼ROE會帶有成長率的意義了。

　　從股東的立場來看，權益資本的成長也意味著企業正面的結算價值成長。有高ROE、高成長性的企業，就會期待在未來創造高權益資本，自然也會用高估值乘數（PER、PBR、PSR、PCR等的倍數）來評估。也因此，ROE值在計算企業的相對價值跟絕對價值時經常可以有效應用。儘管方法很多元，但我這邊只簡單地介紹幾種。

　　利用PBR（股價淨值比）評估企業價值時，如果公司的成長性高，PBR值在市場上就會被高度評價；相反的，若成長性低，則PBR值就會評價較低，對吧？我們可以推出，ROE（股東權益報酬率）高的企業PBR會比較高，ROE低的企業PBR會比較低。我們也會應用這個概念，來利用ROE值跟企業的折現率（扣除所有市場利息跟企業的風險等的一種必要報酬率），以推敲出合理的PBR。

　　再來看一下A公司跟B公司吧？假設兩個公司的折現率是7%，並假設A公司跟B公司的ROE除以折現率7%後的數值是合理PBR。

A公司的推測合理PBR = ROE ÷ 折現率 = 10% ÷ 7% = 1.43
B公司的推測合理PBR = ROE ÷ 折現率 = 5% ÷ 7% = 0.71

　　像這樣，可在應用相對價值測定法來推測股價水準時使用。此外，在絕對價值測定法中，ROE作為成長率的標準，使用上更重要。應用企業在營運活動中創造的現金或利潤的現金流折現模型，或是應用支付給股東的股息的股利折現模型等，

在計算時ROE都是公式中的核心要素。更詳細的內容，我會在之後的絕對價值測定法中跟各位說明。

不過在計算這個股東權益報酬率（ROE）時有些地方需注意。你可能會誤以為，以一時產生的利潤為基礎計算出的ROE值，會繼續持續下去。在賣出持有不動產的過程中產生的利潤，其實只是例外的現象。也就是說，那是只會在該年度產生的利潤。因此若希望在因一時的利潤導致ROE扭曲的狀態下得出適當的公司ROE，就必須要參考最近幾年的趨勢，或是考慮應用營業利潤而非淨利的方法。

最後，你只要應用PER跟PBR公式、EPS（每股盈餘）、BPS（每股帳面價值），就可以導出ROE的公式。

$$ROE = \frac{淨利}{股東權益}$$

$$BPS = \frac{股東權益}{在外流通股票數}$$

$$PBR = \frac{股價}{BPS} = \frac{股價 \times 股票數}{股東權益} = \frac{市值}{股東權益}$$

$$EPS = \frac{淨利}{在外流通股票數}$$

$$PER = \frac{股價}{EPS} = \frac{股價 \times 股票數}{當期淨利} = \frac{市值}{當期淨利}$$

$$故，ROE = \frac{EPS}{BPS} = \frac{PBR}{PER}$$

筆者在計算企業ROE值時，也經常會用PBR去除以PER來計算。

到目前為止，你已經連股東權益報酬率（ROE）都很熟悉了，那也該正式學習絕對價值測定法了。這是價值投資學習過程中出現最多公式的地方，因此請做好心理準備後再翻頁。不過一如既往，若一件一件來探討，其實不難。為了讓你能輕鬆理解，我會仔細地說明。將絕對價值測定法學習起來後，各位就可以馬上進到價值投資的精通階段了。

## 企業價值相對價值評估案例

KUKBO DESIGN（項目代碼：066620，那斯達克建立，基準日：2020年9月21日，股價 15,900韓元）：本案例是價值計算的樣本，而非推薦股票。評估的解析就交由各位自己去判斷。

[資料6-10] 2016年到2020年9月21日前KUKBO DESIGN股價走勢

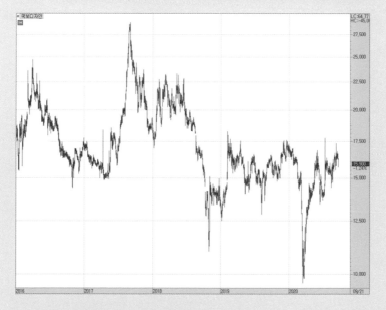

◎KUKBO DESIGN計算的基本投資指標

1.ROE

估算2016年：12.6%，17年：14.3%，18年：13.4%，19年：

13.8% 及2020年 15%

穩定維持10年以上10%一帶的ROE ：未來ROE推測值13%

2.2020年每股盈餘（EPS）推測

---

2019年 EPS：2,126韓元

2020年上半年前與前一年相比業績

：銷售額增加 40%，營業利潤增加119%，控制股東淨利：增加 132%

其中最低值是+40%，2020年EPS成長值推測：2,976韓元

3.2020年上半年為基準，每股帳面價值BPS：18,800韓元

4.股價：15,900韓元

◎相對價值計算

同公司的PER = 15,900韓元 ÷ 2,976韓元 = 5.3倍

PBR = 15,900韓元 ÷ 18,800韓元 = 0.85倍

2020年9月21日為準，那斯達克建立平均PER = 11.9倍

2020年9月21日為準，那斯達克建立平均PBR = 0.72倍

各位的評價如何？

# 5

# 超簡易
# 合理股價1-2-3

VALUE INVESTMENT

我們一起了解了測定企業價值的各種方法。不過除了這些方法之外，難道沒有那種即興又可快速計算出企業價值的評估方法嗎？在跟朋友討論股票投資，偶然接觸到看起來不錯的股票時，如果有可以快速算出股價是否合理的方法，相信會有助於分析標的。

由於筆者也對此感到好奇，囚此導入合理股價的三種概念，製成「超簡易合理股價1-2-3」的計算方法。這是在投資分析跟標的選定時都可以使用的超簡單合理股價計算方法。超簡易合理股價1-2-3如其名，使用了三種合理股價的模型，簡單到會讓你大吃一驚。

---

**超簡易合理股價1-2-3**

第一個公式：EPS（每股盈餘）×10（即PER 10倍數）

第二個公式：直接使用BPS（每股帳面價值）

第三個公式：銷售額成長率或ROE（股東權益報酬率）中選出一個，去掉「%」，只拿數字當作合理PER使用（即是說，EPS×銷售額成長率或ROE）

---

非常簡單吧？這三種公式各自有其意義。

第一個公式是利潤價值對比股價水準。PER10倍的話含有兩種意思。

一個是只靠公司的利潤，10年收益就會到投資本金的水準。

另一個則是從PER的倒數－股價收益率的角度來看，會是10%的期待收益率（PER10倍的股價收益率= 1÷10 = 10%）。

即是說，若估值是PER 10倍左右，即使考慮到公司風險，仍可估算為合理的股價水準。

第二個公式則是從淨資產價值的角度來看的股價水準。即反映「股價應該要在公司的淨資產價值（資本）水準」的公式。

第三個公式則是反映出前面兩個公式有的盲點－「成長性」的公式。這代表會將銷售額成長率或ROE（股東權益報酬率）考慮為公司的成長率。每股盈餘乘以成長率去掉百分比（%）的數值後，就可當作反映成長性的合理股價應用。彼得林區用年度預測成長率來代表合理PER，即反映了這樣的概念。

不過若用超簡易合理股價1-2-3來計算合理股價，會隨著不同的公式而算出各自不同的合理股價。

三個合理股價可能會很極端地出現較大的數值跟較小的數值，也可能都會是類似的水準。將這些合理股價數值在股價圖表上用線橫向畫上的話，就可以輕鬆且直觀地理解了。

# 計算超簡易合理股價1-2-3

以Songwon Industrial的2019年結算標準資料來計算看看超簡易合理股價1-2-3。我們在資料中試著找出每股盈餘（EPS）跟每股帳面價值（BPS）以及ROE吧。

第一個來找看看EPS吧？

你可以應用我們在第5章學習過的方法來計算EPS，如果想要更簡單一點，也可以使用事業報告書的合併財務報表綜合損益表中，公司計算出的每股淨利（基本與稀釋每股盈餘）。超簡易合理股價1-2-3是想盡快計算時使用的方法，因此程序愈簡單愈好，對吧？

2019年每股盈餘（EPS）計算出來是1,448韓元。之後就會使用這個值。

EPS：1448韓元

[資料6-11] Songwon Industrial的2019年合併綜合損益表下端的每股盈餘

| 當期淨利(損失)的歸屬 | |
| --- | --- |
| 　控制企業業主權益(股30) | 34,754 |
| 　非控制權益 | 254 |
| 總綜合損益的歸屬 | |
| 　控制企業業主權益 | 25,525 |
| 　非控制權益 | 222 |
| 每股利潤 | |
| 　基本與稀釋每股盈餘(損失)(單位:韓元)(股30) | 1,448 |

第二個BPS可能需要稍微計算一下。

合併資產負債表的資本總計部分中，在計算BPS時只要使用「控制企業業主權益」即可。股票數則使用事業報告書中股票的總數。

BPS ＝ 資本 ÷ 股票數 ＝ 4,315億9,500萬韓元 ÷ 2,400萬股 ＝ 1萬7,983韓元

很簡單吧。

[資料6-12] 應用Songwon Industrial 2019年事業報告書中的股票數跟資本計算出的BPS

| 2. 合併財務報表 |
| --- |

### 合併資產負債表

第55期 2019.12.31目前
第54期 2018.12.31目前
第53期 2017.12.31目前

(單位：百萬韓元)

| 資本 | |
| --- | --- |
| 控制企業業主權益 | 431,595 |

### 4. 股票的總數等

**股票的總數現況**
（基準日：2019年12月31日）

| Ⅵ. 流通股票數（Ⅳ-Ⅴ） | 24,000,000 |
| --- | --- |

第三個為了推測出成長率，我在銷售額增加率或ROE中使用ROE。成長率中該使用哪種就交給各位自行去判斷。你應該已經看到ROE計算是透過EPS跟BPS引導出公式的了吧？再回想一下如何？

$$ROE = \frac{淨利}{股東權益}$$

$$BPS = \frac{權益資本}{在外流通股票數} \qquad PBR = \frac{股價}{BPS} = \frac{股價 \times 股票數}{股東權益} = \frac{市值}{股東權益}$$

$$EPS = \frac{淨利}{在外流通股票數} \qquad PER = \frac{股價}{EPS} = \frac{股價 \times 股票數}{當期淨利} = \frac{市值}{當期淨利}$$

$$故，ROE = \frac{EPS}{BPS} = \frac{PBR}{PER}$$

應用此就可以輕鬆求出ROE，因為只要將EPS除以BPS即可。EPS前面計算出是1,448韓元，BPS則算出是1萬7,983韓元。因此ROE = EPS ÷ BPS = 1,448 ÷ 1萬 7,983韓元 = 約 8%

以此為基礎，來計算看看Songwon Industrial以2019年為基準的超簡易合理股價1-2-3。

第一，將EPS乘以10。1,448韓元 × 10 = 1萬 4,480韓元

第二，將BPS直接帶入。因此BPS-1萬 7,983韓元

第三，用成長率去掉（%）的數值，去乘以EPS。

ROE－8%，故跟EPS相乘會是 8 × 1,448 = 1萬 1,584韓元

這樣就可以求出三個值了。如果從小排到大的話，會是11,584韓元、14,480韓元、17,983韓元。只有這些值沒什麼意義，你必須在股價圖表上畫線，將這些值跟股價做比較。如果可以應用圖表輔助工具，請給這些方形上色。

下頁是使用了超簡易合理股價1-2-3的Songwon Industrial的股價圖表。

[資料6-13] 在Songwon Industrial 2019～2020年7月的股價圖表應用超簡易合理股價1-2-3的案例

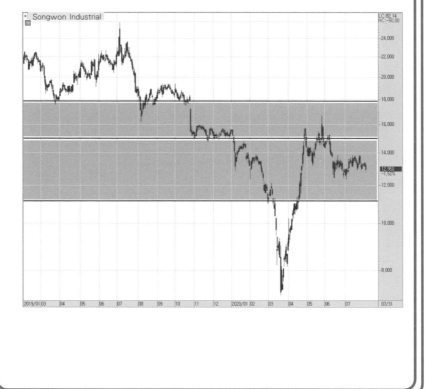

我現在開始跟各位說明解析方法。

　　請把用超簡易合理股價1-2-3算出來的合理股價範圍想成雲。就像浮在天空上的雲朵一樣,我們可以大略推測出合理股價。這時若股價水準在合理股價的範圍以下,就可以得出股價是低估的。相反的,若在超簡易合理股價1-2-3範圍之上,則可分析為是在高估的範圍中。可能是想買進時令人感到負擔的價格,或是相反需考慮賣出的範圍。如果目前股價位在超簡易合理股價1-2-3範圍內,就可稱作是「雞肋」。因為這個價格不管是買進還是賣出,都處於曖昧模糊的地帶。

若看Songwon Industrial的股價，可以知道2019年位在買進時會令人感到負擔的價格帶，但在2019年下半年開始進入到類似「雞肋」的股價範圍。然後於2020年3月股價劇跌後，就掉到超簡易合理股價1-2-3之下，變成買進時不會讓人感到負擔的價格。

事實上，在超簡易合理股價1-2-3使用的EPS或BPS，即使不計算銷售額成長率或ROE值，也可以使用證券公司HTS的企業資訊畫面，或入口網站選單的ROE值。如果你懂得利用這些東西，就可以輕鬆應用超簡易合理股價1-2-3。

不過，使用時有幾點需注意。

第一個，在計算EPS時，就跟其他價值判斷標準一樣，你必須確立標準，看是要使用EPS推測值，還是最近4個季度的EPS總計。很多人可能會在這個地方感到困難。特別是當季度、半年EPS已經出來了，如果使用前一個年度的EPS，呈現上可能就會跟實際有巨大差異。

第二個，你必須考慮到，成長期望值很高的股票或逆生長可能性非常高的股票，用超簡易合理股價1-2-3計算出的3個股價，有可能會走向非常極端的結果。這些股票必須用各式各樣的方法做更詳細的分析。

第三個，你必須記得這個結果並不是絕對的數值。雖然我們無法用數值正確說出雲朵的位置，但卻可以推測出雲朵是位在半山腰還是浮在高高的天空上，因此如果好好應用超簡易合理股價1-2-3，就可以推敲出適當的股價，並以此為基礎，對要投資的股票建立出合理的可購買價格標準。

# 6

# 價值評估
# 並沒有絕對

VALUE INVESTMENT

　　透過這次的課程，我們學習了評估企業的股價水準的各種標準。如果好好應用相對價值測定法，以及將在「附錄－中級價值投資」中說明的絕對價值測定法，你就可以推敲出哪種股票貴或是便宜了。

　　這跟在遊戲裡獲得重要的武器道具是一樣的。各位可以透過分析關注股票、持有股票的價值，來培養跟目前股價比較的能力。不能只是因為朋友說好，就不管三七二十一地直接投資，而必須要推測出這個公司的股價在投資上是否處於合理的水準，或是已先行反映出過度的期望值。

　　不過價值評估有幾個要注意的點。價值評估工具雖然是優秀的價值測定工具，但稍不慎就可能會濫用。

　　第一點，絕對不要盲目全信用價值評估計算的企業合理股價或企業價值。IT泡沫到達臨界值的2000年左右，曾有某個知識淵博的投資者，散布聲稱是絕對價值的公式計算合理股價的

excel資料。當時筆者剛脫離投資新手的身分，一看到這個資料就馬上睜大眼睛，然後相信了excel資料中出現的企業的合理股價或企業價值是絕對性的數字。

「這個公司的股價應該要到這裡才對！」

但不同於該excel資料出現的合理股價，IT泡沫破裂，筆者投資的公司暴跌，最後遭受重大損失。當時筆者犯下最大的錯誤，就是曾相信合理股價跟企業價值是絕對的數字。我甚至認為，連小數點的部分都應該要符合才是。

數十年前很多個人投資者隱約跟筆者一樣，在做價值投資的過程中，相信企業價值或合理股價模型是絕對的數值。我們必須了解，合理股價只不過是飄過的雲朵罷了。請你以幾個價值評估標準為基礎，建立合理股價的範圍，並在腦子裡想像一下夏天的積雨雲。就像雲有時會只待在高空上面，有時也會在腳下一樣，企業價值測定方法也只是大略告知合理股價跟企業價值的大略位置罷了。如果當時我有察覺到，就不會喊著「衝吧！」，並盲目相信了。

第二點，估計期望值可能會隨著企業的營業狀況和市場期望值而有所不同。就跟再怎麼樣好的歌，還是會隨著大眾的偏好不同，而被擠到很後面的排名一樣。企業的營業狀況跟市場的期望值有時會隨著流行轉變，使對合理股價的期望值也會跟著改變。請記住市場就跟2000年代搞笑節目的流行語一樣，「隨時在改變」。

第三點，價值投資者可能會掉入價格陷阱。一般預計低成

長或逆生長的股票跟產業群中，經常會發生這種情況，但即使考慮到成長性下滑、認知到企業價值低估，仍可能落入價格陷阱。這種狀況曾在1994～1998年IMF事件時，以及2000年IT泡沫破裂後到2004年中旬的中小企業上發生，最近則是2017年初到2020年在價值投資股票之間經常出現。

為了避開價格陷阱，最好在低估的股票中只關注有成長性的標的，並分散投資，以迴避產生價格陷阱的風險。

最後，不管是相對價值測定方法或絕對價值測定方法，建議各位最好在抓標準的時候保守一點。測定企業價值時，經常會用最理想的最大值來測定公司價值，好讓合理股價抓得比較高。如果在相對價值測定法中比較評估泡沫嚴重的產業或股票，在絕對價值測定法中對於未來設定過高期望值，或股票必要報酬率（或權益資本費用、折現率Ke）設定過低時，就有可能將企業價值評估高到太過離譜。特別在目前全世界都呈現超低利息及流動性爆發的情況下，對企業的價值評估就可能會出現較為離譜的結果。

由於企業的價值是折現率的倒數，因此折現率愈接近0%，股價就愈會無限高。不過若對該企業產生失望感，或因為通貨膨脹而導致長期利息上漲，即使折現率只上漲一點點，企業價值仍可能會暴跌。故至少要將自己持有的股票或關注標

**初學用語**

**價格陷阱**

價格陷阱（Value Trap）意指判斷低估而買進股票後，卻像掉入陷阱股，股價下跌的同時還進入更加低估的範圍。沒有成長性或業績突然惡化的股票經常會產生這種現象。

的以冷靜或刻薄的態度來保守測定，才能降低投資風險，並找到位於合理股價的股票。

如果保守測定價值，那價值評估跌幅就會很微小，若在保守評估價格中買進，即使企業的業績不符合期待，股價跌幅也大多會有所限度。

如果可以考慮到這些點來應用企業價值標準，就可以在合理價格買進好的股票，並將各種標的放進各位的投資組合中，創造穩定且高的投資績效。

這個章節困難的內容很多。如果説到目前的難易度像走上坡路一樣的話，現在開始就是像走下坡路一樣，會愈來愈簡單。請用輕鬆的心情翻頁吧。

## SUMMARY

■ 如果有測定企業價值的標準，就可以知道要投資的股票的合理價格，以及是否高估或低估。

■ FV（未來價值）＝ PV（現值）× $(1+r)^{期間N}$

■ PV（現值）＝ FV（未來價值）/ $(1+r)^{期間N}$

■ 現值（PV）的概念是價值判斷的基本。

■ 相對價值測定法有PER、PBR、PSR、PCR及EV/EBITDA，是透過跟競爭公司、產業、市場整體比較，來測定低估、高估。。

■ PER（本益比）是將股價除以每股盈餘（EPS）的數值，測定對比利潤價值的股價水準。

■ PBR（股價淨值比）是將股價除以每股帳面價值（BPS）的數值，意指對比企業資產價值的股價水準。

■ PSR（股價營收比）是股價除以每股淨銷售額（SPS）的數值，意味著企業銷售對比股價水準，如果是上市企業，實際上不會存在負值的銷售，因此經常應用在成長股或新企業的價值判斷上。

■ PCR（股價現金流量比率）是股價除以每股現金流量（CPS）的數值，意指對比企業的現金產生能力的股價水準，在應用PER時也會當作輔助的角色。

■ 股東權益報酬率（ROE = 淨利 ÷ 權益資本）是含有收益性跟成長性的比率。在相對價值、絕對價值測定法中都會當作重要的變數應用。

---

■ 記住價值測定法公式帶出的數值不是絕對，而是如天上的雲朵。

---

■ 即使只大略知道股價跟企業價值比起來是便宜還是貴，也可以進行合理的價值投資。

---

■ 超簡易合理股價1–2–3是筆者為了快速測定企業價值而製作出來的方法。

第一個公式：EPS（每股盈餘）×10　（即PER 10倍數）
第二個公式：直接使用BPS（每股帳面價值）
第三個公式：選擇銷售額成長率或ROE（股東權益報酬率）其中一個，並去掉「%」只使用數值，當作合理PER使用

（即第三個公式 = EPS × 銷售額成長率或ROE）

---

# 用同樣的價值股
# 產出不同結果的人們

　　如果擁有計算企業價值的知識，就也可以大略推測出市場整體的水準。

　　回想韓國證券市場整體的估值，並沒有多少時期像2000年初期一樣低估股票眾多。2000年初期，即使股價水準大略來看不到淨資產價值的一半（PBR 0.5倍以下），1年收益只累積了5年或以下，卻達到市值（PER5倍以下）、殖利率也超過10%，擁有這些低估條件的股票，卻像被拋棄的黑珍珠一樣四處漂泊。

　　2000年初期，筆者偶然跟朋友的爸爸和職場同事建議，可持有三種估值標準都具備的京東製藥並等待，之後兩個人都投資了非常大的金額，大略的平均買進價格為7,500～8,000韓元（修正前股價水準）。

　　雖然當時京東製藥已像悶葫蘆一樣橫盤走了1年以上，但殖利率大概是7%，是個會一點一點收到股息的地方，所以兩個人都穩定持有並等待著。在等待的過程中，企業價值也持續地增加。

2003～2005年京東製藥的股價橫盤行走後呈現戲劇化的上漲

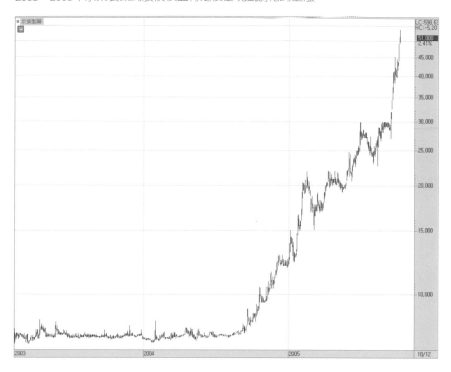

　　隨著時間經過，2004年秋天股價開始移動，突破了長期的橫盤狀態。不過在出現20%左右的資本利得後，朋友爸爸就預測之後股價會下跌，因此賣出。不過職場同事不知道是否是因為日常忙碌，所以就放著了。

　　然後在2005年秋天，京東製藥達到了5萬韓元（修正前股價水準）。職場同事的資產瞬間漲了7～8倍。這是買進了企業價值便宜的股票並等待的結果。

　　筆者還記得，職場同事賣出京東製藥後跟我道謝，還招待我吃大餐。

「多虧你我才能在家裡抬頭挺胸！」

不過朋友爸爸也滿足於比銀行利息高的股息收益，以及20%的資本利得。我在寫這本書的時候，突然就想起了這個投資同樣的價值股，卻有不同結果的實際案例。

像2000年初期這種一去不復返的機會，在2008年金融危機之後，以及2020年3月新冠肺炎衝擊後又再次出現。而這就成了懂得解讀企業的價值跟市場價值者的重大機會。

你可能覺得這種機會不會再來了對吧？實則不然。人的一生中總會找上門來幾次。但可以透過這份機會確實創造出收益的人，卻比想像中少。筆者懇切希望，能抓住這個機會的主人翁，就是正閱讀這本書的各位。

NOTE

## Chapter 7

# 現在開始價值投資吧！
# 價值投資深入學習

# 1

## 投資在價值上，
## 是指投資在價格上嗎？

VALUE INVESTMENT

　　到目前為止我們探討了價值投資，以及將其實踐的財務報
表、經濟分析、產業分析、風險管理，還有資產配置策略等
等。不過如果你在訂購頁面接觸到即時的投資資訊，有可能會
陷入「價值投資是否真的是解答」的混亂中。你也可能從周遭
聽到投資概念股並創造巨大財富的故事後，耳根子就軟了。

　　有許多的個人投資者先是宣告會朝著價值投資的方向邁
進，卻在不到1年的時間就改變了投資原則。就這樣重複這種
不上不下的投資，把投資金耗盡的例子實在太多了。

　　原先志向是價值投資的投資者最可能陷入混亂的原因，是
因為跟概念股或動能投資的收益率比較的關係。看著價格的動
能，即股價上漲氣勢來投資的方法，也是其中一個重要的投資
方法。也有很多投資者會將追尋價格上漲趨勢的動能投資跟價
值投資結合綑綁，來建立策略。

當然，你很難說價值投資跟動能投資中，哪個才是答案，因為各自都有其優缺點。我們來簡單地比較兩種投資方法吧！

**第一個，編入投資組合的標準**

價值投資如果有股價低估的股票，就會在進行分析之後編到投資組合中。股價動能投資則會在有股價氣勢強的股票時，編進交易投資組合。

**第二個，價格的合理性**

價值投資會將低估股票編進來，因此至少都不會是當冤大頭的價格。股價動能投資是只看價格氣勢來投資的，所以有將極端高估之股票編入的傾向。

**第三個，隨著價格下跌而來的認賠殺出**

價值投資在編入判斷為低估的股票後，在追加下跌時有很大的可能會低估更嚴重。因此從投資組合策略的角度來看，必須考慮一部分的額外買進。股價動能投資若在股價下跌時額外買進，反而有害。如果動能減弱，就應該要立刻認賠殺出。雖然有很多投資者會說，透過動能買進的持有股票，若股價嚴重下跌就傳給子女，但這決定其實很矛盾。如果是透過動能進場，認賠殺出是必須的。

**第四個，價格上漲時實現利潤**

價值投資在價格上漲時，會漸漸進入高估的範圍，因此必須準備進行階段性的利潤實現。在股價動能策略中，當上漲的股價氣勢減弱時，必須要建立確保收益的售出－追蹤停損（Trailing Stop）策略。

### 第五個，供需面

價值投資股票在低估時會買進，因此在售出多的時期可以便宜買到急售的股票，股價上漲後買勢高時，就可以實現利潤。股價動能策略需緊跟股價上漲時機，因此必須跟著進場。你有很大可能會用比原本希望的價格更高的金額買進，導致在訂購過程中產生返價成本、滑價等間接成本。在趨勢減弱就必須拋售賣出。

### 第六個，投資面

價值投資在股價下跌時有等待的理由，並且是從長時間的觀點來投資，因此可期待股價隨股息及企業價值增加而上漲。股價動能投資則擁有零和遊戲的結構。因為其是以股價上漲、下跌動能為基礎進行交易，所以會是有人賺錢，就有人會落財的零和結構。如果在這種結構中持續損失，能重新站起來的希望就會消失。

除此之外，價值投資跟股價動能投資還有各自的優缺點跟特徵。我認為價值投資長期來看，比較有可能創造出更好的績效。對資金規模大或需專注在本業上的個人投資者來說更是如此。

資金規模愈大，動能投資的價值就會愈趨消失。就像我在第五個供需面說明的，由於動能投資必須追著動能買進賣出，所以自己會成為價格制定者（Price Maker）。投資金額低時，雖然會一次喊價成交，但如果是資金雄厚的投資者，在買進時

價格會再拉高幾個百分比，相反的，售出時價格會暴跌，因此只能盡快脫手。

[資料7-1] 價值投資跟股價動能投資比較表

|  | 價值投資 | 股價動能投資 |
|---|---|---|
| 投資組合傾向 | 低估的股票 | 熱門高估股票 |
| 價格的合理性 | 非最低限度泡沫 | 嚴重泡沫可能性 |
| 認賠殺出 | 股價下跌加深低估 | 認賠殺出規則必備 |
| 利潤實現面 | 高估範圍階段性售出 | 追蹤停損必備 |
| 供需面 | 買賣供需有利 | 追擊買賣、市場衝擊費用 |
| 投資的觀點 | 企業價值增加、股息收益 | 零和遊戲（贏家通吃） |

　　來舉一個極端的例子。國民年金以2020年6月底為基準，持有132兆韓元的國內股票。[1]但如果國民年金以動能買進，又因為動能消失售出的話會怎麼樣？結論是會反覆暴漲跟暴跌。這裡還不是結束，因為你會以非常不利的價格買進、賣出，因此收益率會變得很糟。所以資產規模愈大，可用動能方式投資的規模就愈受限。

　　我們來想像一下個人投資者的忙碌日常。證券公司HTS、MTS會即時放出關注股。日常繁忙的各位能夠跟著這些紛飛而來的行情資訊，比其他人還要更先交易嗎？大概都會較晚才進去，最後變成短期的高價收購吧。動能投資是以零和遊戲的型態進行，在這裡獲得收益的人，大部分都不是一般的個人投資者。個人投資者最後反而只變成幫助他人獲得收益的角色罷了。

1　你可在國民年金基金營運本部中找到資產配置現況。https://fund.nps.or.kr/

因此個人投資者不如充實地過日常生活，比起追尋動能，應該透過價值投資來創造投資績效。低價買進動能投資者拋售的股票，並在之後用好的價格實現收益，等時機到了，還能期待股息，若企業的價值穩定增長，就自然可以期待股價的上漲及下降僵固性。

　　股價下降僵固性會創造彈簧床效應，阻止過度的股價下跌。請把適當的股價水準想像成是彈簧床。如果股價沒來由地下降，會發生什麼現象？該企業可能會透過股票回購防禦股價，而了解內部狀況的公司主管會認為股價太便宜，進而買進，價值投資者就也會跟著買進。因此大幅低於低估程度的股票，股價不再下跌的傾向會很強烈，且反而會隨著彈簧床效應快速上漲。

　　代表性的例子有2020年3月新冠疫情當時的韓國證券市場。在外國人拋售而導致證券市場驟跌之中，綜合股價指數比市場PBR1倍跌得還要多，甚至掉到IMF水準0.5～0.6倍後，市場就形成了強烈的反彈力，股價指數才三個月就回到了原本的位置。從估值面來看，可以稱作是低估的股價水準創造出的具代表性的下降僵固性及彈簧床效應案例。因為有這樣的優點，做價值投資時才能安心地持續投資。

初學
用語

**彈簧床效應**

筆者在看到當股價大幅低於適當水準時，會像遊樂設施彈簧床一樣產生反彈力後，創造出來的用語。筆者創造出此用語後，在寫證券市場專欄時經常使用。

[資料7-2] 2020年3月證券市場暴跌當時發生的彈簧床效應

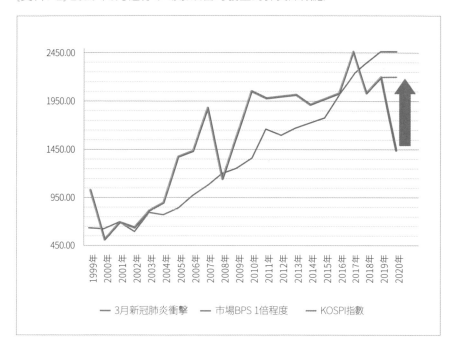

# 2

# 市場先生是個
# 舉棋不定的傢伙

VALUE INVESTMENT

　　做價值投資時會遭遇到心理上的困難最大的原因，在於股票市場時時刻刻都會呈現極端不同的面貌。它有可能一整天都笑瞇瞇的，然後在隔天又變成頑固生氣的模樣，真讓人摸不著頭緒。股票市場就像當兵的時候遇到的前輩或每個職場都有的倚老賣老的部長，是個會讓人心情不安的存在。

　　投資大師班傑明.葛拉漢在《智慧型股票投資人》將這種股票市場的模樣擬人化為「市場先生」。[2]

　　市場先生很親切，每天都會告訴我們股價，然後表示意見。從看市場的視角，或針對股價的價值評估，會覺得似乎在進行合理的判斷，但又經常呈現出情緒性的樣貌，讓投資者陷入混亂之中。市場上漲時，會露出充滿微笑的表情，引誘投資者購買股票。但在某一天又以充滿恐懼的臉孔，催促你即使是賤價，也要趕快把股票售出。

2　班傑明.葛拉漢著：《智慧型股票投資人》（全新增訂版）中「第8章–投資跟市場變動性」

如果像市場先生一樣，某個人每天都在你面前展現開心、興奮、挫折、憤怒、傷心、愉悅等情感，各位有可能冷靜地投資嗎？一兩次你可能還能忽略，但從某個瞬間開始，你就會被那個人的情感左右，一起大叫、笑、哭，你也將成為另一個市場先生。

請不要安心地說「還好我身邊沒有這種人」。各位都知道，市場先生並不是人。而是擬人化的股票市場模樣。各位在新聞中看到的股票市場行情、在經濟TV中一直聽到的主播跟專家激昂的聲音、布滿入口網站首頁的股票市場新聞、跟朋友之間的對話，全部都是市場先生。

你也不需要神奇的咒文才能把市場先生叫出來。你在日常生活中悄悄抬頭看一下，就會看到仿如「小丑」的微笑，並見到動搖我們內心的市場先生。像是不時觀察股價行情的行為等等，到處都是。

投資者會自行召喚應該要遠離的市場先生。1900年代初期的股票投資者在辦公室放電報紙帶機，時時刻刻都在確認股價，確認市場先生如躁鬱症般的反應。家家戶戶都有網路之後，甚至會透過HTS確認以1秒為單位的行情變化。2010年以後的智慧型手機時代，你坐在廁所也能看到股價行情跟資訊，現在就算說市場先生已經跟投資者合為一體，也不誇張了。

不過變成這樣之後，時時刻刻變化的股價行情跟紛飛而來的資訊，使得投資者自己也跟市場先生一樣，反覆哭了又笑、笑了又哭，導致股價市場上漲時不管三七二十一就衝動買進，

股票市場下跌時在恐懼及挫折中拋售。

在這種情況下要實踐價值投資真的非常困難。不過如果大多數的投資者都被市場先生左右，而無法持續進行冷靜的投資，就代表市場很沒有效率，也不合理。

假如我們遠離市場先生，就可以做到排除私人感情、實踐價值投資了。那我們該如何實踐呢？針對這點，我為各位提出幾種實踐方案。

### 第一個，禁HTS、禁MTS。

請把PC跟平板、智慧型手機上設置的證券公司HTS、MTS等證券資訊APP刪除。特別是智慧型手機MTS，不管是上下班或上廁所，你在任何時候都能接觸到股價行情跟證券資訊。雖然是很有用的工具，卻是造成價值投資者內心動搖的罪魁禍首。請果斷地將MTS刪除，這樣就會大幅減少接觸行情的時間，你甚至可能完全不知道股價是如何移動。

### 第二個，使用手續費貴的證券公司。

你應該覺得很困惑吧？一般都會找手續費便宜的地方，為什麼要刻意去找貴的證券公司呢？

基本上，價值投資跟動能投資或波段交易、剝頭皮交易等比起來，交易周轉率非常低。因此跟證券公司交易手續費比起來，在喊價差或訂購偏差等交易中產生的間接費用，會占絕對的比重。不過利用手續費貴的證券公司時，會產生如同助推的

效果，並且心裡會無意識地被「手續費很貴，這次交易一定得進行嗎？」的想法占據。即使有時市場先生動搖各位的內心，你也有很高的機率不會倉促下單。實際上，價值投資者中為了減少交易次數，而刻意利用貴的證券公司的人也很多。

**第三個，為了贏過市場先生，請傾聽投資偉人們的聲音。**

雖然大部分人會透過書來跟這些投資的偉人見面，但透過價值投資相關的研討會也是種方法，Youtube也有很多穩定價值投資跟投資心理的好頻道（筆者的Youtube頻道「lovefund Lee Sungsoo」也有助於穩定投資心理）。

特別是投資偉人親自寫的書，會在市場混亂時擔任穩定各位投資心理的鎮定劑角色。筆者也在因新冠疫情衝擊而導致股市暴跌時，藉由世界價值投資大師們的書，而遠離了市場的噪音，不被市場先生的躁鬱症所動搖，而是等待著新的機會到來。

只不過，在投資心理動搖的狀態中，很難一邊讀書一邊調整心態。這時你也可以看價值投資理念穩固，或是穩定投資心理Youtube頻道或影片課程。此外參與實體的研討會，來與他人產生共鳴，當作奠定價值投資理念的機會也不錯。

除了這些方法之外，還有各式各樣贏過市場先生噪音的方法。不管是什麼方法都好，重要的是要去實踐。贏過市場先生的躁鬱症後，就可以看到股票市場扭曲後創造出來的機會。

這樣你就可以以我們前面學過的價值投資知識為基礎，抓住挖掘好股票的絕妙機會。2020年3月證券市場瞬間崩潰時，贏過市場先生的個人投資者抓住超便宜股價這個機會，並創造了巨大績效，但被市場先生左右的投資者則被誘惑，最終以最便宜的價格拋售。

# 投資的安全閥
## ——安全邊際

VALUE INVESTMENT

在市場先生橫行的市場中，其中一個能將投資損失最小化的方法為「安全邊際（Margin of Safety）」。如果市場價格跟企業內在價值估計值比起來低很多的話，就可以說是帶有安全邊際。我們可以把安全邊際比喻成枕頭，因為投資價格已經比內在價值低很多，因此對於下跌時受到的衝擊大部分是有限的。

班傑明·葛拉漢的《智慧型股票投資人》曾提到有關安全邊際的概念[3]，但卻是透過價值投資大師賽斯·克拉爾曼在1990年代出版的《Margin of Safety》才為世人所熟知。

忽地一想感覺很簡單的安全邊際概念，如果再深入一點探討，就會感覺到其實很難去明確規定。

第一個，就像我們在各種企業價值評估方法中看到的，內在價值的標準也很多元，因此安全邊際本身並沒有呈現出安全投資價格之類的明確價格。

---

3　班傑明·葛拉漢著：《智慧型股票投資人》（全新修訂版）中「第20章–最重要的概念安全邊際」

第二個，被認為有安全緩衝的安全邊際的緩衝比率，每個投資者抓的可能都不盡相同。假設在測定某個公司的價值時，用股利折現模型推測出每股價值是1萬韓元，用相對價值評估時則相對PER標準為2萬韓元。這時對於「應該要用什麼標準」，每個投資者都會不一樣，「股價要折現多少百分比，安全邊際才會評估為充分呢」也很模糊。某個投資者認為在企業價值中，折現10%的價格就會擁有安全邊際，但可能某個人認為要折現50%才行。儘管每個人意見可能不太相同，但如果股價比用各種方法計算出來的合理價值都還要超出許多，就可以說是沒有安全邊際，對吧？

　　企業價值估算為每股1萬韓元跟2萬韓元的公司股價，如果是100萬韓元，可說是完全沒有安全邊際，且如果去配合企業價值2萬韓元，股價反而會被截成1/50。這時別說是安全邊際了，我們甚至可以說這個公司跌落可能性非常高。

　　不過假如這個公司的股價是5千韓元呢？這個公司的價值用相對PER標準計算出來是2萬韓元，股利折現模型來計算則是1萬韓元，這樣來看，股價5千韓元會是相對PER標準折現75%的價格，用股利折現模型1萬韓元標準來看，則是折現50%的價格。

　　儘管標準可能有點模稜兩可，我們卻可以透過這樣的方式去推測安全邊際是否充足。筆者想針對此提出這樣的表達。

「企業的價值有如浮雲」。

我們無法正確得知雲朵會位在幾公尺高的地方。

但是我們會利用各種測定法，來估算最低位置跟最高位置。並透過雲朵目前的位置了解某樣東西是位在雲朵的下面，還是位在比雲朵高很多的地方。就像梅雨季，雨雲可能會掛在山上或建築上。

像這樣在計算安全邊際時，可以用各種企業價值評估方法來測定，但建議盡量利用保守的數值。如果該股票內在價值比各位建立的安全邊際來得低，就可以決定投資。假如安全邊際高又充足，即使企業價值測定上有誤，若不是嚴重的錯誤就不用太過擔心。傑明・葛拉漢在《智慧型股票投資人》提到「如果確信未來業績不會大幅下滑，當安全邊際高時，就不需要費心去正確預測未來業績。」代表該價格可以放心買進。

即是說，當舉例的假想企業用股利折現模型估算的內在價值是1萬韓元，用相對PER標準估算的企業價值是2萬韓元時，若股價比這之中較保守的數值1萬韓元還再低幾個百分比的話，就會評價為有安全邊際。如果安全邊際率抓20%，而該股票的股價比最低企業價值數值1萬韓元再低20%的8千韓元還低，就可判斷為是有安全邊際的股票。

只不過，現實中安全邊際愈高，即內在價值折現幅度抓愈

高，各位可以選擇的股票數就會愈低，畢竟這麼便宜，到下跌為該價格之前，就已經有其他的投資者會搶先買進。

　　偶爾市場先生急遽搖晃時，所有股票的安全邊際都會極端地變高。在這種狀況下，即使股價下跌，也大多有限，而且反而會因為安全邊際這樣的緩衝，有很大機率會馬上回升。大約10年發生一次的證券市場大暴跌，正是安全邊際在所有股票上極端增高的機會。2020年3月新冠疫情衝擊、2008年金融危機高峰的10月、2001年911恐攻後2003年伊拉克戰爭間、IT泡沫破裂高峰的2000年、1997～1998年IMF事件當時，都是發生安全邊際極端增高的時期。

　　安全邊際若充足，即使買進，受到的下跌衝擊也會有限，至少若上漲到企業價值的程度，就有可能達到非常高的收益率。請記住，韓國證券市場大概10年會有一次這種機會。

## SUMMARY

■ 價值投資可以在合理的價格中交易，並達到隨著企業價值增加而創造出的投資績效。

■ 彈簧床效應意指股價或股價指數大幅降到適當水準以下時，產生的回升效果。

■ 市場先生是將市場擬人化，他就像得了躁鬱症般，會隨著市場狀況興奮或憤怒，並使投資者受到動搖。

■ 安全邊際意指比起內在價值，價格充分低估的程度。

■ 如果安全邊際充足，即使估值測定跟計算有小錯誤，也不會產生什麼大問題。

■ 安全邊際在韓國證券市場會以10年為週期，產生極端增高的機會。

# 盲目相信內在價值
# 是禁忌！

　　股票市場大幅上漲後，經濟狀況也會跟著變好，企業的展望也都會是幸福色彩。如果股票市場越過牛市進入泡沫階段，就會再超越幸福色彩的展望，只靠夢想跟希望來預測企業的成長。「未來會創造出驚人的EPS」、「不久後ROE或企業成長率會變到想像以上的數值」，市場到處充滿了這樣的夢想。當ROE跟成長率上漲後，就會創造出提高的利潤價值跟加乘作用，未來合理股價期望值也會以極快的速度提高。

　　筆者在2000初IT泡沫到達臨界點的時期，盲目相信了草率了解到的合理股價。我相信當時證券公司員工傳閱的excel資料中的合理股價水準會成為現實。儘管那只是仗著對該企業會創造高成長率的夢想跟希望而計算出來的，我仍盲目地相信了。那個時期，筆者在夢裡描繪出投資的股票會漲10倍、100倍的藍圖。最後各位也知道，隨著IT泡沫破滅，我遭受了非常巨大的損失。

　　草率學習合理股價使我產生了錯覺。所有的夢想跟希望，都是在放進名為成長率的變數，並將未來期望值包含在每股盈餘後，計算出來的結果，因此是絕對無法成為現實的。最終該

企業呈現出來的數字，沒有一個接近excel資料中整理出的任何數字。

　　現在跟當時的氛圍有些相似。2010年代美國證券市場持續上漲，藉由新冠肺炎衝擊後回升的流動性，正不斷上漲中。如此一來，市場就套用了幾個熱門行業、產業類型活躍的估值標準。就像在IT泡沫破滅前之際，筆者盲目相信的過度的合理股價。市場逐漸充斥著以5～10年後的業績估計值為基礎，來說明2020年目前股價跟市值的邏輯。儘管人們說這是新的評估技巧，但以筆者的經驗來看，已經到了應該產生警戒心的水準了。

　　雖然不知道將來會如何，但我想跟個人投資者講講這句話。再怎麼充滿幸福色彩的展望，也不要過度計算合理股價。盡量保守估計，反而會為你帶來穩定性跟收益。如果想在市場中長跑，這種心態是必要的。

## Chapter 8

# 動搖企業價值的因素是？
# 必須確認的外部因素

# 營業狀況期望值製造的各種變化

VALUE INVESTMENT

　　每個時代都有代表該時代的領先股。1970年代中東建設熱潮中的建設業、1980年代被稱為三巨頭項目的證券、貿易、建設業、1999年IT泡沫當時的網路項目，都主導了時代的行進。2000年代在中國市場擴大及全世界繁榮的景況下，造船、海運、鋼鐵業領導了市場，2010年代則是汽車、化學、煉油業繁盛，2010年代中後期則是製藥與醫療保健項目群的全盛時代。

　　我們很容易就可以知道，以每個10年為單位出現的領導產業，其共通點在於皆為該時期成長性期望最高的產業，也是深受大眾關注的發展項目。

　　1970年代中東建設熱潮時，每個家裡的爸爸都會去中東工作。這個行業深受大眾關注，也是賺取外匯的重要泉源，一定會受到高度的成長期望。

1980年代3低（低油價、低利息、韓元貶值）時代，在不動產繁榮中，對建設股的成長期望值變高，並在低利息的狀況之下，對證券股的期望跟關注變高，韓元對日幣貶值的同時，出口前線亮起綠燈，貿易業也獲得了關注。建設、金融、貿易等三巨頭[1]可說是在1980年代後期引領綜合股價指數1,000點時代的主人翁。

　　1999年IT泡沫，對21世紀展開的期待感，使投資者的資金都集中到網路相關科技股。

　　2000年代在中國的急速發展及全世界的景氣繁榮中，全世界的物流量提升，造船、海運等需求遽增。船隻需求增加及中國基礎設施發展的同時，鋼鐵需求也提高，造船、海運、鋼鐵等就以被稱為中國相關股的概念，在2000年代中期提升了綜合股價指數2,000點。

　　2010年代在低匯率政策及金融危機之後，汽車需求復甦，對汽車業的成長期望提高，對化學、煉油等成長期望值也提升，到2011年前市場行情都維持著車化煉的趨勢。2011年3月東日本大地震發生後，即反映出有關反射利益的期望值，車化煉的市場行情仍持續了一段時間。

　　2010年代後期到2020年初期，隨著進入超高齡社會，健康與醫療保健相關市場急遽擴大，製藥、醫療保健相關項目的成長期望值也增高。研究開發的新藥跟生物相似藥實際上也持續銷售，促成製藥、醫療保健項目群等的強勢牛市。

1　　極度偏重三大巨頭：每日經濟新聞（1988年8月10日12面）

像這樣對於特定產業的期望值提高的同時，自然就會凝聚買進趨勢跟流動性，凝聚的流動性會讓企業的「估值乘數」提升被接納。

某個時期的氛圍認為PBR（特定產業的資產價值比股價水準的估值標準）0.5倍是合理的，但隨著特定產業期望值增高，對PBR的認知可能就會提高到1倍或2倍以上，這是因為其反映出了「對於成長的期望值」。

**初學用語**

**估值乘數**

呈現價值指標對股價是以多少倍數交易的價值判斷推測值，根據價值指標不同，可能會稱作PER乘數、PBR乘數，或是PER倍數、PBR倍數等。

[資料8-1] KRX汽車業市場PBR跟KOSPI市場PBR趨勢比較

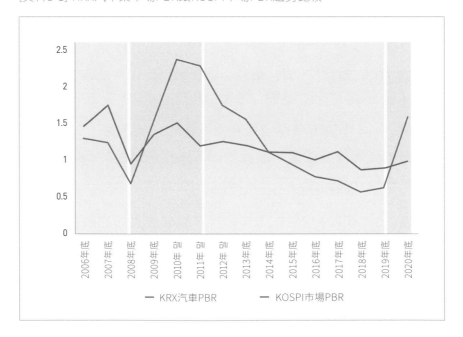

為了瞭解這種變化，我們來看一下2009～2011年主導車化煉行情的汽車業的KRX市場PBR趨勢。如果觀察2008年底到2011年底區塊，可以一眼就看出KRX汽車業PBR的增加速度，比KOSPI市場PBR的增加速度快很多。市場認為隨著韓元貶值（美金價格上升）汽車業將受惠的期望值，提高了汽車業的PBR倍數，並隨著實際汽車出口增加，汽車市場的估值乘數增加速度也變得更快。

其結果為2008年底，原為0.67倍的KRX汽車業PBR，在2011年底增加240%，來到2.28倍。同一時期KOSPI市場的PBR則從0.94倍增至1.19倍，只成長了26%。

不過你可以在圖表發現幾個有趣的地方。2008年底之前、2011年底以後到2019年底，比起KOSPI市場PBR下降的速度，KRX汽車PBR降低的速度更加劇烈。這個時期對於汽車業的成長期望值轉為失望感，並且反被逆生長的擔憂所支配，估值乘數非常薄弱。在這個過程中，現代汽車從2008年底到2011年底股價上漲了439%，但卻從2011年底到2019年底掉了44%。

我們可以在這裡看到重點。如果市場期望值提高，買進趨勢就會凝聚起來，提高估值乘數，而實際業績若比期望值高，估值乘數就會更高；但若從某個瞬間開始，業績開始比期望值低時，成長動力就會下跌，估值乘數會在擔憂中降低，呈現逆生長的情況，這時估值乘數就會急遽下降。這是其他時代的領先股也有發生現象，讓人想到「興盛衰敗」，也就是在期待感中獲得高度評價，後來卻在失望感中評估價值低落的過程。

你也可以將這個劇烈展開的過程，看作是泡沫形成跟破滅的過程。估值乘數的等級提升與下降會急遽發生，股價也會落入驟升跟驟降的循環。

2000年代中期造船、海運、鋼鐵股等勢如破竹，但在2008年金融危機後，別說是成長了，連能否生存都變得不確定，估值也急遽下降。這個過程中，股價也歷經了大起大落。1999年在期待感中，網路與科技股的估值乘數水準高到無法測定，卻在之後隨著無法創造業績，而讓股價像秋天的落葉般呈現暴跌的情形。

跟各位說明一個可以了解群眾的期待跟失望會如何影響估值的案例。2007年開始到2010年代初期，少女時代受歡迎的程度非常驚人。少女時代的大叔粉很多，而那些大叔們買進了少女時代所屬的經紀公司SM的股票。當時也有半認真半玩笑的說法指出，股市分析家、基金管理人中有很多粉絲。

金融危機結束的2008年底，SM的PER是5.9倍，PBR是0.43倍。在那個估值乘數非常低的時期，少女時代勢如破竹，成長為國際的偶像。少女時代每出專輯都會熱銷，SM的成長期望值也提高，業績也從2008年的銷售額435億韓元遽增到2011年1,430億韓元，人們對少女時代的期望轉為實際的營業數字。

其結果使SM的估值乘數在2011年底來到PBR7.2倍、PER35倍，股價也在2012年10月成長超過50%，PBR在2012

年最高曾接近10倍，估值乘數相當高。在這個過程中，股價甚至創下4300%的驚人成長率。

不過，2012年秋天第3季業績發表後，雖然業績不錯，卻未達市場期待，導致各方開始拋售，之後SM的股價更在2017年1月下降了63%。

個別股票不管是SM的案例還是汽車業的案例都有共同點，當成長期望值變高時，如果能有預先知道或預測這個時間點的方法，應該就可以當作投資上重要的技巧來應用，對吧？那麼我將在接下來的章節說明，能夠事先知道營業狀況趨勢的幾個技巧。

[資料8-2] 少女時代所屬公司SM娛樂PBR變化跟股價

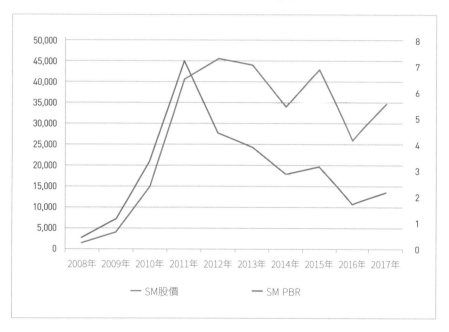

# 營業狀況
# 可以在哪裡讀到？

VALUE INVESTMENT

上市企業有必須在結算基準日90天以內公布事業報告書，並在之後每季、半年後45天內公布季度或半年報告書的義務[2]。經過季末、半年末、結算基準日後數日內發表業績雖好，但企業也需要匯集整理財務資訊，因此大部分的企業會在接近報告截止日時才公布。

也因為如此，每次一到季度、半年、事業報告書提交截止日時，DART（金融監督院電子公告系統）就會一次公布許多上市企業的業績，媒體也會以此為基礎發出新聞，當天甚至沒有餘力去看其他的新聞。

不過在這個地方，我們會發現業績公布規定有個盲點。即是過了季度、半年、結算標基準日後，要經過一個月到三個月後，業績才會公布。而這段期間企業都已過了新一季，或是已過季度的一半的時間點。即是說，公告的業績報告書已經是過

2　資本市場與金融投資業相關法律第159條～161條

去的數據了。

　　儘管為減少時間點的誤差，有時上市企業會在實際的業績報告書發表前，先發表暫定業績報告，但仍有不計其數的上市公司會在基準日一個月後發表，或是不發表暫定業績。

　　如果考慮到股價會領先於景氣或企業業績的特性，就不能只是等季度、半年、事業報告書發表，而需尋求能預測的方法。那麼我們該如何找尋呢？我們可以透過分析整體營業狀況的趨勢來找到。

### (1)關稅廳進出口動向

　　第一個方法是觀察關稅廳進出口的動向[3]。

[資料8-3] 關稅廳進出口貿易統計內統計資料室的期刊選單

---

3　關稅廳進出口貿易統計：https://unipass.customs.go.kr/ets/

韓國GDP中出口的占比是40%以上，上市企業也有很多是出口依賴度高的企業。如果考慮到這點，來參考關稅廳進出口動向資料中的出口部分，就可以在業績報告書公布之前大略推估特定產業的出口狀況。

關稅廳的進出口動向相關資料會以每10天為單位發表，這是世界上週期最短且迅速的發表資料，也是全世界的投資者極度關注的資料。

尋找資料的方法可以透過官網→進口出貿易統計→最近統計資料（或統計資料室內期刊），確認到以10天為單位、月、年為單位的出口統計。雖然會需要一點人工計算，但查詢附帶的文件，就可以掌握各產業出口的增減。

[資料8-4] 2020年6月進出口動向確定報導資料

## 6月出口減少10.9%，貿易收支持續2個月順差

**1** (´20.6月進出口現況)

○ (綜合)6月期間進出口合計結果，跟前一年同月對比出口為減少10.9%的392億美金，進口為減少11.2%的256億美金，貿易順差為36億美金，2個月持續順差

(單位：百萬美金，%)

| 類別 | 2019年 | | 2020年 | | |
|---|---|---|---|---|---|
| | 6月 | 1～6月 | 5月 | 6月 | 1～6月 |
| 出口<br>(前一年同期對比) | 44,008<br>(△13.8) | 271,147<br>(△8.6) | 34,850<br>(△23.7) | **39,230**<br>(△10.9) | 240,642<br>(△11.3) |
| 進口<br>(前一年同期對比) | 40,105<br>(△10.9) | 252,569<br>(△4.9) | 34,457<br>(△21.0) | **35,598**<br>(△11.2) | 229,845<br>(△9.0) |
| 貿易收支 | 3,904 | 18,579 | 393 | **3,632** | 10,798 |

○ (出口)

- (各品項)主要出口品項中半導體(△0.2%)、自小客車(△32.8%)、石油產品(△46.9%)、無線通訊機器(△0.5%)、船隻(△28.9%)、汽車零件(△44.7%)、家電產品(△16.9%)等減少

如果看統計資料室的[貿易統計報導資料]中，2020年7月15日發表的2020年6月進出口現況（確定值）資料，會發現2020年6月半導體產業減少-0.2%、自小客車減少-32.8%、石油產品減少-46.9%、船隻減少-28.9%、汽車零件減少-44.7%。如果將這個資料以10天為單位，或是以每個月來觀察，就可以追蹤出行業與產業的目前出口趨勢。

以這種進出口動向為基礎，觀察一下以前汽車產業的營業狀況跟股價趨勢吧。將車化煉（汽車、化學、煉油）行情繁榮的2010年當時關稅廳進出口統計資料綜合來看，可以看到2010年自小客車出口比前一年同時期增加＋41.9%，2011年則呈現比前一年同時期增加+28.8%的出口好兆頭。在這樣的氛圍下，車化煉的行情持續繁榮。不過從2012年第2季開始，自小客車的出口增加趨勢縮減到3.1%，現代汽車等的汽車業股價也開始呈現下降的趨勢。

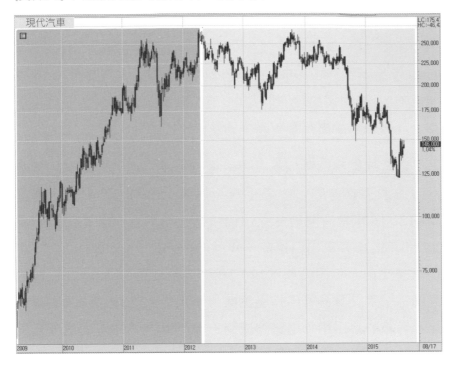

## (2)國際財貨跟服務的價格動向

可預期營業狀況走勢的第二個方法，就是參考原料價格等各種國際財貨與服務價格的方式。

原料的價格上漲或下降，會影響直接加工該原料產業的企業業績，因為原料價格也會直接影響產品價格。只不過，如果是生活必需品相關的企業，就可能受限於政府的價格規範，但大部分情況下，企業在原料價格上漲的額度，會轉嫁到最終生產、銷售產品的價格上，因此會自然成為改善收益率並提升股價的原動力。

如果觀察Poongsan Holdings的股價跟銅的期貨價格走勢，會發現兩者十分相似。雖然在2012～2016年當時價值股拉力的氛圍中，銅價格跟Poongsan Holdings的股價走勢不太一致，但實際銷售跟利潤卻受到該時期銅價格下跌的影響，而呈現出停滯的局面。不過除此之外的時期，股價都跟銅的期貨價格呈現類似的走向，這也顯示了為何我們在分析營業狀況時，必須重視原料的價格變化。

[資料8-6] Poongsan Holdings的股價跟銅的期貨價格走勢

### (3)事業報告書內事業的內容

第三個值得考慮的重點，是在季度、半年報告書與事業報告書的「事業內容」中找尋。前面我提到事業報告書已經是過去的資料，而「事業內容」中書寫的有關營業狀況的內容，則是實際可用的資料，因此可以在參考未來營業狀況時使用。

以下資料是LG Display的2020年第1季報告書「事業內容」，我們可以從中推敲出LG Display對於日後事業條件的看法。

[資料8-7] LG Display 2020年第1季報告書中的事業內容

其憂慮在競爭公司持續的供給擴大中，供給過剩會持續嚴重。而實際LG Display在2020年7月23日公布的第2季合併財務報表暫定業績報告書中，第2季營業是赤字-5173億韓元，控制企業業主權益則是赤字-4891億韓元。

這些營業狀況的走勢都跟整體景氣走向、景氣循環過程有密切相關。在下一個章節，我們將探討景氣循環對各產業造成的的影響。

# 3
# 理解產業間的
# 循環

VALUE INVESTMENT

　　們在第2章曾學習過利息跟流動性製造的證券市場的四季。浦上邦雄的股票市場四季模型、安德烈‧科斯托蘭尼的雞蛋模型，都反映出隨著利息跟流動性變動的景氣走向。股票市場的四季根據流動性，將證券市場的狀況分成金融行情、業績行情、反金融行情、反業績行情等說明。

　　浦上邦雄應用這些跟利息與景氣局勢相關的觀點，在四季模型中說明依據該局勢的轉變而適當的投資產業。另外Paul跟Carole Huebotter也將景氣週期分成四種局勢[4]，並按照該時期的特徵說明產業的特性。

　　兩個理論都把景氣分成四種局勢，並針對利息與產業循環做說明，雖然類似，但根據不同產業卻有著不同的觀點，因此我將兩種理論分開說明。

---

4　The Fundamentals Of Sector Rotation by Paul and Carole Huebotter：
　　http://traders.com/Documentation/FEEDbk_docs/1997/02/Abstracts0297/Huebotter_abst.html

[資料8-8] 股票市場的四季概念圖

| 種類 | 利息<br>（放寬金融政策） | 業績<br>（或實質景氣） | 股價 |
|---|---|---|---|
| 金融行情 | 超低利息/量化寬鬆 | 跌勢持續 | 異常暴漲現象 |
| 業績行情 | 開始調高利息/寬鬆政策終止 | 恢復/漲勢 | 持續上漲 |
| 反金融行情 | 超高利息/量化緊縮 | 緩慢上漲 | 異常暴跌現象 |
| 反業績行情 | 開始調低利息/寬鬆政策開始 | 急遽萎縮 | 弱勢局面持續 |

　　首先來看Paul跟Carole Huebotter的四種局面。在景氣週期局面1中，景氣會從後退期的底部開始。利息是最低水準，人們會開始購買家具或家電，汽車或大規模裝備銷售會開始增加。在景氣恢復的氛圍中，旅行跟外出增長，娛樂也會增加。因此這個時期對能源產業的需求會遽增。

　　在局面2中，景氣會非常快速地成長，中央銀行會提高利息。在製造業全面啟動的狀況下，金屬、化學、造紙等原料需求增加，同時庫存會耗盡。設備會運作到最大，PC跟軟體、自動化設備等的投資會增加。

　　局面3會出現隨著利息上漲帶來的影響，並開始慢慢出現軟著陸的徵兆。雖然GDP成長率正面，但氣勢正減弱。交易跟商品裝貨旺盛，因此運輸產業會繁榮。設備的擴張會給資本財產業帶來好處，強烈的貸款需求則會提高金融業的利潤。

　　到了局面4，成長率會急遽下降，中央銀行會透過調降利息來重新試圖刺激景氣。公共服務跟飲食等景氣防禦性傾向的消費財需求會維持。

Paul跟Carole Huebotter的四種局面的整體藍圖，有很多跟浦上邦雄的股票市場四季類似的地方。不過，他們針對產業的觀點有些不同。

浦上邦雄將股票四季分成金融行情、業績行情、反金融行情、反業績行情等四種局面來說明，對吧？

金融行情時雖然景氣尚未恢復，但利息卻有下降的趨勢。因此利息調降的受惠股會上漲。這時會移動的產業有證券、銀行等金融股，故也稱作金融行情。此外這個時期政府為了振興景氣，會持續社會間接資本投資，所以土木、建設等SOC相關產業也會受惠。

業績行情是正式出現景氣恢復的時期。跨過景氣恢復並進入到繁榮的局面，物價開始上漲，股價也會堅挺地上漲。對於原料的需求增加，消費才的需求也增加，同時該產業也會出現上漲的趨勢。

反金融行情中，在中央銀行調升利息的狀況下，後遺症會開始出現。企業仍有業績，但利息遽增會形成潛在的負擔。資金開始流向高利息率的無風險資產，導致股票市場也跟著衰弱。這時就是開始關注中小型績優股等輕型股票的時候。

反業績行情中，在利息大幅提高的狀況下，景氣衰退愈來愈可見。中央銀行會慢慢開始調降利息。但企業卻難以阻擋業績及景氣萎縮。這時內需相關股票及資產價值績優股等防禦性股票，是最合適的。

浦上邦雄的股票市場四季與Paul跟Carole Huebotter的四種局面雖然相似，卻有一些不同的地方，對吧？我們整理成表來看看。

[資料8-9] 股票市場的四季與Paul跟Carole Huebotter的四種局面

| 浦上邦雄 | 股票市場四季的產業 | Paul跟Carole Huebotter四種局面 | 4局面的產業 |
|---|---|---|---|
| 春天/金融行情 | 證券、銀行、土木、建設 | 局面1 | 能源、消費財、旅行 |
| 夏天/業績行情 | 原料、消費財 | 局面2 | 原料、PC、設備投資 |
| 秋天/反金融行情 | 中小型績優股 | 局面3 | 運輸產業、金融業 |
| 冬天/反業績行情 | 內需股、資產股 | 局面4 | 公共服務、飲食/景氣防禦消費財 |

就像上表所看到的，雖然有類似的地方，但也有不同之處。繁榮時期的業績行情跟局面2有共同提到原料相關產業上的受惠。停滯時期的反業績行情跟局面4中，也都提到了景氣防禦性的股票會是關注產業。不過在其他的局面中，卻看得出有關景氣循環的概念相似，但受惠產業卻有很大的差異。

筆者之所以比較兩種理論，是希望各位可以透過各種觀點來拓展視野。產業的循環會隨著時代經過一點點改變，而股市也可能在產業之間無循環的狀況下行走。

代表性像金融行情在超低利息之下，景氣欲復甦的初期，證券、金融股應該要呈現上漲的趨勢。IMF事件以後，1998年夏天開始到1999年之間，證券股拉力呈現出典型的金融行情。不過2020年3月新冠疫情衝擊後，這種傾向就大幅降低了。雖

然看得到一點傾向，但已經比較難挑出在各景氣局面中應該投資哪個產業。

　　不過，對於依據景氣局面而變化的受惠產業的推論，仍有參考的必要。因為其他產業也會隨著各位將來會經歷的時代狀況，而進入各個局面。

　　如果以產業為單位，參考可捕捉到該產業在衰退局面中反彈過程的許多指標，就可以更有效率地選定產業。更詳細具體的產業估算方法，將在下個章節中分產業來探討。

## 價值投資 HARD CARRY

### 在經濟停滯中反彈時 企業利潤遽增的機制

當景氣在停滯中反彈時，企業業績會有急遽增加的傾向，最大的原因在於銷售的增加。當景氣從停滯轉至良好時，營業利潤跟淨利等企業業績會比銷售有更強烈增加的傾向。因在景氣停滯的過程中，企業內部會有結構調整，同時也會將各種費用縮減化。提高生產設施的效率來減少費用，並透過人力結構調整來降低公司的銷售管理費用，因此景氣恢復後可使銷售額回升到之前的水準，利潤也會更增加。好比說，假設某公司在景氣好時，於銷售1,000億韓元的狀況下產生各種費用700億韓元，淨利為300億韓元。在遭遇景氣停滯後銷售減少為500億韓元，為了避免赤字，遂透過減少費用，將費用從700億韓元降低為300億韓元。這個公司在停滯時期銷售500億韓元的狀況下，產生各種費用300億韓元，並創造淨利200億韓元，努力撐了下來。在隔年景氣翻身的同時，它的銷售額也增加到1,000億韓元，但因各種費用減少為300億韓元，故淨利就遽增到700億韓元。創下跟之前景氣好時，銷售額1,000億韓元、淨利為300億韓元時比起來，高出兩倍以上的淨利。

現實中雖然不會這麼戲劇化，但在景氣停滯的過程中透過減少費用而生存下來的企業，在景氣恢復後銷售復甦時，就會產生淨利驟升的現象，股價也同樣會遽增。這些狀況不時會發生，也時常讓投資者笑得合不攏嘴。

# 顯示各產業轉變的
# 領先指標

VALUE INVESTMENT

　　前面我們學習了產業的循環跟解讀營業狀況的方法。產業的變化會帶給屬於該產業股票的估值乘數重大影響。如果特定產業的營業狀況翻身，而你又能看得出反彈的話，對於選定產業跟股票時會有極大幫助。這時各產業的領先指標就會變成重要的標準。

　　不過，市場整體的走勢會是重要的變數，因此即使各產業的領先指標反彈，但市場氛圍卻不好時，走向就可能會較可惜。不過對比市場整體走勢，較有相對優勢。市場氣氛不錯時，如果產業領先指標呈現反彈訊號，該產業就有可能創造出令人刮目相看的收益率，因此值得參考。為了協助你理解，我將舉跟我們生活密切相關的產業作為例子說明。

## (1)服裝業

生活的基本要素、食衣住行中最先登場的是衣服。

它雖然是生活的必備要素，但也有時尚跟流行等變數，因此對於景氣狀況有較為敏感的特徵。但時尚跟流行是難以客觀化的變數，所以分析服裝業是有點困難的。不過有一個確實的標準可以當作領先指標，即是嚴冬的平均氣溫。

服裝業特性上，冬季會是占據銷售相當大部分的季度。冬季服裝跟夏季服裝比起來會用比較多布料或原料，因此服裝價格也會比較貴。如果簡單來講，夏季大概只要幾千韓元的棉T就可以度過了，但冬季卻需要穿上數萬～數十萬韓元的大衣或羽絨衣。因此嚴冬的平均氣溫就會成為服裝業該年度銷售的重要變數。這時可以參考的指標就是氣象廳的1月平均氣溫[5]。

[資料8-10] 首爾1月平均氣溫跟Handsome的營業利潤走勢

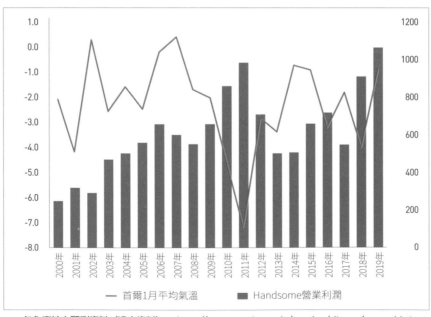

5　氣象廳地上觀測資料（過去資料）：https://www.weather.go.kr/weather/climate/past_table.jsp

隔壁頁的圖表是首爾1月平均氣溫跟代表性的服裝業者Handsome的營業利潤走勢。整體來説是呈現穩定營業利潤成長的堅實企業。不過我們可以觀察到，特別突出的營業利潤成長是在首爾1月平均氣溫大幅下滑的2010年跟2011年。該年度1月平均氣溫各是-4.5度跟-7.2度，可稱作酷寒，而效果也在營業利潤上顯現。2013年跟2014年1月平均氣溫上升後，營業利潤也呈現下跌的面貌。

　　如果考慮到這點，假設1月平均氣溫幾乎每天都超過零下10度，反覆酷寒的話，服裝業者該年度第1季的業績就很可能會成長。雖然各公司的設計跟品牌力不盡相同，但天冷人們都會多穿幾件，因此大部分的服裝業銷售跟營業利潤都會增加。

### (2)證券業

　　我們之前讀過，證券業是浦上邦雄的股票市場四季中創造金融行情的代表產業。不過若要説是金融行情來臨，因此證券業會上漲，這個邏輯多少有一點籠統，這時我們可以參考的標準就是成交價格跟股價指數。

　　談到證券公司的收益組成，仲介手續費收入及金融商品投資損益是重要的軸心。證券市場成交價格增加時，顧客的交易手續費，即仲介手續費收益也會自然增加，股價呈上漲趨勢時，隨著權益資本交易變化的金融商品投資損益也會自然增加。因此，證券市場熱絡時，成交價格也增加的話，就會產生一石二鳥的效果，讓證券公司的業績好轉。

2020年東學螞蟻運動中，3月以後證券市場翻身，每月成交價格跟前一年對比遽增3倍以上，之後個人投資者經常利用的KIWOOM證券的上半年銷售額跟前一年同期比起來，成長了218%。特別是當創造出原本成交價格減少，後來卻反彈的證券市場牛市氛圍時，證券公司就會衝得比其他任何產業都高，因為有這樣的特徵，才創造出金融行情初期的強勢行情。

　　不過，金融制度上限制增加，衍生商品場內交易損益以及各證券公司投資者的偏好差異，也漸漸擴大，因此跟以往比起來，有必要考慮到在金融行情中證券業的相對強勢減弱，或是證券業內各股票差別化加深等部分。

[資料8-11] 證券業呈現出股票市場強勢、成交價格反彈時強勢情形

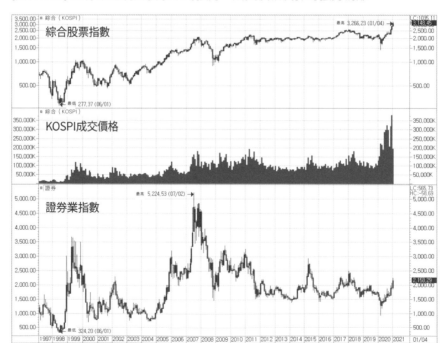

### (3)航空產業

　　來看一下原油價格會對業績造成直接影響的航空股吧。航空產業中燃料油費占營業費用的1/4以上,所以油費對營業利潤造成的影響很大。畢竟沉重的飛機起飛降落、飛行達數千公里的距離,這是理所當然的事。因此在分析航空股時,原油價格走勢就會是非常重要的變數。為了減少油費,原油價格下跌從航空股的立場來看,就會是很正面的事情,對吧?

[資料8-12] WTI現貨價格走勢與大韓航空營業利潤走勢

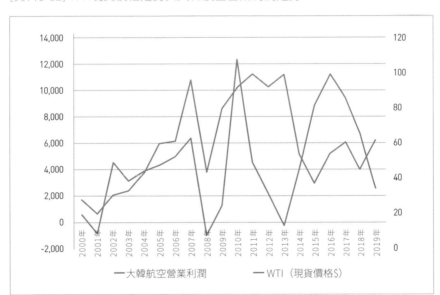

大韓航空營業利潤　　　WTI（現貨價格$）

前面的圖表是WTI原油現貨價格走勢以及大韓航空的營業利潤走勢。由於燃料增加會用衍生商品避險，因此時間點多少有一些差異，但油價遽增後，每桶到100美金上下時，營業利潤就會驟減；相反的，若原油價格降到50～60美金左右，營業利潤就有恢復的傾向。不過，航空股最近持續顯露出財務上的問題，因此有必要將股價容易受到財務風險影響這點考慮進去。

### (4)半導體產業

　　來觀察一下出口效益產業－半導體相關產業。以2020年為基準，市值第1、2名都是由半導體業三星電子跟SK海力士所占據，因此半導體產業可以說是韓國重要的出口核心產業。也因為如此，對於半導體產業有正面的消息傳來時，證券市場整體就會熱烈地上漲，而只要有一點遺憾的消息，證券市場整體就會沉重地下滑。

　　可推估半導體產業的重要指標是DRAM跟NAND Flash價格走勢。DRAM跟NAND Flash價格走勢可在DRAMeXchange[6]中指數化的資訊中找到，也可透過證券公司HTS的投資資訊選單，找到半導體記憶體的價格走勢。

　　半導體記憶體價格上漲時，自然就會預想需求增加，而價格上漲也會使營業利潤增加。相反的，半導體記憶體價格停滯或進入下降的趨勢時，營業利潤就會減少。隔壁頁面的圖表是NAND Flash價格走勢跟SK海力士的營業利潤走勢。

6　DRAMeXchange：https://www.dramexchange.com/

半導體記憶體延續價格上漲趨勢後，營業利潤從2013～2016年不到5兆韓元的水準，急遽增加到2017年及2018年各13兆韓元及20兆韓元，進入下降趨勢後，2019年營業利潤又重新降到2兆7千韓元。

[資料8-13] NAND Flash價格走勢跟SK海力士的營業利潤走勢

### (5)飲食業

飲食業作為生活必需品，並不會被景氣帶來太大影響。不過間歇性有廣受大眾歡迎的產品登場時，會產生該企業股價遽增的現象。如果是超越大眾受歡迎的程度，變成大家都知道的那種熱潮的話，找到相關的飲食股，也會是重要的投資技巧。

代表性的案例有2009年開始延續到2010年代初期的馬格利酒熱潮。當時除了日本觀光客極度關注韓國馬格利之外，全國民對於馬格利的喜愛也擴大。同時，生產馬格利的Kooksoondang的股價也從2009年初期3～4千韓元一帶（以修正股價為基準）到2010年秋天上漲接近7倍，來到2萬韓元一帶（以修正股價為基準）。當時超市裡的冰箱盡是新上市的馬格利酒，甚至出現了「馬格利新酒」之類的新造詞。

對於特定飲食的熱潮幾年會出現一次，2011年在咕咕麵跟長崎炒碼麵熱潮中，泡麵相關股票的股價遽增，2014年在蜂蜜奶油洋芋片的狂潮中，海太製菓的母公司Crown Confectionery也劇烈上漲。

只不過，股價因一時的熱潮而上漲時，大部分人會盲目期待業績好轉。因此在大眾的熱潮中，自己投資的股票股價也一股腦地大幅上漲時，最好將它當作賣出好價錢的機會。

到目前為止我們探討了產業的循環跟價值變化，以及解讀產業跟營業狀況的各種方法與觀點。產業分析沒有所謂的正確答案，也可能難以理解。一開始最好從跟各位職業相關的產業及產業開始分析。因為各位在該領域中，可能擁有比證券公司分析師更傑出的資訊跟分析能力。之後一邊將視野拓展到相關聯的其他產業，就可以比想像中更快理解眾多產業跟產業，抓到投資的大藍圖。

SUMMARY

■ 每個時代主導該時代的領先股都不一樣。
Ex）1980年代三巨頭（建設、金融、貿易），1990年代後期IT
泡沫中科技股、網路股，2000年代中國相關股（造船、鋼鐵、海
運），2010年代車化煉拉力（汽車、化學、煉油），以及2010年
代後期到2020年代的製藥、醫療保健。

■ 群眾對於某種事件的期望值會是該企業的股價估值乘數的重要變
數。

■ 上市企業根據資本市場及金融投資業相關法律第159條～第161條，
需於90天內公布事業報告書，以及45天內公布季度、半年報告
書。

■ 既然有業績報告書的發表期間，實際業績形成時機跟發表時機就會
有誤差，你可以反過來利用這部分來預測營業狀況。

■ 經濟大致上是以4種階段的局面流動，而每個時期都有主導產業的
特徵。

■ 每個產業可推測出產業翻身的線索都不一樣。

■ 服裝業可以透過冬季氣溫、證券業可透過成交價格跟證券市場漲跌
率、航空股可透過原油價格走勢、半導體相關股可透過半導體價格
走勢，來估算。

# 有償增資除權經驗
# 以及選擇

　　投資上市企業時，經常會接觸到有償增資的公告。所謂的「有償增資」，就是企業公開對既有股東或第3者發行股票，或公開售出持有股票，來確保企業資金的一連串過程。一般有償增資經常會用將新股以比市價便宜的價格發行給既有股東的型態進行。

　　進行有償增資的原因，主要是為了推動新事業，或確保企業的營運資金。賦予既有股東有償增資權利時，並不是單純説持有股票許久，就可以參與有償增資，而是必須在特定基準日持有股票的股東，才能夠被賦予參與有償增資的權利。

　　配合有償增資除權日（D＋2天）基準，持有股票的股東可以用比市價還折扣的價格來參與有償增資。只不過，大部分股價會在除權日下跌，拿到折扣參與有償增資的感覺也可能會減半。從股東的立場來看，考慮到有償增資除息日股價下跌的部分，即使以折扣的價格參與有償增資，也似乎無關得失。只是會有親自支援我投資公司的事業資金的「身為股東的自豪感」。

不過即使擁有有償增資權利，也會有股東不想參與有償增資。為了這些股東，如果是有一定規模以上的有償增資時，就會產生優先認股權交易期間。

[資料8-14] 2020年進行有償增資的S FuelCell的優先認股權上市期間等有償增資日程

| 2020年11月13日 | 除權 | - |
|---|---|---|
| 2020年11月16日 | 新股分配基準日(股東確定) | - |
| 2020年11月25日 | 新股分配通知 | - |
| 2020年12月02日～<br>2020年12月08日 | 優先認股權證書上市交易期間 | 5交易日以上交易 |
| 2020年12月09日 | 優先認股權證書上市終止 | 舊股東認股首日5交易日前 |
| 2020年12月14日 | 確定發行價格核算 | 舊股東認股首日3交易日前 |

　　可透過在市場中出售優先認股權（有償增資參與權利），來彌補有償增資除權日時產生損失減少的部分。優先認股權理論上的價格會在有償增資預測發行價跟現價的誤差之間。

　　以筆者來説，在不清楚這個制度時，很常被動式地參與有償增資，在了解到伴隨有償增資而來的優先認股權交易後，就會經常應用配合優先認股權上市期間售出的方法。

　　各位請記得，如果有持有股票有償增資時，可以參與有償增資，或是根據狀況選擇售出優先認股權。

## Chapter 9

# 風險管理的基礎
# 價值投資系統化工具

# 1

## 投資組合的
## 原理及效果

VALUE INVESTMENT

　　經常有人會覺得股票市場如同地雷區。以為是好企業所以投資，結果該公司突然發生倒閉、上市終止、工廠火災等壞消息，導致在一個早上就歷經天大的投資損失，這樣的個人投資者可說是不計其數。特別是只集中投資一兩檔股票的投資者，更會受到天大的打擊。

　　旁邊的資料是韓國預托結算院發表的2019年12月結算上市法人股票投資者（持有者）現況報導資料[1]，上面寫有持有股票各數字股東比率。持有1檔股票的投資者超過整體的41%，持有2檔股票的投資者是17.7%，因此持有1～2檔股票的投資者比率幾乎達到60%。如果連3檔股票也納入考量，那麼說是大概有70%的投資者正集中投資（雞蛋都放在同一個籃子）1～3檔股票，也不會言過其實。

---

1　韓國預托結算院報導資料2019年12月結算上市法人股票投資者（持有者）現況https://www.ksd.or.kr/ko/about-ksd/ksd-news/press-release/35822

[資料9-1] 持有股票檔數股東比率

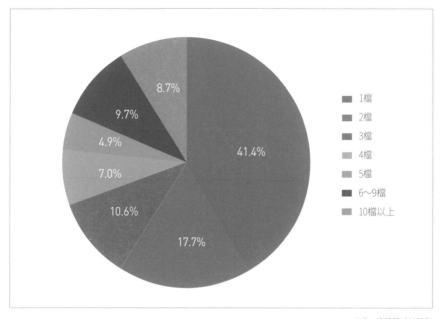

1檔
2檔
3檔
4檔
5檔
6～9檔
10檔以上

出處：韓國預托結算院

　　如果都集中在幾檔股票上，當發生突發狀況時，就一定會產生嚴重損失。筆者在這裡跟各位分享實際發生過的案例。2010年代初期，筆者的幾個熟人一次就經歷了整個上市終止的過程。他們投資了公司名稱有N的各個不同股票，就變成這樣了。他們都是對股票投資有獨特的直覺，並在確認重要的資訊後才投資的人，但卻ALL IN投資在一檔股票上，筆者雖建議這些股票看起來很有可能發生財務上的風險，卻只被回說「為了創造大筆的收益，必須全心投入到一檔股票上」。

　　然後過不久，這些公司財務上發生不正當的事件，最後甚至走到上市終止的地步。他們各自投資不同N公司的資金如果

合起來，應該有高達數億韓元。如果最少分散成5檔股票，投資損失就能降為1/5，如果分散成10檔股票，投資損失則能降到1/10。但是因為集中投資在1檔股票上的緣故，只能遭受到致命的損失。

這種預料之外的突發狀況稱為「黑天鵝」。特別是個別企業單位中，不管再怎麼小心，黑天鵝也有可能在瞬間就找上門來。而這種個別企業單位中發生的風險，就稱為「非系統性風險」。

不過黑天鵝並不是只會在個別企業單位中發生。最近期的案例就是2020年新冠肺炎衝擊。因為前所未聞的傳染病新冠肺炎，導致全世界經濟凍結，並在2020年3月使全世界證券市場暴跌。

不過新冠肺炎至少在一兩個月前有徵兆，卻有黑天鵝是毫無徵兆地震撼了整個市場。一個早上就讓全世界的證券市場崩潰的2001年911事件，正是此例。誰會知道紐約世貿大樓會發生飛機恐怖攻擊呢？光是飛機撞上世貿大樓就已經夠令人衝擊了，甚至全世界都透過轉播看到世貿

**黑天鵝**

經濟學中表達發生意料之外的負面狀況時會說黑天鵝。人們原本以為天鵝只有白色的，但在18世紀發現黑天鵝之後，在生物學界造成衝擊，就產生了這個用語。像天鵝一樣，原本認為不可能的狀況實際卻發生時，就會使用「黑天鵝」來表達。

大樓著火崩塌的場面。雖然隔天9月12日美國證券市場臨時休市，但韓國證券市場開盤，幾乎大部分的股票都創下跌停板。因為突然發生的911恐攻，股票市場都因為恐懼跟恐慌而不知如何是好。

像這樣市場整體發生的風險，學術上稱為「系統性風險」。

現代投資組合理論（ Modern Porfolio Thoery, MPT
[2] ）將股票市場的總風險分為市場整體風險－系統性風險
（Systematic risk或Market risk，市場風險）及個別企業的風
險－非系統性風險（non-Systematic risk或firm-specific risk，個
別企業風險）。

非系統性風險，即個別企業單位風險可以透過分散投資降
低。持有的股票數量愈多，個別企業單位潛在的風險就會相沖
並消失。如果股票數增加到市場股票數的話，最後就會剩下無
法只靠分散投資避開的系統性風險。

如果將這個概念做成圖表，就可以一目瞭然了。如下方圖
表所見，編入的股票數愈多，非系統性風險（個別企業風險）
就愈減少，但我們可以發現，股票檔數再怎麼增加，也無法減
少系統性風險。

[資料9-2] 隨著投資組合分散，非系統性風險跟系統性風險模式圖

風險

非系統性風險

系統性風險

編入股票數

2　　Modern Portfolio Theory: Why It's Still Hip（Investopedia）
https://www.investopedia.com/managing-wealth/modern-portfolio-theory-why-its-still-hip/

如果考量到這點，為了管理風險我們可採取兩種方法。

第一個，為了減少個別企業單位的風險，分散投資是必須的。假如在集中投資1檔股票的狀態下遇到上市終止，就有可能遭到前所未有的損失，但如果分散成10檔股票，損失規模就可以降到1/10。但並不是只增加股票檔數，就可以稱作是分散投資。太多的話僅是直接複製市場，若只是分散到類似產業的股票，也根本沒有分散投資的效果。

第二個，是可以減少被稱為市場風險的系統性風險。系統性風險無法用分散投資減少，就算用分散投資增加股票數量，也僅是複製市場罷了。不過有方法可以降低系統性風險，即是應用資產配置策略的方法，以及透過投資組合增加有避險性質的資產。或許也可以稱作是資產市場整體觀點下的分散投資。

現在開始來仔細探討減少個別企業風險的分散投資，以及減少市場風險的資產配置策略，還有利用各種避險資產的風險管理方法吧。

# 2 分散投資與資產配置策略

VALUE INVESTMENT

## ① 分散投資的方法——投資組合

　　韓國投資者集中投資極少數股票的傾向非常強烈。投資3檔股票以下的投資者比率是70%，因此說大部分的個人投資者都是ALL IN投資也不為過。此外，即使是分散投資的人，也很多是投資在類似行業、產業、概念股的股票。也有很多人是投資在同樣集團公司內的子公司，就說自己是分散投資。

　　筆者認識的一個個人投資者，說自己會進行徹底的分散投資。我就問他持有什麼股票，結果是三星證券、SK證券、企業銀行、三星火災等，全部都是金融股。如果是用這種方式來增加股票數，就不能稱作是分散投資。同樣產業、主題、集團公司的股票，只不過是股價的漲跌率不同，但移動都是相似的。如果把移動類似的股票都放到投資組合去，就會失去可稱作分散投資優點的風險降低效果了。

為了透過分散投資將風險降低效果最大化，必須將相互性質不同的股票放到投資組合裡才行。為了瞭解在類似產業群中的股票在分散投資時，以及不同產業群的股票分散投資時的差異，這裡抽出2009年底到2020年6月股價上漲率類似的SK海力士跟國際藥品當作樣本。

　　兩檔股票從2009年底到2020年6月的累積股價上漲率都差不多是200%。SK海力士上漲267%，國際藥品則上漲了259%。可稱為風險標準的每月漲跌率的標準差，SK海力士是9.0，國際藥品則是12.3。國際藥品的變動性高，也代表跟SK海力士比起來，價格風險較高。

　　各投資SK海力士跟國際藥品50%後，持續持有的投資組合會呈現有趣的結果。收益率是SK海力士跟國際藥品的中間值，但投資組合的收益率走勢卻遊走在兩檔股票的漲跌率中間。我們可以從視覺上看到，SK海力士急遽漲跌時，國際藥品股價則善於防守，相互相沖的同時，比起單一股的變動性，股價的走勢非常平穩。

　　這在實際的每月收益率標準差中也會出現。SK海力士的每月收益率標準差是9.0，國際藥品則是12.3，但兩檔股票的投資組合每月收益率標準差卻是7.5，比兩檔各自的標準差值都低。

　　建立分散投資的投資組合時，必須相互在不同的產業、主題、集團公司，才能將分散投資的效果最大化。相關性小或恰

好相反時，就能將依據分散投資的風險縮減最大化。SK海力士跟國際藥品的話，產業完全不同，且產業也完全不一樣，統計起來每月收益率的相關係數是-0.03，幾乎沒有相關性，而且雖然薄弱，卻有互相呈現相反移動的傾向。

因此各位<mark>在投資實戰中如果要組成投資組合，盡量分散不同性質的股票，才能提高穩定性，在投資時也能比較安心。</mark>

[資料9-3] SK海力士跟國際藥品投資組合分析

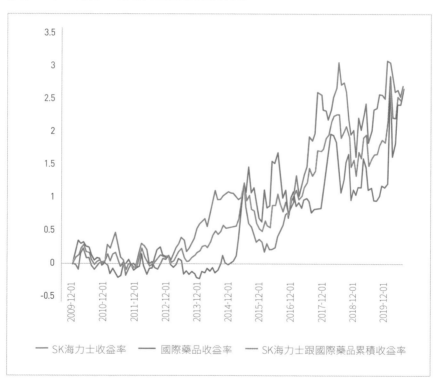

那麼你應該會很好奇。用許多檔股票來分散投資組合時，每檔股票的比率應該要怎麼分呢？其實很多人會在這個部分感到傷腦筋。一般來説「給人靈感跟有感覺的股票」的比重會是最高的，但這並不是真正的分散投資，你必須帶著標準來組成每檔股票的比重。分配股票比重有幾種方法，我會針對市值加權法、同一加權法、價值加權法做説明。三種方法中沒有所謂的正確答案，希望各位按照自己的狀況來安排各股票的比率。

### (1) 市值加權法

市值加權法是將想分散投資的股票市值加起來計算後，算出每檔股票按照市值的比率是多少，再計算每檔股票的比重。

假設有A股票、B股票、C股票，市值各自是3兆韓元、2兆韓元、1兆韓元，這三檔股票的市值和（3兆＋2兆＋1兆）就是6兆韓元，再對此算出各股票的市值比率是多少即可。A股票是3兆韓元，因此會是整體市值6兆韓元的一半50%。B股票是2兆韓元÷6兆韓元=33.3%，C股票則是1兆韓元÷6兆韓元=16.7%。

市值法是綜合股價指數、S&P 500指數等主要股價指數使用的方法。這樣的話市值大的股票比重就會相對提高，在安排投資組合時買進、賣出就很方便。大型股交易量很充分，所以可以輕易買賣，但市值小的股票交易量低，所以交易就比較困難。這個方式從收益率的觀點來看，當行情是以大型股為中心

時，就有提高整體收益率的效果。不過，當行情持續箱型型態的話，這個方式的收益率就有可能相對反過來。

## （2）同一加權法

同一加權法同其名，就是用同一比率均衡分配的方式。筆者個人偏好這種方式。因為將股票均衡安排，所以就不會對特定股票投入過多情感，這對管理投資心裡會很有幫助。當特定股票比重較高時，就有可能全心投入在該股票上，在追加買進時，也可能會把雞蛋全部放到該股票的籃子裡。用同一加權法來分散投資，就能比較冷靜地去對待每一檔股票。不過，這個方法在只有大型股上漲的差異化行情，或只有幾檔股票上漲的動能行情中，收益率可能會相對可惜。

## （3）價值加權法

價值加權法是將低估的股票比重調更高的方式。應用在第6章節學過的各種價值測定法，將低估的股票安排更多比重，而相對高估的股票則降低比重。

假設我們利用股價PBR，將A股票、B股票、C股票按照價值加權法設定。看了股價的PBR，發現A股票BPR是0.5倍，B股票PBR是1倍，C股票PBR則是1.5倍，那麼PBR最低的A股票就應該要放最大比重，對吧？一般來說，價值指標愈低，就愈會被低估，因此用價值加權法來計算股票比重時，會弄成倒數來計算。

A股票的倒數會是2（=1/0.5），B股票則一樣是1，C股票是0.67（=1/1.5）。

將這個PBR倒數合起的數值3.67放在分母後，計算各自的股票比重。

各股票比重計算後為
A股票是2÷3.67 = 54.5%
B股票是1÷3.67 = 27.2%
C股票是0.67÷3.67 = 18.3%

像這樣，提高低估股票的比重來安排投資組合。由於提高低估股票的比重，故期望收益率會偏高。只不過缺點是，原本認為是低估的股票掉入價格陷阱而使股價走勢不利時，收益率就有可能比同一加權法還要糟糕。因此，用價值加權法組成投資組合時，會需要做點心理準備，畢竟期望收益率高，但風險也高。

這三種方法中沒有正確答案。各位可以觀察優缺點，來選擇適合自己的方式，並決定各股票的比率。為了協助你判斷，我整理跟摘要了三種方法。

[資料9-4] 分散投資方法的優缺點比較

|  | 優點 | 缺點 |
|---|---|---|
| 市值法 | · 因是市值比重，容易交易<br>· 在大型股行情中有利 | · 橫盤、相對停滯<br>· 市值編入恐龍級的股票時占據絕對比重 |
| 同一加權法 | · 均衡安排，非常簡單<br>· 橫盤收益率優勢 | · 差異化行情中相對停滯 |
| 價值加權法 | · 低估價值股高比重<br>· 期望收益率高 | · 發生價格陷阱時風險高 |

## ② 資產配置策略與再平衡

我們可在資產配置策略中找到投資時管理風險的方法。你是不是覺得所謂的資產配置策略聽起來好像很難？大部分的人都會對此莫名感到抗拒，甚至進而遠之，但其實我們的生活中經常接觸到。

猶太人的塔木德也有出現資產配置策略[3]的概念。其內容為「將自己的錢分為三份，3分之1給土地，3分之1給事業，3分之1預留」。在這裡，事業若從股票投資者的觀點來看就是股票，預留的錢則是無風險資產，土地則可比喻為其他投資資產（不動產等）。

其實即使是不另外做資產配置策略的股票投資者，也會有人認為「現金（無風險資產）至少要有10%」，這個就是資產配置策略。不是說建立一個碩大的策略，而是就算只是拿著10%的現金（無風險資產），也是資產配置。如果想要按照固定形式來做資產配置策略的話，就有必要規劃現金（無風險資產）跟股票資產的比率該如何分配，以及要按照何種規則來管理。所謂的資產配置策略，就是決定與調整比率、建立規則，而非盲目地持有無風險資產。

不過大部分的投資者會無視資產配置策略，特別是當牛市持續時，人們都會想「我要創造巨大收益，才不管什麼無風險資產」，而忽略了資產配置策略的必要性。

---

3　金誠一（音譯）著（AGE 21）：《魔法的錢滾雪球，P.154

[資料9-5] 資產配置策略的簡單概念圖

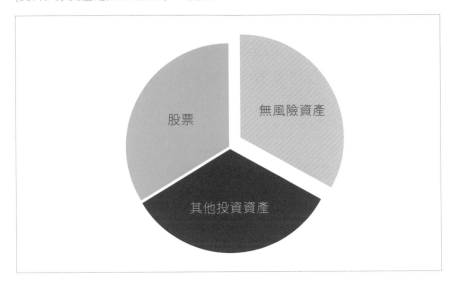

　　不過市場經常反覆無常，這時可以守護各位資產的就是資產配置策略了。當因突發狀況導致證券市場一口氣掉了-20%時，你若有10%的無風險資產比重，評估損失率就會從-20%降到-18%。無風險資產就是像這樣，在熊市中擔任強力的安全閥角色。

　　除此之外，如果根據規則來再平衡，即使股價急遽漲跌，收益率也會自然產生「夏農的惡魔」現象[4]。即是說，資產配置策略其實擁有穩定性跟收益性兩種功能。

　　資產配置有各種策略，有只以無風險資產的比率簡單組成的「靜態資產配置策略」，以及應用各種變數動態計算股票跟無風險資產比率後套用的「動態資產配置策略」。

4　威廉・龐士東著（圖書出版soso）：《Money Science》，P.272

# 夏農的惡魔

身兼科學家及數學家的克勞德・夏農發現，在變化倏忽的股票市場中，投資大半股票跟現金後，只要按照規則定期重新配合比率再平衡，就可以創造收益的現象。股價漲跌後回到原位，但投資收益卻往右上爬，這是再平衡過程中反覆間接抄底、高價售出的同時，出現收益累積的現象，這個現象看起來很像惡魔，因此就加上發現者的名稱，稱作「夏農的惡魔（Shannon's Demon）」。

特別是變動性大的投資對象，「夏農的惡魔」現象發生得更明顯。你可以利用此來建立各種投資策略。而這之中最能簡單應用的就是資產配置策略跟再平衡。

　　動態資產配置策略根據市場內外的變數而有接近無限種方法。不過從開發到套用，個人投資者在使用上可能會遇到不少困難，因此筆者會建議用單純的比率組成的靜態資本配置策略給個人投資者。在實行資產配置策略，累積允分的知識後，再建立自己專屬的動態資產配置策略，就可創造出不錯的績效。

　　靜態資產配置策略非常單純，定好股票資產跟無風險資產的比率，並按照該比率安排好資產，週期性或按照規則重新設定比率即可。不過望眼周遭的例子，大部分都只有在一開始會按照比率安排，接著就有幾年的期間完全不做再平衡。

這並不叫資產配置策略，而叫「擱置」。如果用單純比率策略來做資產配置，就必須以1年或6個月的週期配合事前定好的資產配置比率再平衡才行。

使用資產配置策略很簡單，只要在事前定好兩種規則即可。

第一個，決定股票資產跟無風險資產的固定比率規則

第二個，決定再平衡週期的相關規則

這時無風險資產的比率愈低，股票比重就會愈高，因此可稱作是進攻型的資產配置策略，而無風險資產比率愈低，就可稱為防守型的資產配置策略。實際套用單純比率資產配置策略的金融商品，股票跟無風險資產的比率會各定為70：30、50：50、30：70等後套用。

如果想為了提高收益而進行進攻型的投資，就可以定為股票90：無風險資產10的比率，如果想要以穩定為導向的投資，則可定為股票10：無風險資產90的比率，來建立資產配置策略。無風險資產的比率愈高，投資風險愈低，但期望收益率也會降低。每個投資者可以接受的風險不一樣，所以必須觀察自己的傾向來選擇。

導入資產配置策略，並不是將無風險資產、股票資產按照比率安排好即可。投資後一定要記得再平衡。因為資產配置策略的精隨，就在於再平衡上。所謂的再平衡，就是配合定好的比率，定期重新安排投資資產的比率。

好比説，假設我們將1億韓元以50：50投資，並1年再平衡一次。為了計算便利，假定沒有股息跟利息。

一開始投資時會將5千萬韓元投入到股票資產，剩下的5千萬韓元則是無風險資產（現金），對吧？假設1年後看帳戶，股票少掉一半變成2,500萬韓元。因為無風險資產仍維持5千萬韓元，所以整體投資資產是7,500韓元，損失會是-25%。如果1億韓元全部投入到股票，那就會產生-50%的致命損失，但幸好有防守到-25%。1年後決定再平衡，並「理性地」按照規則進行。我們將剩下的資金重新各分成50%。將3,750萬韓元重編為股票資產，3,750萬韓元則是無風險資產。但這個過程中，無風險資產5千萬韓元的一部分投入到股票資產，做了追加買進。即是説，產生了間接的抄底現象。

又過1年後，證券市場上漲了100%，開心地回到原位。1年前再平衡的3,750萬韓元的股票變成7,500萬韓元，而無風險資產則維持3,750萬韓元，對吧？這些合起來就會是1億1,250萬韓元。是不是覺得哪裡有點奇怪？股票市場回原位，整體資產的評估金額卻從1億韓元增加到1億1,250萬韓元。

不為股票市場的急遽漲跌所屈服，在定好的時機做資產配置跟再平衡，即使市場變化倏忽，最後回到原位後資產也會產生增加的現象，就叫做「夏農的惡魔」。之所以會發生這種現象，是因為證券市場下跌後，在再平衡的過程中發生間接抄底，結果提高了收益率。

大部分的個人投資者在股價下跌的狀況下，別說是再平衡了，根本只會陷入恐慌，並在拋售後就忙著逃離市場。但透過資產配置策略持續再平衡的投資者，反而可以將這個時期化作轉機。

再回到案例，證券市場上漲100%後，再次實施再平衡。總評估金額1億1,250萬韓元各分50%，5,625萬韓元分配給股票，5,625萬韓元分配給無風險資產。這時將無風險資產7,500韓元中的1,875萬韓元售出，轉移到無風險資產。這個過程中會產生間接的高價售出現象。

[資料9-6] 50：50只要再平衡做好，就可以自然增加收益 (單位：韓元)

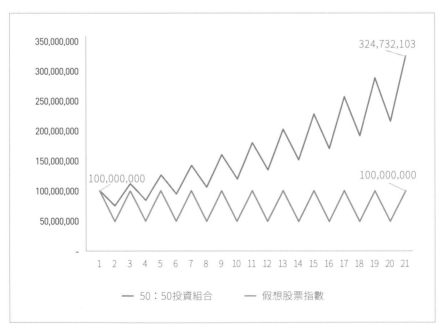

透過再平衡，會產生間接抄底、間接高價售出，這正是投資者希望的「買低賣高（Buy Low And Sell High）」的行為。此外，如果上面的狀況反覆會如何？「夏農的惡魔」現象長期來說可以創造出想像之上的成果。

資產配置策略最好從股票投資的初期開始。如果不在一開始就將資產配置策略習慣化，以後不管市場暴漲還是暴跌都無法使用。在市場生存久的高手們，都會持有約10%的無風險資產，這也是所謂的資產配置策略。各位也會需要這種策略。如果覺得太複雜，可以單純地從90：10，到70：30、50：50、30：70等中，配合自己投資傾向跟風險承受程度，來訂定比率，此外再定好以幾個月為單位再平衡之類的規則就可以了。這是投資的穩定性跟收益性雙得的最好方法。

# 3

## 減少風險的
## 各種避險資產

VALUE INVESTMENT

　　我跟各位說明過分散投資跟資產配置策略等管理風險的方法。分散投資是透過提高股票檔數，而有使個別企業風險－非系統性風險減少的效果，資產配置策略則有透過定好風險資產跟無風險資產的比率分開投資，來減少風險並創造收益的優點。但這些都是間接管理風險的方法。雖然中長期來看可以減少投資組合的風險，卻沒辦法有效率地防止市場的突發性狀況。分散投資的話，市場風險會維持原樣，在股票市場因突發狀況下跌時，可能會直接經歷該過程；而資產配置策略必須要持有一定比率的股票（風險資產），因此沒辦法大幅降低風險。這時為了降低風險所使用的，就是避險（hedge）。

　　股票市場下跌時，如果加上跟股票市場呈相反移動的避險資產，就可以將帳戶的損失最小化。金融市場有幾種避險方法是投資初學者也會接觸到的。

期貨、選擇權、反向ETF、美金等是風險避險的代表性投資對象。即使不把需避險的金額全部投入，只要有保證金，就可以讓達保證金數倍的投資資產避險。避險的投資對象可以透過少少的保證金投資巨大的資產，故基本上可能會暴露在很大的風險之下。因此金融當局將投資期貨、選擇權的事先培訓義務化，也建立了基本保證金制度。此外在產生槓桿、反向ETF的投機需求後，於2020年9月開始義務化針對衍生型ETF的事先培訓。

不過，其實交易期貨、選擇權、衍生ETF等的事先培訓也不難，只是小小的程序罷了。透過培訓擁有資格條件後，這些資產就可以拿來當作各位投資避險用的工具。

## ① 期貨

首先來了解一下期貨（Futures）。期貨是將未來交易的對象先在目前的時間點訂契約的制度。教科書經常出現的期貨案例，是大白菜地打包賣。這個如果嚴格上米說，並不是期貨契約，而是遠期契約。中間商在大白菜收割時直接把種地全買下來，而跟農民訂契約，這叫遠期契約。農民即使大白菜價在收穫期暴跌，也可以確保現金，相反的，中間商即使大白菜價暴漲，也可以按照契約的價格來確保大白菜。

那麼，我們拓展這個概念想一下股票市場的期貨市場。

## 遠期契約
## 與期貨契約的差異

遠期契約跟期貨契約雖然類似，但實現交易的市場並不一樣。期貨契約是在特定交易所中標準化的契約，每天會當日結算，而結帳機關會保證契約執行有無。伴隨交易所的管制，實際現貨交割會降到非常低的比率。若是遠期契約，則大部分為個人對個人或是事業者對事業者締結的個別契約型態，因此契約的穩定性會比期貨契約還低。你可以把它看作是一種私訂合約的型態。如果從遠期契約的案例來看，在投資教科書中最常出現的就是「大白菜地打包賣」。因為是個人對個人或事業者對事業者的個別契約型態，所以可能會發生不履行合約的情形，也可能會隨著情況而無法獲得自己想要的遠期契約效果。

期貨契約案例有像在金融市場中可看到的KOSPI 200期貨、那斯達克150期貨、個別股票期貨、商品期貨等在交易所的交易等等。這些期貨交易會由交易所進行買賣跟結算，並正確管理，因此不同於遠期契約，發生不履行合約的可能性非常低。

　　假設各位透過各角度分析出來的結果，是預計股票市場將下跌，那麼售出股票也是可讓股票投資組合避險的方法。如果想大規模售出股票，就需要負擔手續費或買賣過程的費用、股利問題等。這時其中一個可以使用的方法，就是在期貨市場中只付保證金後，持有期貨空頭部位。

　　旁邊的圖表是期貨部位的損益概念圖。如果持有期貨多頭部位，就跟持有股票一樣，當股價上漲時，會產生正收益，當股價下跌時，收益會減少或產生負值的損失。相反的，若持有

[資料9-7] 期貨部位的損益概念圖

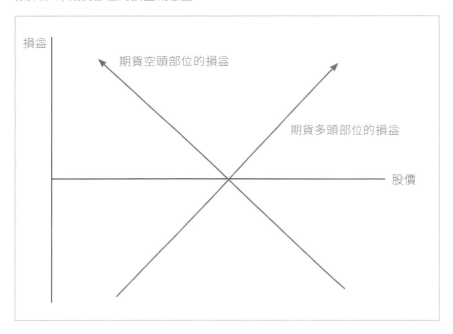

損益

期貨空頭部位的損益

期貨多頭部位的損益

股價

空頭部位的話，當股價下跌時會產生收益，股價上漲時則會產生損失。

　　從避險的觀點來看，在預計股票市場會下跌後，取得評估金額量的期貨部位時，即使股票產生損失，也能降低或直接除去損失。不過當股票市場不同於預計上漲時，若是期貨空頭部位，就有可能產生損失。

　　因此當應用期貨售出來幫投資組合避險時，為應付走勢不同於預測（證券市場上漲），也應一起建立何時結算期貨售出的退場策略。此外，期貨跟選擇權市場有所謂的期滿。若你在期滿日後仍持續持有該部位，則需轉倉為下一個合約月份的衍生部位。這時會產生直接、間接的交易費用。因此用期貨避

險時，必須建立適當的時間點或標準，且一定要計畫何時回購
（回購數）期貨空頭部位來結算。

## ② 選擇權

　　第二個避險方法可以考慮選擇權（Option）。選擇權是日
常生活中也經常使用的用語。選擇權是可選擇的事項，而非義
務。不過我們如果選擇該選擇權，就會持有權利。當你買車的
時候，選擇權是可買可不買，但當你選擇後付錢，販賣者就必
須將該選擇權套用在汽車上才行。

　　衍生商品選擇權也是一樣。在衍生市場中的選擇權，有買
權（Call Option）跟賣權（Put Option）。買權是在特定價格
「可買的權利」。

　　「這個東西是100韓元，雖然之後物品價格不知道會怎
樣，如果你現在給我10韓元，之後價格不管怎麼變，我都會給
你用100韓元購買的權利。」

　　「好，說定了！」

　　這樣的話交易就成立了對吧？當你有在特定價格購買的權
利時，假設該價格持續上漲，你的心情應該會很好，因為這等
於是在賺錢。實際選擇權市場中，選擇權價格會上漲到可購買
的價格跟實際價格差異之上。相反的，價格下跌時，只要放棄
可購買的權利即可。當物品變成極端的價格0韓元時，沒有一
定要去執行選擇權購買100韓元的必要，因為選擇權持有者沒

有購買的義務。所以在選擇權市場中，當標準物的價格下跌，買權價格只會接近0，並不會變成負值，屆時只要拋棄權利金就可以了。

相反的，賣權就是「可賣的權利」。即是我可用賣權價格買在特定價格可賣某個物品的權利。如果說你用10韓元買了可將某個物品用100韓元賣出的權利，該物品價格愈下跌，你的心情應該就愈好，因為即使物品價格變成0韓元，也能用100韓元賣出。相反的，該物品價格扶搖直上，來到1000韓元、10000韓元，你也不會遭受損失，只要放棄賣權即可，你也只會損失已支付的10韓元權利金。

[資料9-8] 買權跟賣權的損益概念圖

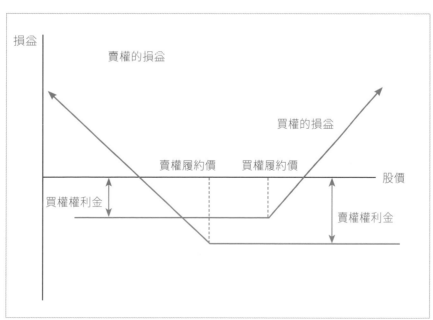

用説的可能有點茫然。為了讓你輕鬆理解買權跟賣權的收益結構，我在這裡整理了圖表，希望你可以仔細觀察一下前面頁面的[資料9-8]概念圖。

買權會在股價愈上漲的時候收益愈大。當股價下跌時雖然會遭受權利金程度的損失，但損失幅度也只會是這樣。相反的，賣權在股價愈下跌時，收益會直線上漲。下跌時也只會承受權利金程度的損失。

我們經常會將賣權的多頭部位當作避險用，因為只要購買所謂賣權這樣的權利，就可以讓自己的資產在股價下跌中避險。因此當股票市場發生急劇的跌落時，也可能出現賣權各自上漲100倍的現象。

不過，選擇權的期限比期貨期限還要短。因此將選擇權當作避險用時買進的價格，比起單純履約價跟股價的差異，會有所謂更大的時間價值，故會產生很大的避險費用。所以如果重複在選擇權期滿後轉倉到下一個合約月份的選擇權，就有可能產生更多的避險費用。因此將選擇權當作避險用時，必須要深思熟慮。不過當你預測股票市場會有劇烈變動時，以可用比期貨低的保證金來幫股票部位避險的角度來看，確實是個值得考慮的方法。

## ③ 反向ETF

第三個可以考慮的避險方法是反向ETF買進。

期貨、選擇權必須要另外創衍生商品的帳戶來管理，但反向ETF可像股票一樣買進，所以利用起來很簡單。反向ETF是營運公司自己為了利用衍生商品來創造與標準股價指數漲跌相反的漲跌率而設計的，因此會與期貨空頭部位以類似的型態形成收益結構。

為了比較，我們用圖表來觀察一下KOSPI 200指數跟KODEX反向型。

[資料9-9] KOSPI 200指數（上）跟KODEX反向型（下）圖表

圖表呈現出2009年底到2020年7月中旬的KOSPI 200指數跟KODEX反向型ETF的走勢。

看一眼就知道相互是呈相反的方向移動，對吧？在股票市場下跌的時期，反向ETF的價格就上漲。如果應用反向ETF，就可以在熊市中緩衝收益率。

不過，反向ETF也有額外要考慮的因素。商品結構上使用的是衍生商品，因此會產生轉倉的費用。故從避險的角度來看，當你取得反向ETF部位後長期持有，就可能累積潛在的損失。就如同前面圖表所看到的，2018年初股價指數到達最高值的時期，反向ETF的價格也來到最低點附近。不過在2020年7月，儘管KOSPI 200呈現下跌的狀態，我們可以看到反向ETF的價格也下跌到2018年最低點的附近。這表示，反向ETF雖然經常當作避險使用，但毫無計畫地長久持久是不太恰當的。

### ④ 美金

此外，還有各種資產可以拿來避險。如果你仔細思考，避險其實跟資產配置策略是一樣的概念，只不過是用金融商品來代替資產配置策略的無風險資產（債券等）。即是說，只要加上跟股票市場呈現相反關係（相反移動的傾向）的資產，就可以避險了。

有什麼是跟股票市場呈現相反關係，又在股票市場下跌時價格上漲的呢？除了前面提到的期貨空頭部位、選擇權、反向ETF之外，還有「美金（$）」。

每當韓國陷入經濟危機時，股票市場就會下跌，美金就會驟升。因此也有很多人會將美金資產當作避險來應用。如果想

要為了避險買進美金資產，該怎麼做才好呢？我們有買美金存款、美金債券或美國公債，或是追加美國股票等方法。

[資料9-10] 綜合股價指數跟美金價格的走勢（1987年～2020年上半年）

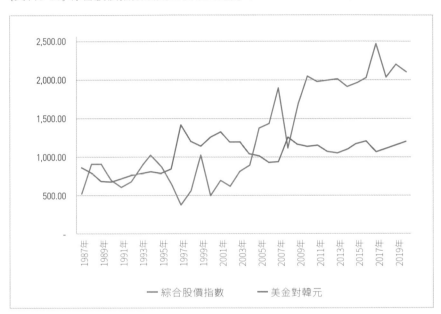

　　上面的資料是標示綜合股價指數跟美金對韓元匯率的1987年到2020年上半年的走勢圖表。若觀察1997年、2008年以及2018年之後的走勢，可以看到當股票市場呈現蕭條局面時，美金價格大幅上漲。即使統計

**相關係數**
(coefficient of correlation)

相關係數有-10到+1，-1的話表示呈現完全相反的走勢，+1則表示有相同走勢的傾向。接近0就代表毫無關係。

初學用語

起來分析，股價指數跟美金對韓元的匯率收益率的相關係數也是年度-0.52，顯示很強的相反移動的傾向。

理由在於金融危機或景氣不安時期，身為關鍵貨幣的美金需求增加，因此價格也遽增。當韓國的經濟穩定且證券市場上漲時，美金價格反而可能會下跌，使收益率受損，所以大部分人會將美金資產當作資產配置策略的一部分應用。將美金當作避險應用的代表案例，就是4等分資產配置策略。詳細的內容我會在下一個段落進行說明。

在下一個段落，我們將探討資產配置策略會創造何種績效，以及實際的案例。另外也會討論到4等分策略的案例。

# 4
# 資產配置
# 策略執行

VALUE INVESTMENT

　　筆者從幾年前開始會在凌晨時間學習游泳。雖然一開始是水裡的旱鴨子，但幾個月後就達到蛙式的階段，現在正朝向蝶式邁進。不管是學哪個泳式，都是從踢腿開始學起，因為踢腿是基本。你必須熟悉踢腿之後，才能進入到手的動作跟搖擺前進的階段。只要踢腿做得好，即使手臂不動也可以前進。

　　而投資中跟踢腿類似的角色就是「資產配置策略」。即使沒有華麗的交易技術，只要好好遵守資產配置策略，就可以在投資的世界更進一步。雖然資產配置策略比較慢，但很穩定，且長期來看會創造可產出收益的間接BLASH（Buy Low And Sell High）效果及夏濃的惡魔現象。

　　那麼我們就一起透過幾個案例，來看資產配置策略會創造出何種績效吧。

　　先來觀察一下最單純又簡易的比率50：50策略。將風險資

產（股票）跟無風險資產（公債、現金）以50：50分配，並在每個定好的週期將比率重新調整為50：50。

　　雖然是非常簡單的方式，但這是連巨大的投資機關或基金也會使用的策略。代表性的像日本公共年金，就是使用風險、無風險資產各一半，並再分成國內、海外共4等分的策略。不需要計算到頭痛，只要配合特定時機或定好的規則，重新調整比率，即使是新手也可以使用。

[資料9-11] 50：50策略的績效（1987年～2020年6月）

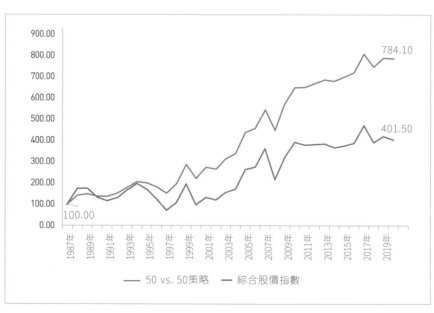

(標準價：100)

　　上面的圖表是從1987年到2020年6月底運用50：50策略時呈現出的成果。我們可以看到比綜合股價指數更穩定，且持續創造出高績效。

32年6個多月期間，綜合股價指數從標準價100p上漲到401.5p，創下301%的收益率，50：50策略則從標準價100p上漲到784.10p，創下超過684%的收益率。如果用年均複合成長率（CAGR）來計算，50：50策略創下年度6.54%的收益率，綜合股價指數則創下年度4.36%的收益率。

雖然只有年度2.18%p這樣的微小差異，但長期來看跟綜合股價指數的差距會擴大，並創造出龐大的收益率差異。我們用創下特別差的收益率那年為基準，觀察看看吧？綜合股價指數在2000年創下-51%這個令人衝擊的下跌率，但該年度50：50策略的下跌率卻是-22%，這就是資產配置策略除了投資穩定性之外，也是提高收益率方法的決定性證據。

只不過，50%的風險資產比重根據投資者的不同，可能算多也可能算少，因此最好根據投資的風格來調整股票比重，或是使用按照年齡的無風險資產比重應用策略，年齡愈大，無風險資產的比重就愈高，如公式般。

前面提到的50：50策略是單純利用比率的靜態資產配置策略。如果在這裡將策略再升級，就可以創造出應用市場估值的動態資產配置策略。當市場高估時，就降低股票比重，當市場低估時，則增加股票的比重。

有關市場估值相關的資料，可在全世界主要證券交易所的官網輕鬆找到。韓國交易所（KRX）官網中也可以透過簡單的查詢，輕鬆找到PER、PBR、殖利率等市場統計資料，並下載成檔案。

我們可以用市場殖利率跟市場利息，來訂定無風險資產、股票資產的比重，當作應用價值投資策略的資產配置策略的簡單案例。這個概念在於，當你用市場利息去除市場殖利率時，殖利率比市場利息高的話，就提高股票資產的比重；相反的，當殖利率比市場利息低很多時，就提高無風險資產的比重。因為應用到市場估值，當市場高估時，就提高無風險資產的比重，市場低估時，則提高股票資產，這樣就能夠比50：50策略更靈活地進行調整。

只不過，應用市場估值的資產配置策略如果掉入價格陷阱，動能持續下降時，或是牛市持續，因而高估的市場持續上漲時，就有可能產生不利的績效，這點請記住。

[資料9-12] 以市場殖利率資料創造出的資產配置策略績效 (1987年～2020年6月)

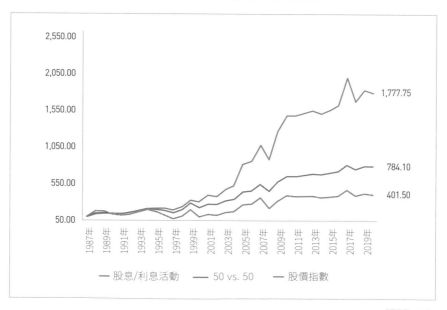

(標準價：100)

前面應用市場殖利率跟市場利息的動態資產配置策略，從1987年到2020年6月底32年6個月期間，標準價100p上漲到1777.75p，並創下了1677%的收益率。年度收益率達到9.25%的驚人數字。即使是50：50策略跟綜合股價指數創造最差收益率的2000年，應用股息、利息的動態資產配置策略也達到了-5%的良好收益率。這是因為1999年IT泡沫使證券市場暴漲，市場殖利率下跌到不滿1%，銀行利息上漲接近7%，同時股票比重大幅降低的緣故。近期殖利率提高，並進入超低利息時代，股票比重計算出來很高的年度較多，因此在實際使用上需多加考慮。

最近投資海外資產的人大幅增加，所以除了國內的資產配置以外，追加投資海外資產，即海外股票及海外無風險資產的情形也正在增加。

[資料9-13] 4等分資產配置策略概念圖

以韓國國民年金、日本公共年金及各種國際退休
基金的4等分策略為基礎，建立資產配置策略。

這就是4等分策略。國內投資資產分成股票、無風險資產各一半，海外投資資產也分成股票、無風險資產各一半。

即是説，均衡分成國內股票、國內無風險資產、海外股票、海外無風險資產後，只要重複1年重新調整一次比率的再平衡即可。

很簡單吧？我們來將適當的投資對象放進國內股票/國內無風險資產/海外股票/海外無風險資產等分類看看。為了方便計算，套用代表指數跟簡單的無風險資產，且不考慮股息收益跟利息、稅金等。

—— 國內股票以綜合股價指數為基準，投資時請應用KOSPI200追蹤ETF。

—— 國內無風險資產用定期存款。

—— 海外股票用S&P 500指數，投資時使用S&P 500相關ETF即可。

—— 海外無風險資產用美金對韓元匯率。實際投資時可考慮美金存款或美金發行票據，或者也可考慮在美國證券市場中交易的美國公債ETF。

此外，海外資產不會考慮外匯避險。儘管一般很常透過外匯避險來追求以韓元為基準的穩定性，但這樣做的話海外資產的分散投資效果就會遞減。建議各位應該避開外匯避險，4等分策略的收益率才能在危機狀況中發揮作用。

2008年金融危機中，S&P 500指數掉了-40%，美金價格上漲的同時，S&P 500指數2008年以韓元為基準的收益率是-20%左右。

我追蹤了將4等分資產配置策略於每年底再平衡，並從1987年開始到2020年6月底應用時的收益率。

[資料9-14] 4等分策略績效（1987年～2020年6月）

(標準價：100)

　　4等分策略收益率是628%，資產上漲了7.28倍，創造出的績效十分顯著。年均複合成長率則是6.3%。同樣的期間若只用存款再投資，跟資產增加4.5倍比起來，可說績效是非常高的。特別是在證券市場搖搖欲墜的1997年IMF時期，多虧美金上漲的關係，創下+37.9%的收益率，2000年IT泡沫破裂時也有-8.2%，2008年金融危機時也以-5.6%的低動盪，贏過了暴跌的市場。

　　像這樣，資產配置策略創出穩定的收益率，也有提高長期收益率的效果。我為了呈現資產配置策略的績效舉了較簡單的

案例，但其實還有使用選擇權的投資組合和保險之類的動態資產配置等複雜的無數策略。

　　各位若能以前面探討的案例為基礎，研究自己專屬的資產配置策略，相信就能創造投資的穩固基石。

# 建立自己專屬的
# 資產配置策略方法

雖然學習了資產配置策略，但你可能會在投資實戰中覺得困難。而其中最難的在於，你會產生「應該選擇哪種資產配置策略才能創造好績效」的野心。但我們可能光是苦惱，時光就默默飛逝了。

我跟各位稍微提一下，在選擇資產配置策略時最重要的基準，其實就是各位對於風險的忍受程度。

每個投資者對風險的反應跟態度都不盡相同。筆者對風險有心理準備，因此會使用進攻型的方法，也就是說追求的是高風險、高收益。因此筆者比起單純的資產配置策略，偏好在動態資產配置策略中設計較高的風險資產。不過其他投資者跟我不同。個人投資者大部分會偏好風險中立或安全性的投資，當然也會有人的投資傾向會比較偏向進攻型的。

各位可以試著評估自己的投資傾向。請試著想像幾種情境。

- 收益率少了一半也沒關係嗎？

- 那麼–20%程度的損失如何？

- –10%左右的下跌狀況中，你會做何種決定？

第一個，如果你對於損失一半已經抱有心理準備，那麼就適合進攻型的資產配置策略。

第二個，如果你的覺悟有到−20%的損失率，就是風險中立型的投資者，適合單純比率策略中的50：50。

如果你無法忍受−10%左右的損失，就是追求安全型的投資者，應採無風險資產比重高的資產配置策略。你必須認真考慮資產的投資傾向，來使用適當的資產配置策略。如果安全型投資者為了創造多一點收益而使用進攻型的資產配置策略，就算股票市場只下跌一些，也會壓力大到睡不著覺。相反的，若進攻型投資者採取無風險資產比重高的策略，就會對低收益率感到不耐煩而無法持久。這也可以看出，配合自己投資傾向來建立資產配置策略有多重要了。

為了具體地掌握自己的投資傾向，最好利用各證券公司的金融商品諮詢，或是在開設帳戶時會做的投資者傾向問卷調查。開設證券帳戶時，會以投資者的年齡、所得、金融資產比重、投資經驗、風險偏好度、投資目的、投資風險承受程度、投資知識等為基礎，將投資者的傾向分成進攻投資型、積極投資型、風險中立型、追求安全型、安全型等5個等級。如果各位能以此為基礎建立適合的資產配置策略，將有助於用持續的資產配置策略來達到持續的收益。

若舉利用單純比率的資產配置策略為例，

進攻投資型投資者股票：無風險資產比率會是90：10

積極投資型投資者股票：無風險資產比率會是70：30

風險中立型投資者股票：無風險資產比率會是50：50

追求安全型投資者股票：無風險資產比率會是30：70

安全型投資者股票：無風險資產比率會是10：90等。

各位的投資傾向為何？希望各位在審慎地考慮後，可以馬上應用資產配置策略。此外，年齡層愈高，就有必要將無風險資產的比重安排愈高。高齡的投資者若因為進攻型投資而在突發狀況產生時遭受大量損失，較沒有寬裕的時間去復原。因此若你是退休或高齡的投資者，考慮將自己的年齡當作無風險資產倍率使用的各年齡資產配置策略，會比較安全。

SUMMARY

■ 現代投資組合理論（Modern Porfolio Thoery，MPT）中，將股票投資的總風險分成系統性風險跟非系統性風險。

■ 系統性風險（Systematic risk）代表股票市場整體的風險，非系統性風險（non-Systematic risk）則代表個別企業的風險。

■ 透過分散投資可以大幅降低非系統性風險，但卻無法連系統性風險也一同除去。

■ 資產配置策略可透過股票外的其他資產控制系統性風險。

■ 分散投資時，以彼此相關係數最低的股票組成投資組合，可以降低風險。

■ 分散投資的方式有市值法、同一加權法、價值加權法等。

■ 資產配置策略基本上可以分成風險資產（股票）跟無風險資產等，並可將其他投資資產像調味料一樣追加使用。

■ 資產配置策略有用定好的資產配置比率營運的靜態資產配置，以及配合各種基準而有不同資產配置比率的動態資產配置。

■ 採取50：50策略後定期再平衡，即使股價從暴跌中歸回原位，整體收益率也會增加的現象，稱為「夏農的惡魔」。

■ 主動避險的方法有期貨、選擇權、反向ETF及美金等。

■ 期貨跟選擇權、反向ETF結構上會產生轉倉費用，因此可能不適合長期持有。

■ 美金資產在韓國證券市場蕭條時，會因為美金價格上漲而達到傑出的避險效果，但韓國證券市場上漲時，卻會因為美金價格下跌而成為收益率惡化的原因。

■ 4等分策略可以簡單分為國內股票、海外股票、國內無風險資產、海外無風險資產等4等分投資。

# 實踐資產配置策略時，
# 調整區間是「撿撿撿」的機會

---

筆者正在使用的是利用估值的動態資產配置策略。市場上漲後，整體估值程度提高而導致高估時，就提高無風險資產比重，並降低股票資產（風險資產）的比重。市場下跌後，估值程度降低時，就減少無風險資產，並提高股票資產（風險資產）的比重。

即使不是這樣的方法，在股票市場存活許久的投資者也大多都會說，每個人應至少持有10%的無風險資產。你要持有無風險資產，才能看到收益率的緩衝效果，機會來時也才能抓得住。

2020年3月，因新冠肺炎衝擊導致證券市場暴跌的時期，筆者也按照資產配置策略持有一定部分的無風險資產。綜合股價指數場中暴跌1439點的3月19日，筆者就像撿起被丟棄的寶物般，進攻式地使用了無風險資產。這時筆者的現金比重就變成了0%。

雖然事過境遷後，人們才會感嘆「原來那時是機會啊」，但當那個瞬間真正來臨時，卻沒多少人能真的付諸實現。即使我大喊因為股價下跌，股票資產的比重會降低，無風險資產的

比重變高，只要按照原來的比率重新調整就好了，但行動的人卻極少。人們反而陷入恐慌，認為筆者瘋了。

在那個時期克服恐懼，並積極應用資產配置策略的人，就能「撿到」便宜拋售的股票。2020年12月綜合股價指數對比2020年3月19日上漲超過了90%。

在恐慌瀰漫的狀況下，人們即使看到市場低估的股票被拋出，呈現四處滾的面貌，卻仍不去實踐，這是因為他們缺乏投資策略。如果知道資產配置策略，並有實踐之志的話，就會有勇氣在暴跌的行情中便宜買到好股票，並在證券市場驟升後將變貴的股票售出。

就像筆者在2020年3月邊唱歌邊做的一樣。

「撿撿撿～♫撿撿撿～♫，謝啦謝啦～♫便宜拋售股票的外國人！」

# Chapter 10

# 實踐價值投資的
# 最後建議

# 建立自己的
# 投資原則

VALUE INVESTMENT

　　終於到最後的課程了。在這章，我想重新整理價值投資的核心。我們前面接觸到價值投資相關的各種理論、觀點、方法，以及價值投資大師們的故事。也知道價值投資的方向很多元。雖然有像班傑明・葛拉漢這樣以資產價值為中心的淨價值投資，但也有像華倫・巴菲特或彼得・林區這樣重視長期成長價值的價值投資。

　　這些雖都在所謂價值投資這個廣大的範圍內，但淨價值投資跟成長價值投資從股價走勢的視覺上來說，有著明顯的差異，因此有必要考慮自己的投資傾向跟實力。

　　屬淨價值投資的股票，股價變動性偏低，也會用「Beta係數低」來表達。淨價值投資一般來說會重視淨資產價值或殖利率，並有很強的傾向會以此作為價值判斷的標準。就像我們在財務報表所讀到的，公司的淨資產價值並不會劇烈變化。

公司的利潤會像沉重的貨櫃船一樣，即使暴漲或驟跌，淨資產價值的變動也會相對較小。因此從淨價值的觀點來看，低估的股票股價變動性相對來說較為平穩。比起股息或利潤的變動性，變化的幅度比較不那麼大。

與此相反，成長價值投資裡變動性、Beta高的股票很多。即使目前高估，如果公司持續成長，就有可能隨著高成長拿到報償，若在未來也持續成長，就會反映出期望價值，獲得更高的估值。對於成長率的期望值愈高，股價就愈會劇烈上漲，並可能根據情況而持續不斷地上漲。也因此在時機好時，如果是追蹤成長價值的投資者，就有可能創造出龐大的收益。

不過成長價值的重要標準－利潤的變動，通常會比淨資產價值的變化來得大。可能某年會是赤字，但某年卻創造出碩大的順差。利潤的高變動性會自然伴隨著股價的急遽漲跌。即使在期待感之下暴漲，如果公司的銷售或利潤沒有符合期望值，就有可能在失望之下產生拋售，股價也會暴跌。

因此，如果你是投資傾向偏進攻型，心理也做好準備的人，就可能適合成長價值。另一方面，如果覺得自己帶有防守的傾向，就可能會覺得成長價值股票像雲霄飛車般可怕。在期待感中上漲，又在失望感中暴跌時，將毫無對策。相反的，淨資產價值股票對有防守傾向的價值投資者來說，可能就會是安心的價值投資方法。

成長價值跟淨價值中沒有正確答案。因為投資者的傾向可能會隨時間改變，可能原本會羨慕成長價值股票，又從某個瞬間開始覺得淨價值股票比較好。

因此最近不會將淨價值或成長價值像非黑即白那樣二分法，也有愈來愈多投資者會混用兩種價值傾向來投資。混用投資法簡單來說有兩種。

第一個方法是槓鈴策略。

你只要腦中浮現運動時會使用的槓鈴即可。這是像沉重的槓片掛在棒子的兩側，一邊放成長價值投資組合，另一邊則放淨價值投資組合來管理的營運方法。

這個方式就像賣雨傘跟賣扇子的母親故事一樣，成長價值股票持續漲時，該股票的收益率會提高，該方就會創造很大的收益，所以很棒，而淨價值股票領先時，該股票的收益率就會提高，所以兩邊都可以開心看到收益。成長價值股票的變動性多少會有點高，但因分散為成長價值跟淨價值，因此跟只有成長價值的投資組合比起來，可提高收益率的穩定性。

第二個方法是找成長可能性高的淨價值股票。

這個邏輯可能會有一點矛盾，因為有成長性的股票一般已經會有高水準的估值程度。也因此，從淨價值的觀點來看是低估的，要找到成長性高的股票並不容易。不過，在股票市場的走勢中，可同時滿足兩種價值的時機幾年會出現一次。就是

當綜合股價指數掉-20%以上的中等熊市，超越下跌來到暴跌-50%的程度時，具有成長價值跟淨價值的股票就會充斥市場。

[資料10-1] 成長價值跟淨價值並行的槓鈴策略

最近的像2020年3月新冠疫情衝擊之後，在之前則是2008年金融危機之後、2003年IT泡沫破裂後3年期間的熊市之後，還有再稍微之前，全韓國民回到當時都會進攻型投資的ITF事件之後，都是具代表性的時期。

這時不管是好的股票還是有成長的股票、低估的股票，都會不管三七二十一出現拋售，所有股票都會發生「盲目暴跌」。這結果使穩定的成長性、在不景氣中也穩定的收益性、對比資產價值低估、高股息收益率等條件全都滿足的好股票滿溢。就好像颶風肆虐後，櫻桃農場的櫻桃全部都掉到地上一

樣。而有智慧的投資者，就會將這種時期當作收集具有成長價值跟淨價值股票的絕妙擇優機會。

2003～2004年韓國證券市場中充斥著這些股票。這個時期美國的避險基金包普斯特財務管理集團（Baupost）等外國價值投資基金，就在韓國擇優挑選了具備成長、淨價值的股票。然後他們2005年之後在產生數百～數千百分比的收益率後，就悠悠地售出回收收益。這種時期雖然10年才一兩次，但請一定要記住，因為機會總會再找上門來。

如果你已經決定好適合自己的價值投資法，建議你建立管理投資組合的規則。畢竟如果才剛開始投資，即使發掘到好股票，何時買進賣出也會讓人十分苦惱。

[資料10-2] 避險基金包普斯特財務管理集團買進京冬製藥後2年後以高價售出

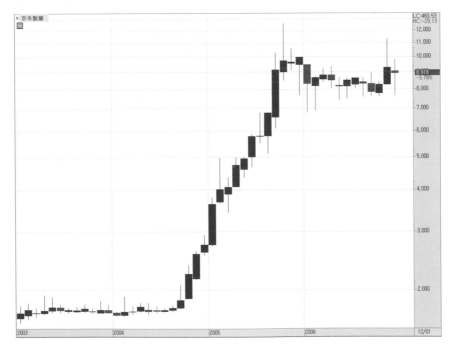

此外，還有透過相對價值、絕對價值測定法等推估出適當的股價水準，來推敲售出時間點的方法，也有階段性地定好價格範圍後分期銷售的方法。在買進新股票時，你必須要建立買進的規則。如果自己沒有明確的標準，即使下定決心要做價值投資，還是有可能會變成四不像的投資。

在建立標準跟規則上，我們可以以價值風格投資作為小小的標準。

價值風格投資最近也被稱作「量化投資法」，是指按照決定好的標準選定股票，並替換股票的投資方式。好比說，每年底將50個殖利率高的股票放到投資組合後，1年後再變更為50個新的高殖利率股票。

除此之外，還可以根據價值投資標準建立其他各種方法。不過，這種價值風格經營方式必須要得到價值投資標準的驗證。每個投資者對價值投資的標準都不一樣，因此不能說哪個才是答案。也許某個價值投資標準會在特定時期產生讓人開心的成果，但也可能無法產生期望的績效。如果策略經過驗證，就能期待投資績效定期提高了。

筆者正以價值風格方式進行投資，也實際多角度分析價值投資標準，並在經過驗證後套用在實戰上。例如說，如果是利用高殖利率的價格風格策略，長期來看就會得到像下列圖表一樣的回測結果。

[資料10-3] 高股息價值風格策略的累積成果(1991~2019年)

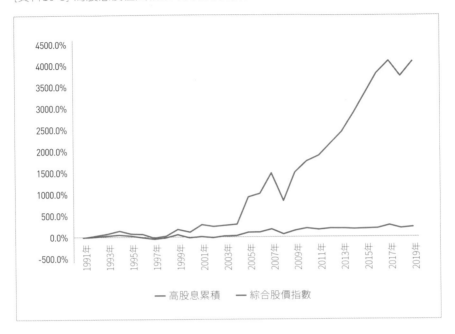

當各位驗證好建立的價值投資法並將其規則化後，即使你可能會因證券市場的變動而受影響，但一定能堅持持續價值投資。更重要的是，你必須設立自己應以何種方式投資的標準，這樣價值投資的路才能走得長遠，並享受到甜美的收益果實。

# 建立好價值投資原則後，好好遵守！

VALUE INVESTMENT

　　認為各位應該可以透過這本書，充分獲得有關於價值投資的相關知識。由於筆者搭配了實際的投資經驗跟方法，你也應該會認知到價值投資其實不是那麼困難的東西。不過從筆者在股票市場長久觀察個人投資者的結果來看，很少人能堅持初衷持續價值投資，甚是遺憾。

　　即使出發時對於價值投資抱有強烈信念，但隨著時間經過，你就會遇到各種動搖內心的狀況。一開始還會覺得這也是有可能的啊，一笑置之，但之後會漸漸因為遭遇的狀況累積疲勞，等到了臨界值，就從某個瞬間開始拋棄價值投資，重新回到過去錯誤的投資方式，如同一般的個人投資者，跟著謠言投資，或在沒有任何標準的情況下買進譁眾取寵的股票，抑或因為急躁的短打買賣，而讓珍貴的投資金付諸流水。

而這些脫離價值投資的道路，回到過去惡習的投資者中，大部分都會遭受到嚴重的投資損失，進而遠離了投資市場。

2005年～2007年當時，韓國股票市場捲起了一股價值投資的旋風，價值投資基金也迎來了全盛時期。個人投資者中有許多人會稱自己為價值投資者。不過隔年金融危機襲來後，就好像什麼事都沒發生過似的，集中投資、短期投資、資料買賣等，過往用感情投資的個人投資方式全都捲土重來。結果造成眾多個人投資者在2009～2011年持續的牛市中也只能累積損失，最終抽出所有的投資金離開投資證券市場。

如果不希望過去這樣的歷史重覆發生，就必須將下列幾點銘記在心。

第一點，必須要有明確的自我標準，並遵守依循該標準的投資規定。如果能在最低限度遵守投資規則，就不會犯下錯誤的投資決定。

第二點，請稍微遠離市場的噪音。股票市場的新聞跟資料會不斷地襲來。如果進到證券市場中心，這些新聞就可能會成為嚴重噪音，動搖各位的投資心理。各位可以仔細思考，華倫‧巴菲特為什麼到遠離金融中心紐約的內布拉斯加州的奧馬哈進行投資，正是為了遠離證券市場襲來的那些新聞跟噪音。

第三點，若市場突然發生利空，動搖各位的心理時，你可以重新拿出這本書閱讀，或是購入投資大師們的書籍，慢慢閱讀，給自己一點時間。如果一直在TV跟網路或是社群上看突發

狀況的相關新聞，只會讓人心煩意亂。邊看價值投資大師們的書、邊穩定身心，對投資會更有幫助。此外，暫時將PC的HTS刪除，或是將MTS從智慧型手機裡刪除，也是一種方法。至少應該要讓自己無法時常確認行情，才能避開因為場內不時變動的行情所帶來的壓力。

最後要給的建議是來自於筆者20年以上的經驗，各位可能會對此感到陌生或衝擊。

**「如果完成自己專屬的價值投資策略，或發掘到真的很優秀的股票時，請自己知道就好，絕對不要告訴其他人。」**

書裡探討到的價值投資方法，都是眾人所熟知的部分，因此可以毫無負擔地透過書公開。但若是找到自己的優秀價值投資方法，或找到真的很有價值的股票，保密將有助於你的投資績效。

收益率就像定好大小的披薩或蛋糕一樣，如果太多人知道那些資訊或股票，自己的那份就會被吃掉。

筆者也沒有將自己真正重要的價值投資方法告知任何人。自己開發的前所未有的價值投資策略，或是只有自己才知道的有價值股，會成為各位的自信跟武器，也才能更強勢地遵守原則。

你可能會對我最後的建議感到驚訝，但請先將那些心情都拋在腦後吧。現在你已經做好價值投資相關的所有準備了，但目前只能說是完成基礎工程的程度罷了。請務必繼續累積經驗

跟研究，建立自己專屬的價值投資策略跟標準。建立標準時若有好奇的地方，你可以隨時再次打開本書參考，期許各位可以打造更堅固且高聳的價值投資大樓。

也盼望未來若某天筆者要寫本書的修訂版時，被選為韓國的價值投資大師的人物，就是將這本書仔細唸到最後並實踐的各位讀者。

附錄

中級價值投資

可以更正確評估企業價值

的三種方法

# 絕對價值
# 測定法

　　評估企業的價值時，若用相對價值法會比較簡單，但基準點會隨著市場狀況持續改變，因此企業的內在價值會反覆上漲跟下降。故人們為了評估正確的企業價值而不斷苦惱，進而產生股利折現模型（DDM：Dividend Discount Model）跟現金折現模型（DCF：Dicounted Cash Flow）。

　　這兩個模型的共通點在於放入了現值計算法的概念，因此跟債券價格模型[1]有很多類似的地方，因其包含了定期產生現金流動的概念，只要將前面學過的現值（PV）計算法再延伸一點即可。

　　例如說，假設有A債券5年到期後收1億韓元，每年會收200萬韓元利息，市場必要報酬率為3%。如果想計算這個債券的價格，就必須將所有現金流量折現現值後再加上即可。

---

1　Ji Chung、Cho Dam著（Haghyeonsa）：《投資論》（第7正版），P.291

債券A的價格（現值）＝

$$\frac{1億韓元}{(1+0.03)^5}+\frac{200萬韓元}{(1+0.03)^5}+\frac{200萬韓元}{(1+0.03)^4}+\frac{200萬韓元}{(1+0.03)^3}+\frac{200萬韓元}{(1+0.03)^2}+\frac{200萬韓元}{(1+0.03)^1}$$

＝ 9,542萬韓元

在計算股利折現模型跟現金折現模型的過程中，用股利或
FCF（自由現金）代替定期利息放進去即可。由於深入計算過
程會太過複雜，我在這邊省略計算過程，只透過公式來說明股
利折現模型跟現金折現模型。

## ① 股利折現模型（DDM）

先來看股利折現模型（Dividend Discount Model[2],DDM）
吧！

股利現金模型是將支付給股東的股息，從「企業價值的根
本」這項概念中製成的模型。這是因為從股東的立場來看，所
謂股息的現金流量會是重要收益的泉源。我們先來看股利折現
模型中最好計算的無成長股利折現模型（Zero-Growth Dividend
Discount Model）。

公式非常簡單。只要將股利除以必要報酬率即可。

$$無成長股利折現模型 = \frac{股利}{必要報酬率}$$

2　　Ji Chung、Cho Dam著（Haghyeonsa）：《投資論》（第7正版），P.357

很簡單吧？這是筆者在研究合理股價模型時，最先接觸到的公式。股利去除以必要報酬率，這時必要報酬率會使用該公司的公司債利率，也可套用考慮到市場利率風險的利差。

例如說，假設每年股息是每股1萬韓元的企業，市場必要報酬率是5%時，無成長股利折現模型的公司價值就是1萬韓元去除以5%的數值，計算出來是1萬韓元÷ 0.05 ＝ 20萬韓元。不過在現實中，企業成長時股息也會跟著成長。為反映這個成長率而創造出來的公式就是Gordon成長模型（Gordon Groth Model）。

$$固定成長模型（Gordon成長模型）＝\frac{股利 \times （1+成長率）}{（必要報酬率-成長率）}$$

這個公式中重要的點在於，會以每年有持續一定的成長率為前提。這裡跟前面的無成長股利折現模型不同的地方在公式中會反映出成長率。此外，必要報酬率會減掉成長率，因此固定成長模型的股價會反映出成長性，來提高股價水準等級。

假設前面例子中使用的支付每股1萬韓元股息、必要報酬率為5%的公司的成長率為3%。我們來計算看看固定成長模型的合理價值。

$$固定成長模型（Gordon成長模型）＝\frac{1萬韓元 \times （1 + 0.03）}{（0.05 - 0.03）}＝51萬5千韓元$$

固定成長模型會反映成長性，跟用無成長股利折現模型計算的20萬韓元比起來，會更高估企業價值。

無成長股利折現模型跟固定成長模型，都是股票投資相關教科書中會使用的基本公式，不過股利折現模型有幾個矛盾存在。

　　第一個，因為只用股利來評估企業價值，因此沒有加入企業的資產價值概念。這樣的話就會有比實際價值低估的傾向。特別是在配息率低的韓國，再怎麼優秀的企業，股利都很低，所以股利折現模型的合理股價經常會出現非常低的數值。

　　第二個，固定成長模型中有需特別留意的部分。如果成長率比必要報酬率高的話，分母就會變成負值，公式就會亂掉。此外，假如必要報酬率跟成長率沒有什麼差異，分母的數值就會變得非常小，固定成長模型的合理股價可能就會變得無限大。

　　第三個，雖然這是現金折現模型也會出現的缺點，但合理股價可能會根據你抓了哪種折現率，而有很大的變化。合理企業價值可能根據你抓的折現率是1%還是10%，會產生10倍的差異。因此推估計算時的合理必要報酬率或折現率，也是很重要的。

　　但並不是這樣說就代表股利折現模型沒有意義。你可以透過計算過程來畫出整體企業價值的大藍圖。此外，配息率愈高，股利折現模型的企業價值評估就愈有意義。配息率愈高，最終公司的利潤分配得也愈高，因此企業價值會有強烈的債券性質，並造就企業價值跟股利折現模型公式的理論基礎。

　　故上市的不動產或船舶基金也跟配息率高的上市公司一樣，配息率很高，在分析持續支付股息的企業時，會是值得參考的模型。

## ② 現金折現模型（DCF）

第二個要探討的是現金折現模型（Dicounted Cash Flow, DCF）。

現金折現模型是利用企業透過營業活動產出的自由現金流量（Free Cash Flow, FCF），來評估企業價值跟股東權益價值的模型。只要把它理解成前面說明的股利折現模型中，會以自由現金流量（FCF）代替股利下去計算即可。

不過，FCF計算跟股利不同，較為複雜，因此個人投資在使用上可能會有許多困難，但會計公司經常會使用現金折現模型來縝密測定企業價值。

自由現金流量（FCF）只要用企業實質產出之現金流量的概念去理解即可。我們在第5章有關財務報表的說明中，探討了現金流量表的「營業活動的現金流量」概念。如果你看它只放了企業運作中產出的營業活動現金流量，可能會覺得這是企業運作的全部，但如果再點進去，還會有該營業活動投資工廠或設備等的費用。你必須扣掉這個數值，才可以稱作是實際企業產出的自由現金流量。

因此，自由現金流量公式可以用營業活動現金流量-營業的實際投資金額來計算。或是自由現金流量 = 稅後營業利潤 - 營業投入資本來計算也可。

之後，以未來FCF的預測值為基礎來計算現值即可。故依

循DCM投資機構的企業價值公式，就會以計算債券價格的過程為基礎，建立如下。

$$\text{企業價值} = \text{未來 FCF的現值} = \sum_{t=1}^{\infty} \frac{(\text{營業活動現金流量t} - \text{營業投資額 t})}{(1 + \text{加權平均資本費用})^t}$$

營業活動現金流量t與營業投資額t：未來t年的數值，
加權平均資本費用：必要報酬率（權益資本及負債的必要報酬率加權平均）

上面的企業價值是股東價值跟他人資本價值全部混在一起的數值，我們為了計算必要的價值，必須在前面建立的企業價值公式中扣掉淨財務負債市場價值。

$$\text{因此股東權益價值} = \sum_{t=1}^{\infty} \frac{(\text{營業活動現金流量t} - \text{營業投資額 t})}{(1 + \text{加權平均資本費用})^t} - \frac{\text{淨財務負債}}{\text{市場價值}}$$

營業活動現金流量t與營業投資額t：未來t年的數值，
加權平均資本費用：必要報酬率（權益資本及負債的必要報酬率加權平均）

只不過，從現實來看，企業的未來營業利潤或現金流量預測最多不過數年。前面公式中的期間是無限大的，因此計算上沒有真實性。雖然3～5年可使用估算預測值，但之後也需估算應用固定成長模型的FCF，及用到成長率的剩餘價值。

企業價值 =

$$\sum_{t=1}^{N} \frac{(\text{營業活動現金流量t} - \text{營業投資額 t})}{(1 + \text{加權平均資本費用})^t} + \frac{\text{剩餘價值}}{(1 + \text{加權平均資本費用})^N}$$

$$\text{剩餘價值} = \frac{FCF_N(1 + \text{估算成長率})}{\text{加權平均資本費用} - \text{估算成長率}}$$

好比説，有個假想企業Z估算第1年產出FCF 300億韓元，第2年是350億韓元，第3年是400億韓元，並假設之後每年持續5%的成長，這個公司的加權平均資本費用是10%。

3年的企業價值

$$= \frac{300億韓元}{(1 + 0.1)} + \frac{350億韓元}{(1 + 0.1)^2} + \frac{400億韓元}{(1 + 0.1)^3} = 862.5億韓元$$

$$\text{剩餘價值} = \frac{400億韓元(1 + 0.05)}{(0.1 - 0.05)} = 8,400億韓元$$

$$\text{將剩餘價值用現值折現} = \frac{8,400億韓元}{1.1^3} = 6,311億韓元$$

因此企業價值 = 862.5億韓元 + 6,311億韓元 = 7,173.5億韓元。

這時企業價值會是股東權益價值跟他人資本價值合計起來的金額，因此必須扣掉他人資本價值。若可稱作他人資本價值的淨財務負債的現值為1,000億韓元，股東權益價值= 7,173.5億韓元 - 1,000億韓元 = 6,173.5億韓元，將其除以股票數後就會評估出每1股的價值。以此為基礎，跟股價比較或跟股東權益價值金額及市值比較，就可以評估出目前股價的水準。

　　不過現金折現模型（DCF）並不容易。筆者對該如何簡單明瞭地說明DCF苦惱許久，卻似乎沒能成功，也代表該內容的確困難。不僅計算FCF的過程艱澀，計算加權平均資本費用率也不簡單。不過，會計知識豐富的人經常會用excel或電子試算表做表格來使用DCF模型，或是固定FCF的成長率估計值，並以折現剩餘價值的狀態來使用。DCF模型的公式複雜，對初次接觸股票的人來說可能較難懂。專門處理這部分的會計師、投資分析師等也可能在計算過程中犯下許多錯誤。它也很常在CFA或CIIA等國際財務、投資證照的考試中出現，但大多數的人都會錯，也代表真的很不簡單。

　　因此各位只要了解「原來有所謂的DCF模型啊」，知道後略過即可。此外，DCF模型也有幾個必須點出的問題。

　　第一個，是可稱作折現率的加權平均資本費用估算。你必須將負債的必要報酬率跟權益資本的必要報酬率都估算出來，才能根據資產內比率來做加權平均。估計值可能會根據算的人而有所不同，因此即使是同樣的FCF估計值，結果數值卻可能有很大的差異。

第二個，除了FCF計算過程之外，未來估計值也有不確定性。

儘管股利折現模型也是如此，但DCF也會用到未來估計值。所謂的未來估算其實並不簡單。如果事業結構簡單、不受景氣影響，估算上可能比較容易，但若對景氣敏感，或屬紅海產業的企業，業績的預測上不確定性會很大。

也因此，實際用DCF去評估企業價值時，大部分會充分套用折現率。即是說，是充分帶著安全邊際去計算的。你必須要如此保守計算，才能在DCF計算的過程中減少失誤。

第三個，比起複雜的公式，最好弄得簡單一點。你如果弄得複雜，反而可能出錯。這時就會浮現出華倫‧巴菲特跟查理‧蒙格的忠告[3]。「大致上的正確會比明確的錯誤更好。」

到目前為止，我們學習了股利折現模型跟現金折現模型的概念跟計算方式。對初次接觸的人來說可能會覺得困難跟混亂，但如果將價值測定法放在腦子裡來看股票跟企業的話，就可以漸漸拓展視角。你可以比相對性的價值測定法畫出更明確的藍圖。除此之外，還有其他各種絕對價值評估模型，好比應用權益資本計算出超額收益後，建立合理股價模型的剩餘淨利模型（Residual Income Model, RIM模型），以及利用營業投入資本來評估企業價值的經濟附加價值（Economic Value Added, EVA）等各種絕對價值評估方法。

各種絕對價值評估模型難易度可能較高，因此剛開始學習價值投資時可能會覺得過於困難。

3　華倫‧巴菲特著，勞倫斯‧康寧漢編選（首爾文化公司）：《巴菲特寫給股東的信》（The Essays of Warren Buffett: Lessons for Corporate America, Fourth Edition）P.170

# 絕剩餘淨利
# 評估模型

剩餘淨利評估模型（RIM模型），也稱為超額盈餘評估模型，是在價值投資者之間經常使用的模型。它的概念本身是用股東權益價值縮減的計算公式，因此跟股利折現模型或現金折現模型比起來稍微簡單一點。

其概念為剩餘淨利期間折現的合計。簡單一點來說，就是用權益資本經營公司時，超過股票被要求的權益資本費用之淨利剩餘部分的累積值。

即，

剩餘淨利（RI）

= 淨利 － 權益資本費用金額

= 權益資本 × ROE － 權益資本 × 權益資本費用率（Ke）

= 基礎權益資本（ROE - Ke）

累積計算出來的剩餘淨利（RI）值，再加上基礎權益資本的數值，就會是企業價值。

RIM模型的企業價值

$$= 基礎權益資本 + \sum_{t=1}^{n} \frac{RI_t}{(1+Ke)^t} + \frac{最終n時間點的權益資本}{(1+Ke)^n}$$

計算式挺複雜的。所以使用RIM模型分析企業的投資者，經常會將其做些簡單的變化來使用[4]。就像前面我們看到的無成長股利折現模型一樣，若將剩餘淨利（RI）除以折現率，就可以求出假設目前時間點之後的剩餘淨利，持續無變動情況下數值的折現累積值。

$$簡易RIM模型 = 權益資本 + \frac{剩餘淨利}{Ke} = 權益資本 + \frac{權益資本（ROE-Ke）}{Ke}$$

我們只要利用excel或電子試算表，就可以只靠權益資本跟ROE、Ke（權益資本費用率、股票必要報酬率）三種變數來簡單計算出企業的價值。

我們以現代汽車的2019年底事業報告書為基準，來計算看看現代汽車的RIM模型的企業價值吧。

第一個變數——權益資本可以在事業報告書中輕鬆找到。

4  司敬仁（音譯）著（Vegabooks）：《不懂財務報表就絕對不要投資股票》，P.264

2019年底，現代汽車的控制企業業主權益資本是70兆658億韓元。

第二個變數ROE則需要估算。雖然最近幾年的ROE變低，但我們可以假設ROE持續5%的水準。

第三個變數Ke（權益資本費用率、股票必要報酬率）也需要估算。我們可根據在投資理論中談到的CAPM模型，Ke = Rf（無風險收益率）＋（市場收益率 - Rf）× β 來求出，但這很費工夫，計算起來也困難，因此可參考韓國信用評估中提供的公司債各等級利差資料，將其當作必要報酬率應用。公司債利息會含有無風險利率及該公司的倒閉風險等各種風險溢價。

愈是期限非常長且信用等級低的公司債利差，就愈能保守計算。只不過，如果企業結構好又堅實的話，也可考慮較高的信用等級。

我們以2020年8月21日為基準，使用5年期滿的公司債中位於中下位圈（BBB+～BBB-）較低等級的數值7.85%。為了方便，四捨五入小數點，Ke大約抓8%，並輸入到excel。

（參考：Ke值也可以拿來在前面說明過的DDM模型或DCF模型中應用。）

用簡易RIM模型計算出的現代汽車的企業價值

| | A | B | C | D |
|---|---|---|---|---|
| 1 | | | | |
| 2 | | 簡易RIM模型 | (單位：億韓元) | |
| 3 | | RIM模型的企業價值 | 437,911 | 算式 = C5+C5*(C6-C7)/C7 |
| 4 | | <輸入變數> | | |
| 5 | | 權益資本 | 700,658 | |
| 6 | | ROE | 5% | |
| 7 | | Ke（股票必要報酬率） | 8% | |

用簡易的RIM模型算出的現代汽車的企業價值是43兆7,911韓元。若以2020年8月21日為基準，現代汽車的市值是33兆3,322億韓元，因此跟企業價值比起來，目前的現代汽車價值評估是低的。不過股票投資上「股價」是更直觀的，所以若在簡易RIM模型中使用BPS（每股帳面價值）值代替權益資本，則可以直接算出RIM模型的企業價值。

簡易RIM模型中只要將兩邊除以股票數即可。利用簡易RIM模型的合理股價公式整理如下。

$$利用簡易RIM模型的合理股價 = BPS（每股帳面價值）\times \frac{BPS \times (ROE-Ke)}{Ke}$$

若應用excel跟電子試算表去計算，算出合理股價後就可以找到最低估的股票。既然講到，那就來用excel做個簡單的樣本。

應用簡易RIM模型跟excel可一次分析眾多股票

| | A | B | C | D | E | F | G |
|---|---|---|---|---|---|---|---|
| 1 | | | | | | | |
| 2 | | 項目名稱 | 股價(20年8月21日為基準) | 簡易RIM模型 | BPS(每股帳面價值) | 股東權益報酬率(ROE) | Ke(股票必要報酬率) |
| 3 | | 現代汽車 | 156,000 | 161,250 | 258,000 | 5.0% | 8.0% |
| 4 | | 三星電子 | 55,900 | 42,188 | 37,500 | 9.0% | 8.0% |
| 5 | | POSCO | 199,000 | 263,500 | 527,000 | 4.0% | 8.0% |
| 6 | | LG | 85,800 | 93,625 | 107,000 | 7.0% | 8.0% |
| 7 | | SK電訊 | 235,500 | 228,750 | 305,000 | 6.0% | 8.0% |
| 8 | | Samyang Packaging | 17,850 | 25,000 | 20,000 | 10.0% | 8.0% |
| 9 | | LOTTE Fine Chemical | 45,500 | 61,869 | 58,230 | 8.5% | 8.0% |

各位持有股票的投資組合也好，關注股票也好，或市價總值前段班股票也可。只要用各種項目製作資料，就可以產生各種不同的角度。

如果在這裡將簡易RIM公式再稍作變化，就可以導出合理PBR的相關公式。

$$\text{簡單RIM企業價值} = \text{權益資本} + \frac{\text{權益資本(ROE-Ke)}}{Ke} = \text{權益資本}\left(1 + \frac{\text{(ROE-Ke)}}{Ke}\right)$$

$$= \text{權益資本}\left(1 + \frac{\text{(ROE)}}{Ke} - 1\right) = \text{權益資本}\left(\frac{\text{(ROE)}}{Ke}\right)$$

在這個公式中將兩邊除以股票數，就會變成同下的公式。

$$\text{合理股價（RIM的每股企業價值）} = \text{每股帳面價值} \times \frac{\text{(ROE)}}{Ke}$$

$$\Leftrightarrow \frac{\text{合理股價}}{\text{每股帳面價值}} \text{（即合理PBR）} = \frac{\text{(ROE)}}{Ke}$$

都是公式，我也覺得頭痛了。就只說結論吧。

$$\text{合理PBR} = \frac{\text{(ROE)}}{Ke}$$

我們可以得出這樣簡易的公式。這是前面在股東權益報酬率（ROE）的段落中，說明利用PBR的價值評估時，有稍微提過的公式。這個公式是這樣導出來的。

際上，這個公式從以前在價值投資者之間就是眾所皆知。前面的RIM（剩餘淨利評估模型）公式很複雜，所以莫名讓人頭痛，但你只要理解最後的合理PBR公式，就可以將RIM應用在投資實戰中。

　　特別是即使只用excel或電子試算表做出模型，當各位有想分析的企業時，就隨時可以馬上拿來應用。雖然你可能會擔心是不是應該再更縝密地去分析，這時請你重新回想一下華倫・巴菲特跟查理・蒙格的忠告。

　　「大致上的正確會比明確的錯誤更好。」

　　筆者會針對企業價值評估做出如下的建議。

　　「企業的價值跟合理股價就如浮雲般，你雖然無法正確抓到它的位置，但至少可在計算合理股價後，推估目前的股價是貴還是被低估了。」

# 經濟性
# 附加價值模型

評估企業價值時，經濟附加價值模型（EVA）會使用跟 RIM模型類似的概念。RIM雖然是估算權益資本中的超額盈餘來計算企業價值，EVA模型卻是利用營業投入資本來評估企業價值。即是說，RIM的超額盈餘會跟權益資本有關，EVA模型的超額盈餘則跟企業整體的營業投入資本有關。

因此，EVA模型跟RIM模型會有類似的公式結構。

依循EVA的企業價值
= 目前的營業投入資本 + 未來 EVA的現值

$$= 營業投入資本_0 + \sum_{t=1}^{n} \frac{EVA_n}{(1 + wacc)^t} + \frac{剩餘價值}{(1 + wacc)^n}$$

這裡wacc稱作「加權資本費用」，是將權益資本費用（Ke）跟他人資本費用（一般利率、Kd），在總資產中配合權益資本跟他人資本的比率來加權的複合折現率。

wacc之所以使用折現率，是因為雖然營業投入資本中也有權益資本，但也包含他人資本（負債等）的關係。

EVA值會應用下列公式計算。

EVA
= 稅後淨營業利潤 - wacc × 營業投入資本
=（投入資本利率 - wacc）× 營業投入資本


這時營業投入資本 = 總資產 - 非營業資產的概念，所以是營業非流動資產跟營業營運資金的合計。或是可建立

營業投入資本 = 淨金融負債 + 權益資本

= 營業非流動資產 +（適當程度現金 + 應收帳款 + 庫存資產 - 無利息產生負債）

這樣的公式。

此外，ROIC（投入資本報酬率）可用下列公式計算。
ROIC（投入資本報酬率）= 稅後營業利潤 ÷ 投入資本

最後將前面「EVA的企業價值公式」計算出的企業價值減去財務負債值後，就可以計算出股東的權益價值。

就像目前為止看到的一樣，EVA公式本身太複雜，因此個人投資者在使用上會有很多限制。在計算營業投入資本時，必須參照資產負債表跟注釋，找出一個一個非營業資產來計算，有種種的困難。在主修財務金融的考試中，也會出營業投入資本跟wacc的題目要你計算。不過EVA有跟RIM類似的概念，所以能將RIM的簡易式進行變化。

$$\text{簡易RIM模型} = \text{權益資本} + \frac{\text{超額盈餘}}{Ke} = \text{權益資本} + \frac{\text{權益資本（ROE-Ke）}}{Ke}$$

簡易EVA 模型（股東持股價值）

$$= \text{營業投入資本} + \frac{EVA}{wacc} - \text{財務負債}$$

$$= \text{營業投入資本} + \frac{\text{營業投入資本（ROIC - wacc）}}{wacc} - \text{財務負債}$$

　　應用簡易公式來大略估算2019年末標準POSCO的EVA。

　　假設1. 營業投入資本使用位於HTS內企業資訊畫面ROIC值的49兆2,255億韓元

　　假設2. ROIC使用HTS內企業資訊畫面的ROIC值5.1%

　　假設3. Wacc 是假設權益資本費用（Ke）8%內他人資本費用（Kd）為2%，並在總資產中加權平均資本跟負債後計算出5.6%（資本47兆7,947億韓元、負債31兆2,640億韓元）

假設4. 假設在整體負債中財務相關負債為21兆韓元

簡易EVA 模型

= 49兆2,255億韓元 + $\dfrac{49兆2,255億韓元（5.1\%-5.6\%）}{5.6\%}$ - 21兆韓元

= 23兆8,303億韓元

依據簡易EVA公式計算的2019年末標準股東持股企業價值是23兆8,303億韓元。若將這個數值除以流通股票數7,975萬股，則約是29萬8,813韓元。這樣來看，2019年末當時POSCO的股價約是24萬韓元，因此可推測進入了比EVA標準企業價值低估的範圍。

EVA概念很難簡單計算。實際在計算時，為了掌握營業投入資本以外的各種項目，會需要一起計算複雜的財務報表分析及wacc加權平均資本費用。因此EVA分析會在挖掘細部項目時，當作最終分析使用的方法。它跟RIM相同，可利用excel或試算表一次抓到標準，就能在短時間內快速做各種股票的價值評估。

只不過，這對投資新手來說仍有很多困難的地方，你也可以把它理解為「評估方法中還有EVA（經濟附加價值模型）這樣的方法啊」即可。筆者也認為，價值評估使用簡單的方法是無妨的。

NOTE

**國家圖書館出版品預行編目（CIP）資料**

價值投資完全自學手冊：穩固財富 抗經濟巨浪 / 李誠洙作;陳慧瑜譯.--
初版. -- 新北市：香港商亮光文化有限公司台灣分公司，
2022.12
面；公分--（投資）
ISBN 978-626-95445-9-2 （平裝）

1. CST：理財  2. CST：股票投資

563.53                                                      111019265

# 價值投資完全自學手冊：穩固財富 抗經濟巨浪 가치투자 처음공부

| | |
|---|---|
| 作者 | 李誠洙이성수 |
| 譯者 | 陳慧瑜 |
| 出版 | 香港商亮光文化有限公司 台灣分公司 |
| | Enlighten & Fish Ltd (HK) Taiwan Branch |

| | |
|---|---|
| 設計/製作 | 亮光文創有限公司 |
| 地址 | 新北市新莊區中信街178號21樓之5 |
| 電話 | （886）85228773 |
| 傳真 | （886）85228771 |
| 電郵 | info@enlightenfish.com.tw |
| 網址 | signer.com.hk |
| Facebook | www.facebook.com/TWenlightenfish |

| | |
|---|---|
| 出版日期 | 二〇二二年十二月初版 |

| | |
|---|---|
| ISBN | 978-626-95445-9-2 |
| 定價 | NTD$1299 / HKD$420 |